ÉLÉMENTS

DE RHÉTORIQUE

FRANÇAISE

ÉLÉMENTS

DE

RHÉTORIQUE

FRANÇAISE

PAR A. FILON

maître de conférences à l'école normale supérieure, professeur d'histoire
au lycée Napoléon

SIXIÈME ÉDITION

OUVRAGE AUTORISÉ
par le Conseil de l'Instruction publique

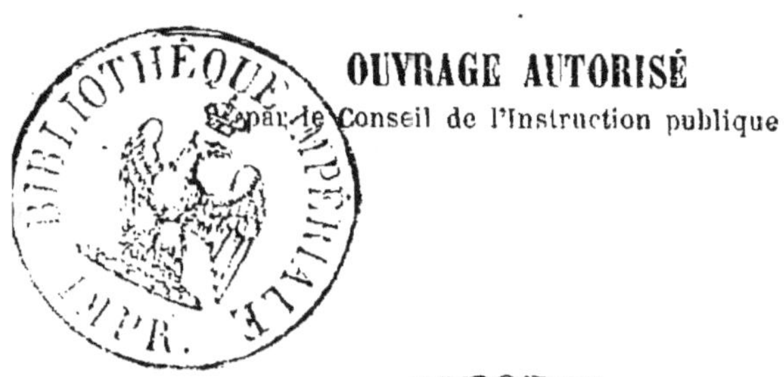

PARIS

LIBRAIRIE DE L. HACHETTE ET Cie

RUE PIERRE-SARRAZIN, Nº 14

(Près de l'École de Médecine)

1854

AVERTISSEMENT.

Cet ouvrage n'est pas composé sur le plan
ordinaire des traités de Rhétorique, dont l'objet spécial est de préparer des sujets pour le
barreau, pour la tribune, ou pour la chaire
évangélique; j'ai fait en sorte qu'il fût suscep--
tible d'une application plus générale, c'est-à-
dire qu'il résumât pour les élèves de nos col-
léges les préceptes de la Rhétorique proprement dite, et en même temps qu'il offrît un
traité complet de style aux jeunes gens des
deux sexes, qui, n'étant point destinés à devenir orateurs, ne doivent faire usage de l'art
de parler et d'écrire que dans les relations
privées.

Ces *Éléments de Rhétorique* sont précédés
d'une *Introduction* sur l'origine et les progrès
du langage et de l'écriture, dont l'examen se
rattache nécessairement à l'art de bien dire;
sur la grammaire générale, dont l'étude est
très-propre à former le jugement des jeunes

a

gens, et sur la langue française en particulier, dont les élèves doivent approfondir les caractères principaux avant de commencer la Rhétorique. Dans les trois premières parties de cette introduction, je n'ai fait souvent que traduire et abréger Blair, critique savant et judicieux, qui a appliqué aux belles-lettres la méthode philosophique, et analysé les principes du style avec une rare sagacité.

Après l'introduction, vient la théorie de la Rhétorique, que je me suis efforcé de réduire à ses plus simples éléments. J'ai placé ensuite des modèles de narrations, de dissertations et de discours. Ces différents genres d'exercices correspondent aux objets divers qui sont la base des études, et mettent ainsi les jeunes gens en état de reproduire, dans un style convenable, les notions qu'ils ont acquises sur la religion, la philosophie, l'histoire, la littérature et les sciences. Enfin, la dernière partie de l'ouvrage traite de la Rhétorique pratique, c'est-à-dire, de l'art de bien dire appliqué aux différentes situations de la vie. C'est un recueil de conseils sur le discours public, le style épistolaire et la conversation.

Tel était le plan de cet ouvrage, à l'époque où parut la première édition ; je l'ai conservé, parce qu'il m'a paru en harmonie avec le besoin actuel des études; mais je me suis efforcé d'en améliorer l'exécution. Plusieurs parties ont été complétées, entre autres tout ce qui est relatif à *la liaison des idées* et à *la construction des phrases*. D'autres parties ont été refondues en entier, comme le chapitre de *l'invention,* celui du *style épistolaire,* et, dans celui de *l'élocution,* tout ce qui concerne *les figures.* Je n'ai conservé au nombre des figures que celles qui ajoutent véritablement aux effets du style, et j'ai préféré les conseils qui forment le goût aux détails techniques qui chargent inutilement la mémoire. En général, j'ai supprimé ce qui sentait encore *la déclamation de l'école;* car nous vivons dans un temps où la jeunesse a assez de choses utiles à apprendre, pour qu'on lui fasse grâce de ce qui est superflu et fastidieux. L'éloquence elle-même, appliquée à la science et aux affaires, doit tendre à se dégager des ornements inutiles, pour devenir le langage de la raison et du bon sens.

Les exemples, si nécessaires à l'intelligence des règles, sont plus nombreux et plus variés dans cette nouvelle édition. La plupart des rhéteurs, se proposant de former exclusivement des orateurs, ne prenaient guère leurs autorités que dans les écrivains anciens, et dans un petit nombre d'orateurs de la chaire

J'ai dû citer les modernes de préférence aux anciens, et, parmi les modernes, à l'autorité des Fléchier, des Bossuet, des Massillon, j'ai joint fréquemment des modèles ou des conseils empruntés à Buffon, à Montesquieu, à Voltaire, à Condillac, ainsi qu'à plusieurs de nos contemporains, qui ont déjà mérité l'honneur d'être proposés à l'imitation de la jeunesse.

INTRODUCTION.

I.

ORIGINE ET PROGRÈS DU LANGAGE.

Un des principaux attributs qui séparent l'homme du reste
des créatures, c'est la parole, c'est-à-dire, la faculté de communiquer avec ses semblables, et de représenter sa pensée par
des sons. Mais, en admettant comme une vérité incontestable
l'origine céleste du langage, on ne peut supposer que l'homme
ait reçu, aux premiers jours du monde, une langue toute formée, soumise à des règles invariables, et compliquée comme
celles que nous parlons aujourd'hui. Dieu n'avait sans doute
donné à ses premiers enfants qu'un langage proportionné à
leurs besoins, et la capacité de le perfectionner comme le reste
de leurs facultés.

C'est cette capacité de perfectionner la parole qui distingue
éminemment l'homme de la brute. L'animal a son cri naturel,
qui lui permet de communiquer avec son semblable, et même
de faire comprendre à des êtres d'une autre nature le sentiment de peine ou de plaisir, de haine ou d'amour dont il est
affecté ; mais ce cri est toujours le même, et n'est susceptible
d'aucun perfectionnement. A l'homme seul il a été donné de
varier et de modifier les sons qui représentent ses idées.
Non-seulement les objets matériels ont été désignés par
des mots distincts ; mais encore les moindres rapports qui les
unissent, les moindres différences qui les séparent, ont été
marqués avec la plus scrupuleuse exactitude. La parole a
trouvé un nom pour les émotions intérieures, ainsi que pour

les notions les plus abstraites, et les idées les plus dégagées de la matière. Tous les faits nouveaux que la science a découverts ou que l'imagination a créés ont été distingués par des termes particuliers. Ce n'est pas tout : on a fait du langage un instrument de luxe et de plaisir; on ne s'est plus contenté de la clarté, on a exigé des ornements; et ce qui n'était qu'un instinct, un besoin, est devenu un art et une jouissance.

Voilà jusqu'où le temps et l'industrie humaine ont porté le langage; mais, à l'origine des sociétés, quand les hommes vivaient sans lois, sans demeure fixe, du produit de leur chasse ou de leurs troupeaux, ils n'avaient point encore de langue formée; ils possédaient seulement le moyen d'en faire une, c'est-à-dire, la faculté d'articuler des sons; et le premier usage qu'ils firent de cette faculté, ce fut de se communiquer leurs affections par le cri même du sentiment, accompagné des gestes les plus propres à l'exprimer. A l'aspect d'un objet agréable ou terrible, ce cri s'échappait de la bouche de l'un, et retentissait dans l'âme de l'autre; emportés par un mouvement de fureur, ou doucement émus par un sentiment d'affection, ils n'avaient d'autre langue commune que des sons énergiques et rapides. Ainsi, ces exclamations que la grammaire a recueillies plus tard sous le nom d'*interjections*, et qu'elle a placées après toutes les autres parties du discours, ont été probablement les premiers éléments et comme les fondements du langage.

Quand des communications plus étendues et plus fréquentes eurent commencé à former la société humaine, comment s'y prit-on pour assigner à chaque objet un nom qui lui fût propre, c'est-à-dire, pour inventer les mots ? Il est probable qu'on chercha, autant qu'il était possible, à imiter par le son la nature et les qualités de la chose qu'on voulait nommer. Pour désigner un objet remarquable par la dureté ou par la douceur, on choisissait un son qui représentât l'une ou l'autre de ces deux qualités.

La plupart des langues nous offrent des mots évidemment créés d'après ce principe. Dans la nôtre, par exemple, le mot *tourterelle* exprime l'espèce de gémissement que fait entendre l'oiseau qui porte ce nom. Lorsqu'on dit que le vent *souffle*, que le tonnerre *gronde*, que le lion *rugit*, que le serpent *siffle*, que la mouche *bourdonne*, que le bois *craque*, que la rivière *coule*, et que le ruisseau *murmure*, le rapport entre ces mots et la chose qu'ils expriment est facile à saisir. Cette analogie nous échappe dans les objets qui n'ont point de mouvement, qui ne rendent aucun son, et qui ne frappent que les yeux; elle est encore moins sensible dans les expressions appropriées à des idées morales; cependant de savants étymologistes, tout en convenant qu'elle devient plus obscure dans ces différents cas, prétendent qu'elle n'est pas entièrement perdue, et que, dans toutes les langues, en remontant à la racine des mots, on retrouverait quelque trace de la chose signifiée. Il y a dans un dialogue de Platon, le *Cratyle*, d'ingénieux développements en faveur de cette opinion.

Lorsque les hommes, bornés dans leurs idées comme dans leurs besoins, n'avaient encore à leur disposition qu'un petit nombre de mots, ils devaient être fort embarrassés quand un objet nouveau se présentait à leurs yeux : alors, il leur arrivait quelquefois de créer une expression nouvelle; mais très-souvent aussi ils trouvaient plus commode de prendre un mot déjà créé, dont la signification n'était pas sans analogie avec l'objet nouveau. C'est ainsi qu'après avoir appelé *tigre* un animal qui s'enivre de sang et jouit d'un carnage inutile, ils auront aussi donné le nom de *tigre* à l'homme cruel sans nécessité, qui faisait tomber les faibles sous sa massue. Ils ont dû surtout employer cette méthode pour peindre ce qui se passait au dedans d'eux-mêmes. Ainsi, après avoir rendu par le mot *je brûle*, la sensation physique qu'ils éprouvaient quand la flamme avait saisi leurs membres, ils auront encore dit *je brûle*, quand ils se seront sentis atteints par un violent désir.

Telle est l'origine du langage figuré; ainsi ont commencé ces formes de langage que les grammairiens et les rhéteurs ont placées dans leurs livres sous le nom de *tropes* et de *métaphores*. Ces expressions pittoresques qui font aujourd'hui l'essence du style poétique et la force principale du style oratoire, remontent évidemment à l'origine des langues; et ce qui nous paraît le résultat de l'abondance des idiomes modernes est dû réellement à la pauvreté du langage primitif.

A la nécessité il faut pourtant joindre une autre cause, aussi ancienne et aussi puissante. Dans les premiers temps, les passions et l'imagination étaient toutes-puissantes sur l'homme. De là, plus d'énergie dans ses paroles, encores rudes et incultes. Il empruntait à tout ce qu'il voyait des images expressives : le torrent qu'il franchissait dans sa course, le tonnerre qu'il entendait gronder sur sa tête, le chêne ou le rocher qui abritait son sommeil, le lion qui lui disputait sa proie, la flamme qui réchauffait ses membres, la nuit qui jetait la tristesse dans son âme, le soleil qui éclairait son séjour, toute la nature extérieure entrait dans son langage, pour donner à ses sentiments et à ses pensées une forme vive et pittoresque : c'étaient autant de métaphores qu'il créait sans le savoir.

Des faits incontestables viennent appuyer ces assertions. Le langage des peuples encore sauvages est plein d'hyperboles et d'expressions figurées. Nous en avons un exemple frappant dans les langues américaines, qui, selon les rapports les plus authentiques, fourmillent d'images et de métaphores. Les Iroquois et les Illinois se servent, dans leurs traités et dans leurs transactions politiques, d'expressions figurées que la poésie elle-même pourrait trouver trop hardies ou trop pompeuses. Pour donner un exemple de ce style singulier, nous citerons quelques paroles prononcées par les chefs des cinq nations du Canada, dans un moment où ils venaient de conclure un traité de paix avec les Anglais.

« Nous sommes heureux d'avoir caché sous la terre la hache rouge, si souvent teinte du sang fraternel. Aujourd'hui, dans ce fort, nous enterrons la hache, et nous plantons l'arbre de paix. Nous plantons un arbre dont le sommet s'élèvera jusqu'au soleil, dont les branches s'étendront au loin, et seront vues à une grande distance. Puisse-t-il n'être ni arrêté, ni étouffé dans sa croissance ! Puisse-t-il, par son feuillage, ombrager à la fois votre pays et le nôtre ! Veillons sur ses racines, et dirigeons-les jusqu'aux extrémités de vos colonies ! Si les Français venaient pour l'ébranler, nous le sentirions aux mouvements de ses racines, qui couvrent la terre où nous marchons. Puisse le grand Esprit nous permettre de vivre tranquilles sur nos nattes, et ne nous obliger jamais à tirer de la terre la hache pour détruire l'arbre de paix ! Le feu, qui longtemps brûla dans Albany, est éteint; le lit sanglant est purifié, et les larmes sont essuyées de nos yeux. Nous renouons aujourd'hui la chaîne d'alliance et d'amitié : qu'elle brille comme l'argent et ne se rouille jamais, et qu'aucun de nous ne cherche à en détacher son bras ! » (Cadwallader Colden, *Histoire des cinq nations indiennes.*)

Nous appelons ordinairement ce langage *style oriental*, parce qu'il plaît surtout aux peuples placés à l'orient de l'Europe. La manière de s'exprimer des nations américaines, et de beaucoup d'autres peuplades, nous prouve que ce style n'est pas particulier à certaines régions ou à certains climats, mais qu'il est commun à toutes les nations, lorsque leur langage est à peine formé, et que leur civilisation est encore au berceau.

A mesure que les langues firent des progrès, elles devinrent plus abondantes, et se dépouillèrent en partie de ces expressions figurées. Lorsque les hommes eurent créé des mots pour exprimer toutes les choses physiques et morales, ils ne furent plus obligés d'avoir recours à des allusions et à des comparaisons continuelles; le style devint plus précis, et en même temps plus simple. La société, en se perfectionnant, laissa moins carrière à l'imagination et aux passions; l'intelligence qui se développait, dissipa les illusions; on apprit à sacrifier au repos général l'impétuosité de ses penchants naturels; les relations entre les hommes devinrent plus étendues et plus fréquentes : alors tout cet appareil d'expressions hyperboliques et figurées disparut, pour faire place à un langage plus positif et plus clair; la conversation habituelle se borna à reproduire la pensée, et le style métaphorique fut réservé pour l'éloquence et surtout pour la poésie.

II.

ORIGINE ET PROGRÈS DE L'ÉCRITURE.

Les hommes, placés en présence les uns des autres, n'avaient d'abord songé qu'à se communiquer leurs idées, au moyen de mots ou de sons qu'ils faisaient entendre; mais plus tard ils cherchèrent à rendre durable l'expression de leurs pensées, afin de conserver intact le souvenir des événements importants; ils inventèrent donc un langage nouveau, et créèrent des signes ou caractères propres à rendre la parole visible : c'est ce que nous appelons l'*écriture*.

Les caractères écrits sont de deux sortes : ceux qui représentent les pensées, et ceux qui représentent les mots. Les premiers sont la peinture, les hiéroglyphes, et les symboles employés par les peuples de l'antiquité la plus reculée; les autres sont les caractères alphabétiques dont se servent aujourd'hui toutes les nations de l'Europe.

La peinture fut sans doute le premier essai de l'art d'écrire : ainsi, pour faire entendre qu'un individu en avait tué un autre, on peignait un homme étendu sur la terre, et, près de lui, un autre homme tenant à la main une arme encore sanglante. La peinture, quoique peu avancée à cette époque, représentait peut-être quelques-uns des traits et des vêtements de l'assassin ou de la victime ; et ce tableau devenait un acte d'accusation dressé contre le meurtrier. Cette manière d'écrire était en usage au Mexique lors de la découverte du nouveau monde. On assure qu'au moyen de ces peintures historiques, les Mexicains avaient consacré la mémoire des principaux événements de leur histoire. Mais ces annales devaient être bien inexactes et bien incomplètes ; car la peinture est impuissante à exprimer les causes invisibles des événements ; elle ne peut rendre ni les sons fugitifs qui s'échappent des lèvres de l'homme, ni les pensées secrètes qui déterminent ses actions ; elle ne peut retracer que les faits matériels ; encore est-elle obligée d'en choisir la partie la plus saillante, et de renoncer à presque tous les détails. C'est un art très-expressif, mais bien borné dans ses ressources, si on le considère comme moyen de communication entre les hommes.

Pour suppléer à cet inconvénient, on inventa, en certains pays, des caractères connus sous le nom d'*hiéroglyphes*, et l'on peut considérer cette invention comme le second pas de l'art d'écrire. Les hiéroglyphes étaient des espèces de symboles, faits pour représenter les objets invisibles, au moyen de l'analogie ou de la ressemblance qu'on leur supposait avec ces objets.

On a trouvé chez les Mexicains des traces de caractères hiéroglyphiques, qu'ils employaient avec leurs peintures historiques. Mais c'est en Égypte que ce genre d'écriture a été poussé le plus loin ; là, on en avait fait un art soumis à des règles précises. La sagesse si vantée des prêtres égyptiens fut transmise par les hiéroglyphes. Pour exprimer, au moyen d'emblèmes matériels, les objets qui appartenaient à l'ordre moral, ils employaient des figures d'animaux dont ils avaient étudié le caractère, ou d'autres productions de la nature dans lesquelles ils avaient remarqué certaines propriétés particulières, et ils disposaient ces objets de la manière qu'ils jugeaient la plus convenable pour exprimer leurs pensées. C'est ainsi qu'ils représentaient l'ingratitude par une vipère, l'imprudence par une mouche, la sagesse par une fourmi, un enfant docile et reconnaissant par une cigogne, la victoire et la puissance par un épervier, l'éternité par un serpent. Quelquefois on réunissait un certain nombre de caractères hiéroglyphiques : ainsi un serpent, avec une tête d'épervier, désignait la nature et Dieu qui veille sur elle. Mais, comme les qualités des objets qui servaient de base aux hiéroglyphes étaient souvent imaginaires, et que les allusions qu'on en tirait étaient équivoques et forcées, ce genre d'écriture devait être très-difficile à saisir. D'ailleurs les prêtres, qui, en Égypte, étaient chargés du dépôt des sciences, modifièrent de telle façon l'écriture hiéroglyphique, qu'ils la rendirent impénétrable à l'intelligence du vulgaire.

L'art d'écrire avait déjà fait un progrès en passant de la peinture aux hiéroglyphes : quelques nations le perfectionnèrent encore, en exprimant les objets par des signes arbitraires, qui n'avaient aucune ressemblance avec les objets eux-mêmes. C'est à cette troisième méthode qu'il faut rapporter l'écriture dont se servaient les Péruviens; ils avaient plusieurs petites cordes de couleurs différentes, qui portaient des nœuds dont la grosseur variait, et qui, disposées de diverses manières, formaient des signes propres à représenter les pensées. En Chine, chaque caractère écrit est l'expression d'une idée; aussi le nombre de ces signes est-il immense : il est égal à celui des objets ou des idées à exprimer. Avec un pareil système, l'art d'écrire et celui de déchiffrer l'écriture sont hérissés de difficultés.

Cependant certains peuples avaient observé de bonne heure que, si dans chaque langue le nombre des mots est très-considérable, celui des sons articulés, dont les mots sont composés, l'est infiniment moins. En effet, ce sont les mêmes sons qui reviennent continuellement, et qui, combinés ensemble de mille manières, forment cette innombrable quantité de mots dont nous nous servons tous les jours. On imagina donc de créer des signes, non pour chacun des mots, mais pour chacun des sons simples, et l'on vit qu'en joignant ensemble quelques-uns de ces signes, on pourrait exprimer par écrit toutes les combinaisons de sons dont les mots sont le résultat.

Le premier degré de ce nouveau perfectionnement fut sans doute l'invention d'un alphabet de syllabes, qui précéda,chez quelques peuples, celle d'un alphabet de lettres. C'est ainsi qu'on écrit encore aujourd'hui en Éthiopie, et dans quelques contrées de l'Inde. Au moyen d'un signe particulier pour chaque syllabe, les caractères employés dans l'écriture furent réduits à une quantité bien inférieure à celle des mots; mais ils restèrent encore assez nombreux pour que l'art d'écrire et de lire fût toujours très-compliqué. Enfin s'éleva quelque heureux génie, qui, poussant l'analyse des sons de la voix humaine jusque dans leurs derniers éléments, les réduisit à un petit nombre de voyelles et de consonnes ; il donna à chacun de ces sons élémentaires un signe particulier, connu sous le nom de *lettre*, et il enseigna aux hommes comment, en combinant ces lettres de différentes façons, l'écriture pourrait parvenir à représenter aux yeux tous les mots dont une langue est composée. Les Grecs faisaient honneur de cette invention aux Phéniciens, de qui ils l'avaient reçue. Devenu aussi simple, l'art d'écrire fut bientôt porté à son plus haut degré de perfection ; et c'est dans cet état que nous le voyons aujourd'hui chez tous les peuples de l'Europe.

Le plus grand avantage d'un système d'écriture méthodique et clair fut de fixer les langues, et de les soumettre à des lois positives. Jusque-là, les sons qui frappaient les airs n'étaient point recueillis d'une manière exacte et sûre; la tradition ne pouvait les transmettre sans les altérer. Bien plus, chaque peuplade, chaque famille parlait un dialecte différent, et les individus mêmes devaient avoir chacun une prononciation particulière, qui, à la longue, pouvait changer les mots. La règle n'existait nulle part, et le caprice de quelques hommes suffisait quelquefois pour bouleverser le langage. Les langues ne pouvaient encore se perfectionner ; car il faut, même pour innover, partir d'un point fixe, et ce qui change toujours ne s'améliore jamais. Quand on eut trouvé des signes propres à conserver la parole, alors seulement les langues ne furent plus exposées à des pertes et à des altérations continuelles. Consacrés par l'écriture, les anciens mots ne s'effacèrent plus si vite de la mémoire des hommes; les termes nouveaux furent assurés de ne point mourir presqu'en naissant; et les langues, enrichies par le temps et perfectionnées par l'usage, purent

devenir immortelles, autant du moins qu'il est permis de l'être
à tout ce qui appartient à l'homme.

III.

DE LA GRAMMAIRE GÉNÉRALE.

La grammaire suivit de près l'écriture. Quand on eut trouvé
le moyen de peindre les mots, on ne tarda pas à en découvrir
les lois. Dès lors, il ne fut plus permis d'employer un terme
pour un autre, ni de construire une phrase arbitrairement,
ainsi qu'on l'avait fait jadis plus d'une fois, à l'époque où chacun était maître absolu de ses paroles comme de sa personne.
La grammaire fit dans le langage ce que la loi avait fait dans la
société : elle mit chaque chose à sa place, et assura l'ordre général en restreignant l'indépendance individuelle.

Les familles et les peuplades peu éloignées les unes des autres se soumirent en commun aux mêmes lois grammaticales;
mais les montagnes, les fleuves, les mers établirent des barrières entre les différents langages, et plusieurs grammaires se
formèrent sur la surface du globe. Chaque langue eut son génie particulier; mais, quelle que fût la différence de la forme;
le fond resta partout le même, parce qu'il tenait à la nature
même de l'esprit humain. L'ensemble de ces principes invariables forme ce qu'on appelle la *grammaire générale*.

Après les exclamations ou *interjections*, qui ont dû former le
premier langage du genre humain, la partie la plus ancienne
du discours est cette classe de mots qui expriment les choses
existantes. Lorsque les hommes ne se bornèrent plus à désigner les objets par un cri énergique et rapide, et qu'ils leur
donnèrent un nom articulé, les *substantifs* furent créés.

Quand l'homme eut appris à se distinguer des objets envi-
ronnants, et qu'il voulut exprimer par un mot son existence
individuelle, le mot *moi* s'échappa de sa bouche; il désigna par
le mot *toi* l'existence d'un autre homme auquel il parlait; il
dit *il* pour désigner son semblable sans lui adresser la parole,
et par suite le mot *il* s'appliqua aux animaux ou aux choses
inanimées, et remplaça leur nom dans le discours. Cette classe
de mots, que la grammaire a appelés *pronoms*, rentre évidemment dans celle des substantifs; car, comme eux, ils repré-

sentent des objets existants; comme eux, ils font ou reçoivent certaines actions[1].

Dans toute phrase, il y a, outre les substantifs, des mots qui donnent aux objets exprimés certains attributs, certaines qualités. Ici, nous entrons dans une classe de mots tout à fait distincte de la première : c'est celle des *attributifs,* qui désignent non plus l'objet même, mais le mode d'existence de l'objet.

Les plus simples de ces attributifs sont les mots qui ajoutent une qualité aux objets sans affirmer qu'ils existent, et sans dire si cette qualité est passée, actuelle ou future, comme quand on dit : *grand arbre, haute montagne.* Cette espèce de mots est désignée dans les grammaires sous le nom d'*adjectifs* ou mots qui s'ajoutent aux substantifs.

Il existe une classe d'attributifs bien plus vaste, bien plus importante : l'homme, après avoir désigné par des noms l'existence particulière des choses qui l'entouraient, s'éleva à l'idée générale d'existence; il inventa le mot *être,* qui n'était que l'abstraction des différents objets existants, précédemment connus et nommés. Il dut se servir de ce mot pour affirmer que l'objet désigné, ou la qualité attribuée à l'objet, existait véritablement. C'est ainsi qu'après avoir dit d'abord *soleil,* à la vue du globe de feu qui éclairait ses yeux et fécondait la terre, il put dire : *le soleil être,* pour faire comprendre que le soleil n'était pas un rêve de son imagination, mais bien un objet réel de la nature; ou : *le soleil être brillant,* pour faire entendre que l'attribut d'éclat appartenait réellement au soleil. Ce n'est pas tout : ayant conscience de son existence dans différents moments successifs, il conçut l'idée du temps, qu'il divisa naturellement en trois parties, le passé, le présent et le futur; il appliqua cette division au mot qui lui servait à exprimer l'existence en général, et, au lieu de dire vaguement : *le soleil être brillant,* il dit : *le soleil est brillant,* ne se bornant plus à affirmer l'existence et l'éclat du soleil, mais

[1] Il n'y a de véritables pronoms que les pronoms personnels; les autres ne sont que des adjectifs. Quand on dit, *cet homme,* le mot *cet* indique une qualité dans l'homme, celle d'être présent; quand on dit, *mon livre,* c'est encore une qualité qu'on attribue au livre, celle d'être à moi. Ces mots mêmes, *le mien, le nôtre,* ne sont pas des pronoms : ils supposent toujours un substantif sous entendu, qu'ils ne remplacent pas, mais qu'ils qualifient.

montrant que le moment où il parlait était précisément celui où le soleil éclairait l'horizon. Pendant les ténèbres de la nuit, il dit : *le soleil était brillant*, pour énoncer que son éclat était passé ; ou : *le soleil sera brillant*, pour exprimer l'espérance d'un nouveau jour. Dès lors, le verbe fut trouvé.

Les temps des verbes sont plus ou moins nombreux dans les différentes langues ; mais on peut les faire rentrer tous dans les trois principaux, *le présent, le passé et le futur*. Quant aux verbes en eux-mêmes, ils sont tous formés du verbe *être*, accompagné d'un attribut : *aimer*, c'est *être aimant* ; *tomber*, c'est *être tombant*. Il suffit donc d'expliquer l'origine et la valeur du verbe *être* et de ses temps fondamentaux, pour rendre compte de tous les verbes et de leurs temps dérivés.

Le verbe, comme nous l'avons vu précédemment, a quelque rapport avec l'adjectif : comme lui, il exprime l'attribut d'une personne ou d'une chose ; mais le rapport finit là : car, dans toutes les langues, les verbes renferment trois choses à la fois, savoir l'attribut d'un objet, une affirmation relative à l'existence de l'objet ou de l'attribut, et la désignation du temps où la chose se passe. L'affirmation semble être ce qui caractérise le verbe, et ce qui le distingue principalement des autres parties du discours ; c'est elle qui lui donne toute sa force ; par elle, il devient la pièce essentielle d'une phrase ou d'une proposition. En effet, dans tout ce qu'on peut dire, on affirme toujours qu'une chose est ou n'est pas, et le mot qui emporte avec lui cette assertion, c'est le verbe ; c'est à son importance qu'il doit son nom : verbe vient du latin *verbum*, qui signifie mot, c'est-à-dire qu'il est le mot par excellence.

Avec des substantifs et des attributifs (le verbe étant compris dans ces derniers), on pourrait faire des phrases complètes ; mais ces phrases ne présenteraient qu'un sens bien borné, si l'on n'avait imaginé de lier les substantifs entre eux par une autre espèce de mots, qui sert à déterminer des circonstances accessoires. Ainsi, il y a une grande différence entre cette proposition : *je me promène*, et celle-ci : *je me promène dans* un bois, *dans* une prairie, *à* quatre heures, *à* midi, *avant* ou *après* dîner. Ces mots *dans, à, avant, après*, appartiennent à une troisième classe de mots qu'on appelle *connectifs*, c'est-à-dire, indiquant les relations des choses entre elles. Les mots que nous venons de citer sont placés dans les grammaires sous le nom de *prépositions* ou mots qui se mettent devant les sùbstantifs.

C'était encore peu de lier les objets ensemble pour marquer les rapports qui pouvaient exister entre eux : il a fallu réunir les phrases elles-mêmes par d'autres mots qui rentrent également dans la classe des connectifs, et auxquels la grammaire a donné le nom de *conjonctions*, tels que *mais, et, car, parce que, quoique*, etc. La *conjonction* est une espèce de mot qui sert à lier ensemble les phrases ou les membres d'une même phrase.

Il est évident que ces connectifs sont de la plus grande utilité dans le discours, puisqu'ils déterminent les relations des mots entre eux, et qu'ils marquent les transitions par lesquelles l'esprit passe d'une idée à une autre. Ils sont la base du raisonnement, qui n'est qu'une liaison de plusieurs pensées; et si, chez les peuples barbares, dans les siècles les moins civilisés, la série de ces mots fut peu considérable, leur nombre dut s'augmenter en proportion des idées. La langue grecque est de toutes les langues celle où l'on en rencontre le plus grand nombre, parce que les Grecs étaient le peuple chez lequel l'intelligence était parvenue au plus haut degré de culture. Dans toutes les langues, ce qui constitue la beauté du discours, c'est surtout le juste emploi des conjonctions, des prépositions, et de ces adjectifs relatifs qui servent à lier les diverses parties d'une phrase. C'est l'usage bien ou mal entendu de ces mots qui rend le style lâche ou serré, clair ou confus.

Il résulte de ce que nous venons de dire, qu'il y a dans toutes les grammaires trois principales espèces de mots : 1° les *substantifs*, qui comprennent le *nom* et le *pronom*; 2° les *attributifs*, qui comprennent l'*adjectif* et le *verbe*; 3° les *connectifs*, c'est-à-dire, les *prépositions* et les *conjonctions*. L'analyse de ces espèces de mots forme la première partie de la grammaire générale.

Dans cette nomenclature, nous n'avons point placé l'*article*, parce que ce n'est point une partie essentielle sans laquelle une grammaire ne saurait subsister. Sans doute c'est une découverte utile, puisqu'en spécifiant l'objet dont il est question, en l'isolant des autres objets semblables, comme en disant : *le* roi ou *un* roi, au lieu de dire simplement *roi*, on ajoute beaucoup à la netteté et à la précision du discours; les langues qui sont pourvues d'articles comme le grec, l'italien, le français, l'allemand et l'anglais, sont plus claires et plus positives que les autres ; cependant le langage peut rigoureusement s'en passer, et ce qui le prouve d'une manière incontestable, c'est que le latin, qui en était privé, n'était dépourvu ni de clarté, ni d'énergie.

Nous n'avons pas non plus nommé les *adverbes*, classe nombreuse de mots que l'on pourrait ranger pour la plupart parmi les *attributifs*, parce qu'ils servent à modifier l'action, ou à indiquer une qualité relative au temps, au lieu, au rang, au degré, ou à d'autres circonstances que l'on a besoin de déterminer. Mais, en examinant de près les adverbes, on reconnaît qu'ils sont loin de former une classe à part : ils ne sont presque tous que des locutions abrégées, exprimant par un seul mot ce qu'une périphrase pourrait rendre par deux ou trois termes, pris dans les autres parties du discours. Par exemple, *ici* équivaut à *dans ce lieu, prudemment* à *avec prudence*. Aussi, peut-on regarder les adverbes comme les mots les moins importants d'une langue et ceux dont l'invention est la plus récente : la plupart sont dérivés des mots primitifs.

Nous devions encore moins parler des *participes :* plusieurs grammaires ne les comptent point au nombre des parties fondamentales du discours, et leur nom indique assez leur nature mixte, *participant* à la fois de l'adjectif et du verbe. Ils rentrent donc dans la classe déjà si nombreuse des *attributifs*.

Après avoir énuméré les parties du discours qui appartiennent à toutes les langues, nous devons ajouter qu'il y a un petit nombre de règles, également universelles, qui fixent la place que les mots doivent occuper dans la construction d'une phrase : c'est la seconde partie de la grammaire générale, celle qui constitue la *syntaxe* ou l'arrangement des mots. Ainsi, dans toutes les langues, l'adjectif doit, par sa position, indiquer son rapport avec le substantif. Une fois que les substantifs ont reçu la modification des *genres* et des *nombres*, et que les verbes sont divisés en différents *temps*, différents *nombres* et différentes *personnes*, le verbe doit toujours s'accorder en personne et en nombre avec le sujet. Dans toutes les langues, le substantif qui produit l'action, veut être bien distingué de celui qui la reçoit. Enfin les prépositions doivent être placées de manière à montrer clairement les rapports qu'elles expriment, et les conjonctions doivent toujours réunir des mots qui, dans le discours, remplissent des fonctions analogues. Ce petit nombre d'exemples suffit pour montrer qu'outre certaines espèces de mots essentielles, il existe chez tous les peuples une *syntaxe générale* qui est invariable.

IV.

DES PRINCIPAUX CARACTÈRES DE LA LANGUE FRANÇAISE.

Les plus anciens possesseurs du sol que nous habitons, les *Celtes* ou *Gaulois*, parlaient un langage dont la source nous est inconnue. Attirés par un ciel plus doux et par un pays plus fertile, ils conçurent plusieurs fois la pensée de s'établir en Italie, et, dès la plus haute antiquité, ils fondèrent des colonies dans le nord de la Péninsule; mais l'Italie à son tour leur envoya des conquérants, et, après une lutte aussi longue que glorieuse, la Gaule fut soumise au peuple qui avait soumis le reste du monde (l'an 50 avant J. C.).

L'autorité des empereurs s'établit dans toutes les parties de ce vaste pays, et les colonies romaines dont il fut couvert devinrent autant d'écoles où les Gaulois apprirent les lois, les mœurs, et par conséquent la langue de leurs vainqueurs. Un grand nombre de villes obtinrent le droit de *Cité romaine*, et plusieurs familles gauloises parvinrent aux premières dignités de l'empire. Lorsque Caracalla eut donné le droit de bourgeoisie à tous les habitants des provinces (l'an 212 de l'ère chrétienne), les lois de Rome devinrent le droit commun dans presque toute la Gaule; la plupart des habitants prirent des noms romains, et portèrent la toge; des mariages nombreux rapprochèrent les individus des deux nations; les mœurs romaines dominèrent partout, et les grandes villes eurent leurs bains publics, leurs cirques, leurs amphithéâtres, et leurs combats de gladiateurs. Enfin, il n'y avait presque plus rien de gaulois dans la Gaule au commencement du ve siècle.

La langue gauloise ou celtique avait disparu, ou du moins il n'en restait plus qu'un petit nombre de mots, qui, mêlés à la langue latine, formèrent l'idiome général de la nation. Le latin corrompu dominait dans ce nouveau langage. Cependant une révolution vint changer la face du pays. Pendant la durée du

Vᵉ siècle, les peuples du nord de l'Europe s'emparèrent des différentes parties de l'empire, et les Francs s'établirent dans la Gaule (486). Les nouveaux maîtres apportaient avec eux le langage du pays d'où ils sortaient, l'idiome *tudesque* ou *germanique*; mais la langue latine ne fut pas complétement bannie du pays, parce que les Francs, devenus maîtres de la Gaule, ne firent point comme les Saxons, qui, vainqueurs de la Bretagne, abolirent les lois, les coutumes et le langage du peuple conquis. Les Gallo-Romains furent maintenus, malgré la conquête, dans la possession d'une partie de leurs biens et de leurs droits civils. Les rois Francs traitèrent surtout avec faveur le clergé chrétien; et, vaincus par l'ascendant irrésistible des lumières, ces Barbares, qui ne connaissaient que leurs boucliers et leurs framées, se soumirent quelquefois aux usages de leurs nouveaux sujets.

La langue germanique resta la langue des rois Francs et de leurs principaux compagnons, jusqu'à la fin du IXᵉ siècle. La langue latine était celle du clergé et de quelques hommes lettrés; c'était en latin que les lois étaient rédigées. Mais, dans le peuple, le mélange de l'idiome tudesque et du latin avait formé le *roman rustique* ou la *langue romance*. Nous savons, par le témoignage de Grégoire de Tours, que, dès la fin du VIᵉ siècle, la langue latine n'était plus entendue que d'un petit nombre, tandis que la langue vulgaire s'adressait à la multitude [1]. Un an avant la mort de Charlemagne (813), le concile de Tours prescrivit à chaque évêque de traduire ses homélies en *langue romaine rustique,* afin qu'elles pussent être plus facilement comprises par le peuple. Ce canon fut renouvelé dans le concile tenu à Mayence en 847. Malheureusement aucune de ces homélies n'est parvenue jusqu'à nous, et les plus anciens monuments que nous possédions de cette langue *romance,* qui est devenue la langue française, sont le serment de Louis le Germanique et celui de l'armée de Charles le Chauve, à l'entrevue de Strasbourg (842).

Après le partage définitif de l'empire carlovingien (888), l'idiome germanique n'appartint plus qu'à l'Allemagne et à la France orientale. A l'ouest et au midi de la France, prévalut

---

[1] « Philosophantem rhetorem intelligunt pauci, loquentem rusticum « multi. » (Greg. Tur.)

la langue *romane,* avec ses dialectes divers. Le latin resta toujours la langue de l'Église, de la justice et des lettres. C'était en latin que l'on écrivait l'histoire, si l'on peut appeler de ce nom les chroniques informes des premiers siècles du moyen âge. Cependant les ministres de l'Évangile comprirent de bonne heure la nécessité de parler au peuple une langue qu'il entendît. Le prêtre exposait la parole divine dans la langue sacrée ; puis il la développait dans l'idiome vulgaire, qui la rendait accessible à tous. Cet usage subsista dans toute l'Europe occidentale jusqu'à l'époque de saint Bernard.

« A la fin du xᵉ siècle, dit Voltaire, le *français* se forma ; on écrivit en *français* au commencement du xɪɪᵉ ; mais ce *français* tenait encore plus du *romain rustique* que du *français* d'aujourd'hui. Les fragments qui nous en restent, peuvent nous donner une idée de la langue qu'on parlait alors. On y voit encore les origines celtiques, latines ou allemandes. Les mots qui signifient les parties du corps humain ou des choses d'un usage journalier, et qui n'ont rien de commun avec le latin ou l'allemand, sont de l'ancien gaulois ou celte, comme *tête, jambe, sabre, aller, pointe, parler, regarder, aboyer, crier, coutume, ensemble,* et plusieurs autres de cette espèce. La plupart des termes de guerre étaient francs ou germaniques : *marche, halte, maréchal, bivouac, reître, lansquenet.* Presque tout le reste est latin ; et les mots latins furent tous abrégés, selon l'usage et le génie des nations du Nord : ainsi de *palatium,* palais ; de *lupus,* loup ; d'*Augustus,* août ; de *Junius,* juin ; d'*unctus,* oint ; de *purpura,* pourpre ; de *pretium,* prix, etc. A peine resta-t-il quelques vestiges de la langue grecque, qu'on avait si longtemps parlée à Marseille.

« On commença, au xɪɪᵉ siècle, à introduire dans la langue quelques termes de la philosophie d'Aristote ; et, vers le xvɪᵉ siècle, on exprima par des termes grecs toutes les parties du corps humain, les maladies et leurs remèdes : de là les mots de *cardiaque, céphalique, podagre, apoplectique, asthmatique,* et tant d'autres. Quoique la langue s'enrichît alors du grec, et que depuis Charles VIII elle tirât beaucoup de secours de l'*italien* déjà perfectionné, cependant elle n'avait pas pris encore une consistance régulière. François Iᵉʳ abolit, en 1539, l'ancien usage de plaider, de juger, de contracter en

latin, usage qui attestait la barbarie d'une langue dont on n'o-
sait se servir dans les actes publics ; usage pernicieux aux citoyens, dont le sort était réglé dans une langue qu'ils n'entendaient pas. On fut alors obligé de cultiver le *français* ; mais la
langue n'était ni noble, ni régulière. La syntaxe était aban-
donnée au caprice. Le génie de la conversation était tourné à
la plaisanterie ; la langue devint très-féconde en expressions
burlesques ou naïves, et très-stérile en termes nobles et harmonieux : de là vient que dans les dictionnaires de rimes, on
trouve vingt termes convenables à la poésie comique pour un
d'un usage plus relevé ; et c'est encore une raison pour laquelle
Marot ne réussit jamais dans le style sérieux, et qu'Amyot ne
put rendre qu'avec naïveté l'élégance de Plutarque.

« Le *français* acquit de la vigueur sous la plume de Montaigne ; mais il n'eut point encore d'élévation et d'harmonie. Ronsard gâta la langue en transportant dans la poésie française les
composés grecs dont se servaient les philosophes et les méde-
cins. Malherbe répara un peu le tort de Ronsard. La langue
devint plus noble et plus harmonieuse par l'établissement de
l'Académie française (1635), et acquit enfin, sous le règne de
Louis XIV, la perfection où elle pouvait être portée dans tous
les genres. »

La Bruyère disait à la fin du xviie siècle, c'est-à-dire, à l'é-
poque que l'on peut regarder comme le point de maturité
de la langue française : « L'on écrit régulièrement depuis vingt
années ; l'on est esclave de la construction ; l'on a enrichi la
langue de nouveaux mots, secoué le joug du latinisme, et réduit le style à la phrase purement française ; l'on a presque
retrouvé le nombre que Malherbe et Balzac avaient les premiers rencontré, et que tant d'autres depuis eux ont laissé
perdre ; l'on a mis enfin dans le discours tout l'ordre et toute
la netteté dont il est capable. »

L'éloquent secrétaire de l'Académie a heureusement résumé
l'histoire de la langue française après le règne de Louis XIV :
« Dans la perpétuelle occupation littéraire du xviiie siècle,
la langue, après avoir gagné en abondance, en variété,
en aptitude encyclopédique, devait perdre pour le goût, la
vérité, l'expression des sentiments, les choses enfin qui tien-
nent non à la science, mais à l'art. L'esprit philosophique
l'avait sans doute encore heureusement travaillée. La prose

française gardait, sous le burin de Montesquieu, la précision, la vigueur, la pureté du trait et l'éclat des images de Pascal ; elle s'élevait, avec Buffon, à cette magnificence de paroles qui est l'éloquence sans la passion; elle était, dans Rousseau, tour à tour sévère et didactique, ou véhémente et colorée. Diderot la pliait, avec imagination et justesse, à l'expression du détail des arts; Condillac la rappelait sans cesse, par logique et par système, à cette clarté que Voltaire avait d'instinct et par génie ; Dumarsais la décomposait avec la sagacité des grammairiens de Port-Royal. » (M. Villemain, préface du *Dictionnaire de l'Académie française*, édition de 1835.)

Le même auteur caractérise avec force l'influence que la révolution française a exercée sur le langage : « Comme jamais société n'avait été plus violemment dissoute et mêlée, comme il y eut à la fois des passions terribles et des changements profonds, l'empreinte a dû en rester dans les expressions ainsi que dans les mœurs. Si, par l'influence même des discussions spéculatives qui avaient marqué les années littéraires au XVIIIe siècle, quelque chose de singulièrement vague et déclamatoire se mêla souvent aux plus formidables réalités de la révolution, les imaginations n'en reprirent pas moins, dans cette épreuve, une vigueur qui passait au langage. De cette ardente et hétérogène fusion sortirent quelques lames d'airain, où sont gravés éloquemment d'immortels principes. Et quand le sol fut raffermi et la violence calmée, sans que la passion fût éteinte, notre idiome, énervé par l'affectation et la mollesse dans les derniers temps de l'ancienne monarchie, se retrouva plus capable de sérieux et d'éloquence. »

La première différence qui sépare notre langue de celle des Romains, dont elle tire en partie son origine, c'est l'introduction de l'article dans le discours. Ce mot, placé devant le substantif, sert à en déterminer la signification, et rend la phrase plus claire et plus précise. Les Latins ne connaissaient pas l'article : ils se servaient, à sa place, d'un adjectif démonstratif[1], qui précisait l'objet qu'ils voulaient indiquer; mais, dans un grand nombre de cas où l'emploi de l'adjectif démonstratif n'était pas autorisé, l'absence de l'article rendait la proposition

---

[1] C'est l'un de ces adjectifs qui a donné naissance à notre article défini. On disait en latin *ille* rex, *illa* regina ; on a retranché la première syllabe des deux adjectifs, et notre article *le* et *la* s'est trouvé tout fait.

vague et indéterminée. En français, il y a deux articles : *le, la,*
et *un, une.* Ce dernier, qu'on appelle *indéterminé* ou *indéfini,*
a une signification plus générale et plus étendue : il indique,
sans le déterminer, un des individus de l'espèce, comme *un*
lion, *un* roi. Le premier, qu'on nomme *défini* ou *déterminé,*
possède, à proprement parler, toute la force de l'article ; il indique spécialement un individu distinct parmi ceux de son
espèce, comme *le* roi, *le* lion. On voit facilement l'avantage
qui résulte, pour notre langue, de posséder deux articles. Ces
trois manières de parler : *le* fils d'*un* roi, *le* fils *du* roi, *un* fils
du roi, présentent trois sens bien différents ; la langue latine,
faute d'articles, n'aurait qu'une seule locution (*filius regis*) pour
rendre ces trois idées.

Nos substantifs, outre la faculté d'être déterminés par *l'article,* sont encore susceptibles d'être modifiés de deux manières, comme les substantifs latins, par le *nombre* et par le
genre.

Le *nombre* distingue les substantifs en singuliers et en pluriels,
suivant qu'il est question d'un ou de plusieurs objets. Cette
division se retrouve dans toutes les langues, et, pour la rendre
plus facile à saisir, on l'a presque toujours marquée par une
légère variation dans le nom substantif. En français, le pluriel
se forme ordinairement par l'addition d'un *s.* Les Latins n'ad-
mettaient comme nous que deux nombres, le *singulier* et le
pluriel ; mais en hébreu et en grec il y a non-seulement un
pluriel, mais encore un *duel,* qui sert à désigner les objets
lorsqu'ils se présentent au nombre de deux.

Le *genre* modifie aussi les substantifs d'une manière particulière. Fondé sur la différence qui existe entre les deux sexes,
il ne devrait à la rigueur s'appliquer qu'aux noms de créatures
vivantes que l'on peut distinguer en mâles et en femelles, et
qui, par conséquent, sont susceptibles d'être classées dans l'un
des deux genres, *masculin* ou *féminin.* Tous les autres noms
substantifs devraient appartenir à un genre que certaines
grammaires appellent *neutre,* mot qui indique l'absence de sexe.
Mais, sur ce point, notre langue déroge aux lois d'une saine
logique : à l'exemple du latin, notre grammaire, non contente
d'avoir assigné un *genre* aux noms d'animaux, divise les noms
des objets inanimés, sans exception, en *masculins* et en *fémi-
nins.* Cette classification est entièrement arbitraire : aussi les

étrangers qui commencent à parler le français, et qui s'efforcent d'appliquer aux choses inanimées la différence des genres, tombent-ils souvent dans des méprises qui nous font rire à leurs dépens, mais qui accusent au fond le caprice et la bizarrerie de notre langue.

L'*article* détermine les substantifs, le *nombre* spécifie la quantité des objets, le *genre* les divise en plusieurs classes ; cependant, malgré ces trois modifications, une langue serait bien incomplète, si elle ne possédait aucun moyen d'exprimer les rapports des objets entre eux. Mais ces rapports peuvent être innombrables, et l'esprit humain ne les découvrit pas tous à la fois. On sentit d'abord la nécessité d'exprimer les plus importants, c'est-à-dire, ceux dont on avait le plus souvent occasion de parler. On ne chercha point à les rendre par des mots séparés : on se borna à changer la terminaison des noms substantifs. De là sont venus les *cas* des langues anciennes : le *génitif* exprima la dépendance ; le *datif* exprima l'attribution ; l'*accusatif* désigna l'objet sur lequel tombait l'action : *gloria Domini*, la gloire du Seigneur ; *gloria Domino*, gloire au Seigneur ; *adorate Dominum*, adorez le Seigneur.

Cette méthode, qui consiste à varier la terminaison des noms [1], est sans doute la seule dont les hommes se soient servis d'abord pour indiquer les relations réciproques des objets. Cependant, lorsqu'avec le temps ils eurent appris à discerner de nouveaux rapports que n'exprimait pas la déclinaison des noms, ils conçurent des idées générales, et inventèrent successivement des mots particuliers pour toutes les relations qu'ils avaient découvertes : ces mots formèrent l'espèce de mots que nous appelons aujourd'hui *prépositions*. Les prépositions une fois introduites dans les langues, on jugea qu'elles pourraient tenir lieu de cas, si on les plaçait devant le substantif. Aussi, chez les peuples qui, par suite des émigrations ou des conquêtes, furent obligés d'apprendre et d'adopter le langage d'un autre peuple, l'usage des prépositions fit-il perdre entièrement celui des cas. Lorsque la langue italienne se forma du latin, les Goths et les Lombards trouvèrent plus simple et plus facile d'adapter quelques prépositions au nominatif des noms, et de

---

[1] Dans certaines langues, la variation, au lieu de modifier la terminaison, tombe sur la première lettre du substantif.

dire : *di Roma, a Roma, di Cartago, a Cartago,* que de se rappeler toutes les terminaisons diverses : *Romæ, Romam, Carthaginis, Carthaginem.* Il en fut de même quand le langage des Francs se combina avec les débris-du latin. Au lieu de dire : *Romæ, Romam,* on dit par-delà les Alpes : *de Rome, à Rome,* comme en deçà des monts on disait : *di Roma, a Roma,*

Nos *adjectifs* se joignent aux noms substantifs dont ils déterminent la qualité, et, au lieu de se décliner avec eux, ils prennent un signe qui marque le genre et le nombre, selon le nombre et le genre du nom auquel ils appartiennent. Les *pronoms* français n'ont aucun caractère qui leur soit particulier. Quant à nos verbes, ils sont divisés à peu près en autant de temps que les verbes latins. Nous remarquerons cependant que notre langue est plus riche que celle des Romains pour exprimer les nuances du passé. Nous avons aussi, outre les *modes* empruntés aux Latins, tels que l'*indicatif,* l'*impératif,* etc., un mode particulier qui sert à mettre dans la pensée une restriction, une condition; on l'appelle *conditionnel : J'écrirais,* s'il le fallait; *j'aurais écrit,* si j'en avais eu le temps.

Nous n'avons rien à dire sur les *connectifs* français, les *prépositions* et les *conjonctions;* ces parties du discours sont, à peu de chose près, les mêmes dans toutes les langues. Nous ferons seulement observer que la suppression des cas a rendu l'usage des prépositions très-fréquent dans la langue française, et cette observation nous conduit à l'examen de la construction des phrases.

Lorsque nous considérons l'ordre dans lequel se présentent les mots qui expriment une pensée, une proposition quelconque, nous trouvons à cet égard une différence bien remarquable entre les langues anciennes et la nôtre. Pour nous former une juste idée de cette différence, il faut remonter, comme nous l'avons déjà fait, jusqu'aux premiers essais du langage. Figurons-nous, par exemple, un sauvage qui se trouve en présence d'un fruit dont il désire la possession, et qui, ne pouvant l'atteindre, prie un de ses compagnons de le lui donner. Nous supposons que ce sauvage a déjà l'habitude de s'exprimer avec des mots. Le premier qu'il prononcera sera sans doute le nom de l'objet en question; il ne dira pas, selon la construction de notre langue : *donne-moi ce fruit;* mais, selon l'ordre du latin, *fruit donne-moi, fructum da mihi;* car son attention est tout entière dirigée vers le fruit, objet de ses désirs; c'est ce fruit qui agit sur sa pensée, qui le détermine à parler; c'est ce fruit qu'il doit nommer d'abord.

Accoutumés aujourd'hui à un ordre tout différent, nous donnons le nom d'*inversion* à cette manière de parler, et nous la regardons comme peu conforme à la nature. Cependant, si cet ordre n'est pas le plus logique, c'est au moins le plus naturel : il nous est suggéré par l'imagination et par les passions, qui placent avant tout le nom de l'objet qui les occupe; et les passions sont plus anciennes que la logique. Nous pourrions donc en conclure que cet ordre fut le seul connu à l'époque où les langues commencèrent à se former, et c'est effectivement celui qu'ont adopté la plupart des langues anciennes, comme le grec et le latin; c'est celui que suivent encore aujourd'hui le russe, le gallique, langage des montagnards d'É-cosse, et presque toutes les langues des peuplades sauvages de l'Amérique.

La langue française, comme la plupart des langues modernes, a adopté une syntaxe différente. A un petit nombre d'exceptions près, réservées à la poésie, elle admet peu de variations dans l'arrangement des mots. L'ordre y est presque toujours le même, et l'on peut dire que cet ordre est fondé sur la raison : dans toute proposition, on énonce d'abord le nom de la personne ou de la chose qui agit, ensuite l'action, puis l'objet sur lequel tombe l'action, en sorte que les idées se classent, non d'après l'importance que l'imagination donne à chaque objet, mais suivant l'ordre indiqué par la raison et par la succession des faits.

Un écrivain français, pour faire l'éloge d'un souverain magnanime, s'exprimerait ainsi : *Je ne puis nullement passer sous silence cette admirable douceur, cette clémence inouïe et sans bornes, cette modération dans l'exercice du pouvoir suprême.* Ici, la personne qui parle se présente la première : *je;* vient ensuite l'action qu'elle va faire : *je ne puis nullement passer sous silence;* puis enfin l'objet sur lequel tombe l'action : la *douceur,* la *clémence* et la *modération* de l'homme qu'on veut louer. Cicéron, de qui cette phrase est traduite, établit un ordre directement opposé : il place avant tout le terme de l'action, c'est-à-dire, les trois vertus dont il fait l'éloge, et qui sont en effet le motif de la phrase; la personne qui agit, et l'action elle-même, ne sont exprimées qu'à la fin [1].

L'ordre du latin est plus animé : il retrace plus vivement la pensée, telle qu'elle s'est présentée à l'imagination. Mais il faut remarquer ici qu'il y a dans le caractère de notre langue quelque chose qui rend un ordre fixe absolument indispensable, et qui oblige à une construction régulière. Elle n'a pas en effet, comme nous l'avons vu, conservé l'usage de ces terminaisons diverses, qui, dans le grec et dans le latin, distinguent les cas des substantifs et les temps des verbes, et indiquent le rapport mutuel des mots d'une proposition, quelle que soit la place que ces mots occupent dans la phrase. Quand les hommes du Nord vinrent fonder leur puissance dans la Gaule, et mêler à la langue des Romains leur idiome barbare, ils supprimèrent les cas des noms et les terminaisons des verbes, parce qu'ils n'attachaient aucun prix aux avantages qui en résultaient. L'harmonie du langage était nulle pour eux, et ils ne s'inquiétaient pas de plaire à l'imagination en soumettant les mots à un arrangement particulier; ils ne voulaient qu'une chose, c'était de développer leurs idées de la manière la plus nette et dans l'ordre le plus intelligible; et si notre langue, par sa construction plus simple, a moins d'harmonie et de vivacité que celles des Grecs et des Latins, elle est aussi plus claire et plus raisonnable.

La clarté et la raison sont des qualités que la langue française tient de sa nature, et qui sont devenues ses lois les plus inviolables, ses habitudes les plus constantes. L'anglais admet quelquefois l'inversion; l'italien, qui paraît plus fidèlement calqué sur le latin que les autres langues modernes, se permet de transposer les mots, au point de devenir quelquefois obscur dans les ouvrages de certains écrivains. Le français est, sur cet article, d'une sévérité inflexible; il repousse de la prose toute espèce de transposition, et en tolère à peine un petit nombre dans la poésie. Par cette religieuse observation des lois qui la constituent, notre langue est devenue la plus claire et la plus positive de l'Europe : c'est un hommage que les étrangers eux-

---

[1] « Tantam mansuetudinem, tam inusitatam inauditamque clementiam, « tantumque in summa potestate rerum omnium modum tacitus nullo « modo præterire possum. » (Cicer., *Pro Marcello*, I.)

mêmes sont forcés de lui rendre. Plus d'une fois elle a été choisie, entre toutes les langues européennes, pour exprimer les articles d'une convention ou d'un traité de paix, parce que sa construction rigoureuse et ses formes précises préviennent ces phrases équivoques qui réservent des querelles à l'avenir, et ces termes ambigus qui font couler le sang humain. Sans doute la raison exacte qui forme le principe essentiel de notre langue, fait qu'elle est moins propre que plusieurs autres à l'enthousiasme et à la poésie; ce n'est qu'à force de génie qu'on peut la rendre poétique et passionnée; mais, en revanche, elle semble faite pour la philosophie qui découvre la vérité, pour l'éloquence qui lui prête son charme et sa puissance, pour l'histoire qui juge les faits et les hommes, enfin pour ces genres de littérature plus sévères, qui sont moins destinés à charmer l'imagination qu'à fortifier l'âme et à éclairer la raison.

ÉLÉMENTS
DE RHÉTORIQUE
FRANÇAISE.

PREMIÈRE PARTIE.
PRINCIPES DE LA RHÉTORIQUE.

CHAPITRE PREMIER.

DÉFINITION ET DIVISION DE LA RHÉTORIQUE.

Quand nous n'employons la parole que pour échanger avec nos semblables quelques pensées indifférentes, il nous suffit de suivre les règles qui constituent la grammaire de notre pays. Mais, si nous devons nous trouver souvent en rapport avec les autres hommes et agir sur leurs opinions ; si nous sommes destinés à élever la voix dans les tribunaux, dans les assemblées politiques ou dans les temples ; si nous composons des ouvrages qui instruisent notre siècle ou qui servent à ses plaisirs ; ou même enfin si nous n'aspirons qu'à plaire aux personnes qui nous entourent, et à mettre dans nos discours les plus simples une force qui persuade et une grâce qui les fasse aimer, alors la correction du langage ne suffit plus, et il nous faut un autre guide que la grammaire. Là commence la *Rhétorique*, ou *l'art de bien dire*.

Tout ce que les hommes ont réduit en art a commencé par être un instinct. Ainsi l'éloquence a précédé la rhétorique. Aussitôt que le langage a été assez formé pour exprimer plusieurs pensées liées ensemble, il a dû se trouver des hommes plus habiles que les autres à manier cet instrument, et à trouver des expressions vives, pittoresques et harmonieuses. « Une forte passion, dit Voltaire, un danger pressant appellent tout d'un coup l'imagination : ainsi un capitaine des premiers califes, voyant fuir les Musulmans, s'écria : « Où courez-vous ? ce n'est pas là que sont les enne- « mis. » Rasi, un capitaine musulman du temps même de Mahomet, voit les Arabes effrayés qui s'écrient que leur général Dérar est tué : « Qu'importe, dit-il, « que Dérar soit mort ? Dieu est vivant et vous regarde : « marchez. »

La nature fait donc l'éloquence, conclut l'auteur que nous venons de citer ; mais la nature seule n'est éloquente que par élans. Après les hommes qui ont été éloquents par instinct, sont venus ceux qui l'ont été par le travail, les *orateurs* ; et, après les orateurs, ceux qui ont recueilli et mis en ordre les méthodes, les procédés divers par lesquels on était parvenu à l'éloquence. Ces derniers ont été désignés sous le nom de *rhéteurs*, et l'art qu'ils ont créé s'est appelé *Rhétorique*.

On considère ordinairement l'art oratoire comme susceptible de recevoir trois applications différentes : quand des citoyens, réunis en corps politique, discutent les intérêts généraux de leur pays, leurs discours appartiennent au genre *délibératif* ; lorsque des hommes, divisés d'intérêts, font valoir leurs droits respectifs devant d'autres hommes chargés de les juger, leurs discours rentrent dans le genre *judiciaire*; enfin, l'on comprend dans un troisième genre, qu'on appelle *démonstratif*, tous les discours après lesquels il n'y a ni délibération ni jugement, tels que les panégyriques, les discours d'actions de grâce, les harangues académiques, etc. Mais la Rhétorique, ainsi divisée, n'embrasse que les relations publiques des hommes entre eux, et cependant elle s'applique aussi aux relations privées. On peut bien dire sans s'adresser à une assemblée populaire, à un tribunal ou à une académie; on peut être éloquent dans un développement historique, dans une dissertation philosophique, dans une lettre, dans la conversation même, aussi bien que dans une harangue. « Il ne s'agit pas toujours, dit Cicéron, du forum, du sénat et de la tribune: est-il rien de plus agréable, rien qui soit plus digne de l'homme qu'un entretien élégant et poli? » La Rhétorique n'est donc pas seulement l'art de parler en public; c'est l'art de bien dire, en quelque circonstance que ce soit.

Bien dire, c'est, selon la définition d'Aristote, découvrir dans un sujet, quel qu'il soit, tous les moyens possibles de se faire croire. Une allégorie ancienne représentait l'éloquence sous les traits d'Hercule, conduisant les hommes avec un fil d'or. L'éloquence, en effet, est une force irrésistible qui saisit les âmes, et qui les gouverne en les charmant.

Pour arriver à bien dire, trois opérations sont nécessaires: saisir d'un coup d'œil rapide tout ce que contient un sujet, en disposer avec méthode les différentes parties, puis trouver des mots qui les

expriment et qui les embellissent. De là, une division de la rhétorique en trois parties : l'*invention*,
la *disposition* et l'*élocution*. A ces trois parties on
en ajoute ordinairement une quatrième, qui en est
comme le complément, l'*action*. Cette dernière partie
enseigne à bien débiter un discours. C'est la forme
extérieure de l'art, et, comme disaient les anciens,
l'*éloquence du corps*. Elle est au discours ce que le
talent de l'acteur est à l'œuvre du poëte dramatique.

CHAPITRE II.

DE L'INVENTION.

Avant de parler ou d'écrire, il faut bien posséder le sujet que l'on va traiter, c'est-à-dire en avoir sondé toutes les parties, et connaître toutes les ressources qu'il peut offrir : c'est en cela que consiste l'*invention*.

Cicéron compare l'orateur ou l'écrivain au chasseur qui doit d'abord s'orienter dans le champ qu'il va parcourir. « Lorsque, par la pensée, vous aurez mesuré le terrain tout entier, et que vous en aurez reconnu l'étendue et les limites, rien ne vous échappera, et tout ce qui était caché au fond du sujet, viendra se présenter à vous comme de soi-même. » (*De l'Orateur*, liv. II, chap. XXXIV.)

L'orateur romain, qui savait si bien tracer les règles de l'art où il excellait lui-même, ajoute qu'il y a trois choses nécessaires pour l'invention, savoir : le génie, l'attention et la méthode.

Le génie, c'est cette espèce de divination, cette faculté naturelle, départie à un petit nombre, de pénétrer, d'un coup d'œil, les profondeurs d'un sujet et d'en faire sortir ce qu'il contient de plus élevé et de plus exquis. Ceux qui ont reçu un tel privilége n'ont guère besoin d'aller à l'école des rhéteurs; cependant, comme on l'a souvent dit, le génie le plus heureux ne doit pas dédaigner le travail. L'attention le préserve de la langueur, et la méthode l'empêche de s'égarer.

L'attention est la faculté d'appliquer à un sujet donné

toutes les forces de notre esprit; notre volonté y peut beaucoup. Dans les travaux littéraires, comme en toute autre chose, il faut vouloir tout ce qu'on peut, mais rien au delà, sous peine de tomber dans l'impuissance et le découragement. Quintilien raconte qu'il avait donné à un de ses élèves un sujet de *déclamation*, comme on disait alors dans les écoles. Après de longues heures de réflexion, le jeune homme n'avait pas encore écrit un mot sur ses tablettes. Le maître le retrouve à la même place, l'œil fixe et abattu, se frappant la tête de ses mains, et déclarant qu'il ne pourra jamais traiter un tel sujet. « Ne serait-ce pas, dit Quintilien, que vous avez voulu faire mieux que vous ne pouviez? » Cette parole est un trait de lumière pour l'élève; il se remet à l'œuvre, ressaisit les idées qui lui échappaient, s'étonne de trouver féconde une matière qui lui semblait stérile, et bientôt il recueille, pour prix de son travail, le suffrage de Quintilien.

La méthode ou l'art nous enseigne comment on doit s'y prendre pour embrasser un sujet tout entier, et n'en laisser échapper aucune partie essentielle. *L'éloquence*, dit Fénelon, *se réduit à peindre, à toucher et à prouver; toutes les pensées brillantes qui ne vont point à une de ces trois choses ne sont que jeu d'esprit.* Il se présente donc naturellement trois manières différentes d'envisager un sujet et de développer ce qu'il contient. La première décrit les faits : elle s'adresse à l'imagination. La seconde soulève les passions : c'est au cœur qu'elle s'adresse. La troisième consiste à prouver : elle s'adresse à la partie la plus noble de la nature humaine, à la raison.

I.

DES FAITS.

La première méthode de développement consiste à chercher ce qu'il y a de réel au fond du sujet, c'est-à-dire les qualités qui le constituent, et les faits essentiels ou accessoires qui s'y rapportent.

DE LA DÉFINITION.

Avant tout, il faut bien déterminer en quoi consiste l'objet dont on veut parler : il faut le *définir*, c'est-à-dire, expliquer d'une manière courte et précise les qualités qui lui sont propres. Ainsi Voltaire, ayant à parler de l'esprit, commence par se demander : Qu'est-ce que l'esprit ? et il répond à cette question de la manière du monde la plus spirituelle :

« Ce qu'on appelle esprit est tantôt une comparaison nouvelle, tantôt une allusion fine ; ici l'abus d'un mot qu'on présente dans un sens et qu'on laisse entendre dans un autre, là un rapport délicat entre deux idées peu communes ; c'est une métaphore singulière ; c'est une recherche de ce qu'un objet ne présente pas d'abord, mais de ce qui est en effet dans lui ; c'est l'art ou de réunir deux choses éloignées, ou de diviser deux choses qui paraissent se joindre, ou de les opposer l'une à l'autre ; c'est celui de ne dire qu'à moitié sa pensée, pour la laisser deviner. Enfin, je vous parlerais de toutes les différentes façons de montrer de l'esprit, si j'en avais davantage. »

La Fontaine a défini la cour d'une manière piquante et précise :

Je définis la cour un pays où les gens,
Tristes, gais, prêts à tout, à tout indifférents,

Sont ce qu'il plaît au prince, ou, s'ils ne peuvent l'être,
  Tâchent au moins de le paraître :
Peuple caméléon, peuple singe du maître.

DE L'ÉNUMÉRATION DES PARTIES.

Quand le sujet est simple, la définition peut suffire pour en donner une idée générale; quand il est complexe, il faut, pour en bien connaître l'étendue, *énumérer les parties* dont il se compose. Buffon, voulant donner une idée de l'Arabie Pétrée, énumère soigneusement tout ce qui caractérise ce pays :

« Qu'on se figure un pays sans verdure et sans eau, un soleil brûlant, un ciel toujours sec, des plaines sablonneuses, des montagnes encore plus arides, sur lesquelles l'œil s'étend et le regard se perd, sans pouvoir s'arrêter sur aucun objet vivant; une terre morte, et, pour ainsi dire, écorchée par les vents, laquelle ne présente que des ossements, des cailloux jonchés, des rochers debout ou renversés; un désert entièrement découvert, où le voyageur n'a jamais respiré sous l'ombrage, où rien ne l'accompagne, rien ne lui rappelle la nature vivante. »

L'auteur des *Martyrs* veut faire comprendre ce que c'était que Rome, la métropole de l'univers; il énumère toutes les merveilles qui s'y trouvaient accumulées :

« J'errais sans cesse du Forum au Capitole, du quartier des Carènes au champ de Mars; je courais au théâtre de Germanicus, au môle d'Adrien, au cirque de Néron, au Panthéon d'Agrippa. Je ne pouvais me lasser de voir le mouvement d'un peuple composé de tous les peuples de la terre, et la marche de ces troupes romaines, gauloises, germaniques, grecques, africaines, chacune différemment armée et vêtue. Un vieux Sabin passait avec ses sandales d'écorce de bouleau, auprès d'un sénateur couvert de pourpre; la litière d'un consulaire était arrêtée par le char d'une courtisane; les grands bœufs du

Clytumne traînaient au Forum l'antique chariot du Volsque ; l'équipage de chasse d'un chevalier romain embarrassait la voie Sacrée ; des prêtres couraient encenser leurs dieux, et des rhéteurs ouvrir leurs écoles.

« Que de fois j'ai visité ces thermes ornés de bibliothèques, ces palais, les uns déjà croulants, les autres à moitié démolis pour servir à construire d'autres édifices ! La grandeur de l'horizon romain se mariant aux grandes lignes de l'architecture romaine ; ces aqueducs qui, comme des rayons aboutissant à un même centre, amènent les eaux au peuple-roi sur des arcs de triomphe ; le bruit sans fin des fontaines ; ces innombrables statues qui ressemblent à un peuple immobile au milieu d'un peuple agité ; ces monuments de tous les âges et de tous les pays ; ces travaux des rois, des consuls, des Césars ; ces obélisques ravis à l'Égypte, ces tombeaux enlevés à la Grèce ; je ne sais quelle beauté dans la lumière, les vapeurs et le dessin des montagnes ; la rudesse même du cours du Tibre ; les troupeaux de cavales demi-sauvages qui viennent s'abreuver dans ses eaux ; cette campagne que le citoyen de Rome dédaigne maintenant de cultiver, se réservant à déclarer chaque année aux nations esclaves quelle partie de la terre aura l'honneur de le nourrir : que vous dirai-je enfin ? Tout porte à Rome l'empreinte de la domination et de la durée : j'ai vu la carte de la ville éternelle tracée sur des rochers de marbre au Capitole, afin que son image même ne pût s'effacer. » (*Les Martyrs*, liv. IV.)

DES CIRCONSTANCES.

Si c'est une action que vous avez à raconter, il faut retracer fidèlement les *circonstances* qui s'y rattachent : par qui, comment, par quel motif, de quelle manière, en quel temps cette action a été faite. Madame de Sévigné nous attendrit profondément en réunissant, avec la plus touchante simplicité, les circonstances qui ont accompagné la mort de Turenne :

« Il monta à cheval le samedi (27 juillet 1675), à deux heures après avoir mangé ; et, comme il y avait bien des gens avec lui, il les laissa tous à trente pas de la hauteur où il voulait aller, et dit au petit d'Elbeuf : « Mon neveu, demeurez là ; vous. ne « faites que tourner autour de moi, vous me feriez reconnaître. » M. d'Hamilton, qui se trouva près de l'endroit où il allait, lui dit : « Monsieur, venez par ici ; on tirera du côté où vous allez. « —Monsieur, lui dit-il, vous avez raison : je ne veux point du « tout être tué aujourd'hui ; cela sera le mieux du monde. » Il eut a peine tourné son cheval, qu'il aperçut Saint-Hilaire, le chapeau à la main, qui lui dit : « Monsieur, jetez les yeux sur « cette batterie que je viens de faire placer là. » M. de Turenne revint, et dans l'instant, sans être arrêté, il eut le bras et le corps fracassés du même coup qui emporta le bras et la main qui tenait le chapeau de Saint-Hilaire. Ce gentilhomme, qui le regardait toujours, ne le voit point tomber : le cheval l'emporte où il avait laissé le petit d'Elbeuf; il était penché le nez sur l'arçon. Dans ce moment, le cheval s'arrête ; le héros tombe entre les bras de ses gens; il ouvre deux fois de grands yeux et la bouche, et demeure tranquille pour jamais. Songez qu'il était mort, et qu'il avait une partie du cœur emportée.

« On crie, on pleure : M. d'Hamilton fait cesser ce bruit, et ôter le petit d'Elbeuf, qui s'était jeté sur ce corps, qui ne voulait pas le quitter, et qui se pâmait de crier. On couvre le corps d'un manteau, on le porte dans une haie, on le garde à petit bruit. Un carrosse vient, on l'emporte dans sa tente : ce fut là où M. de Lorges, M. de Roye et beaucoup d'autres pensèrent mourir de douleur; mais il fallut se faire violence, et songer aux grandes affaires qu'on avait sur les bras. On lui a fait un service militaire dans le camp, où les larmes et les cris faisaient le véritable deuil : tous les officiers avaient pourtant des écharpes de crêpe; tous les tambours en étaient couverts, ils ne battaient qu'un coup, les piques traînantes et les mousquets renversés; mais ces cris de toute une armée ne peuvent pas se représenter sans que l'on en soit ému. »

C'est ici l'occasion de faire observer que, dans une harangue judiciaire, on distingue deux espèces de circonstances, les circonstances *atténuantes* et les circonstances *aggravantes*, c'est-à-dire celles qui diminuent ou qui augmentent la gravité de la cause.

DES ANTÉCÉDENTS ET DES CONSÉQUENTS.

Indépendamment des circonstances qui ont accompagné un fait, il est quelquefois nécessaire, pour le mettre dans tout son jour, de rappeler les faits qui l'ont précédé ou suivi, en d'autres termes, les *antécédents* et les *conséquents*. Ainsi Boileau, voulant décrire l'époque où la poésie parut pour la première fois sur la terre, fait précéder cette description d'une image des temps antérieurs, et la fait suivre d'un tableau de ce qui se passa plus tard :

> Avant que la raison, s'expliquant par la voix,
> Eût instruit les humains, eût enseigné des lois,
> Tous les hommes suivaient la grossière nature,
> Dispersés dans les bois couraient à la pâture;
> La force tenait lieu de droit et d'équité;
> Le meurtre s'exerçait avec impunité.

Voilà les antécédents; voici le fait :

> Mais du discours enfin l'harmonieuse adresse
> De ces sauvages mœurs adoucit la rudesse,
> Rassembla les humains dans les forêts épars,
> Enferma les cités de murs et de remparts,
> De l'aspect du supplice effraya l'insolence,
> Et sous l'appui des lois mit la faible innocence.
> Cet ordre fut, dit-on, le fruit des premiers vers.

Là finit le fait; puis viennent les conséquents :

> De là sont nés ces bruits reçus dans l'univers,
> Qu'aux accents dont Orphée emplit les monts de Thrace,
> Les tigres amollis dépouillaient leur audace,
> Qu'aux accords d'Amphion, les pierres se mouvaient,
> Et sur les murs thébains en ordre s'élevaient.

L'harmonie en naissant produisit ces miracles ;
Depuis le ciel en vers fit parler les oracles, etc.

Racine, voulant faire comprendre toute la grandeur du génie de Corneille, commence par rappeler l'état du théâtre français avant l'apparition de ce grand poëte :

« Vous savez en quel état se trouvait la scène française, lorsqu'il commença à travailler. Quel désordre ! quelle irrégularité ! Nul goût, nulle connaissance des véritables beautés du théâtre ; les auteurs aussi ignorants que les spectateurs ; la plupart des sujets extravagants et dénués de vraisemblance ; point de mœurs, point de caractères ; la diction encore plus vicieuse que l'action, et dont les pointes et de misérables jeux de mots faisaient le principal ornement. En un mot, toutes les règles de l'art, celles même de l'honnêteté et de la bienséance partout violées. Dans cette enfance, ou, pour mieux dire, dans ce chaos du poëme dramatique parmi nous, votre illustre frère, après avoir quelque temps cherché le bon chemin, et lutté, si je l'ose ainsi dire, contre le mauvais goût de son siècle, enfin inspiré d'un génie extraordinaire, et aidé de la lecture des anciens, fit voir sur la scène la raison, mais la raison accompagnée de toute la pompe, de tous les ornements dont notre langue est capable, accordant heureusement la vraisemblance et le merveilleux, et laissant bien loin derrière lui tout ce qu'il avait de rivaux. » (*Discours à l'Académie pour la réception de T. Corneille.*)

Il faut user sobrement des antécédents et des conséquents ; car, si l'on n'y prenait garde, ce serait une source intarissable de développements. Horace recommande aux poëtes qui veulent chanter la prise de Troie, de ne point remonter à la naissance d'Hélène. Il ne faut prendre, parmi les faits qui ont précédé ou suivi, que ceux qui sont vraiment nécessaires à l'intelligence du sujet.

DE LA CAUSE ET DE L'EFFET.

On peut encore emprunter des développements, soit à la *cause* qui a produit le fait dont on parle, soit aux *effets* dont il est lui-même la cause. Bailly expose ainsi la théorie de l'aurore, sa cause et ses effets :

« Les rayons qui se plient pour s'approcher de nous, passent au-dessus de nos têtes avant de nous atteindre ; ils se réfléchissent sur les particules grossières de l'air, pour former d'abord une faible lueur, incessamment augmentée, qui annonce le jour et le devient bientôt. La lumière décomposée peint les nuages, et forme ces couleurs brillantes qui précèdent le lever du soleil. C'est dans ce phénomène de la réfraction que les poëtes ont vu la déesse du matin : elle ouvre les portes du jour avec ses doigts de rose, et la fille de l'air et du soleil a son trône dans l'atmosphère. » (*Astronomie moderne.*)

L'auteur a montré jusqu'ici le phénomène et la cause qui l'a produit ; il va maintenant en décrire les effets :

« Si cette atmosphère n'existait pas, si les rayons nous parvenaient en ligne droite, l'apparition et la disparition du soleil seraient instantanées ; le grand éclat du jour succéderait à la profonde nuit, et les ténèbres épaisses prendraient tout à coup la place du plus beau jour. La réfraction est donc utile à la terre, non-seulement parce qu'elle nous fait jouir quelques moments plus tôt de la présence du soleil, mais parce qu'en nous donnant les crépuscules, elle prolonge la durée de la lumière. La nature a établi des gradations pour préparer nos plaisirs et pour diminuer nos regrets : nous voyons poindre le jour, comme une faible espérance ; il s'échappe ensuite sans qu'on y songe, et la lumière se perd comme nos forces, comme la santé, les plaisirs, la vie même, sans que nous nous en apercevions. » (*Ibid.*)

Montesquieu, voulant donner une idée de l'in-

fluence que les conquêtes d'Alexandre ont exercée
sur le monde ancien, commence par rechercher à
quelles causes il faut attribuer ces conquêtes; il les
résume ensuite rapidement, et en expose les principaux effets :

« Il ne partit qu'après avoir assuré la Macédoine contre les
peuples barbares qui en étaient voisins, et achevé d'accabler
les Grecs; il ne se servit de cet accablement que pour l'exécution de son entreprise; il rendit impuissante la jalousie des
Lacédémoniens; il attaqua les provinces maritimes; il fit suivre
à son armée de terre les côtes de la mer, pour n'être point
séparé de sa flotte; il se servit admirablement bien de la discipline contre le nombre; il ne manqua point de subsistances;
et s'il est vrai que la victoire lui donna tout, il fit aussi tout
pour se procurer la victoire....

« Le passage du Granique fit qu'Alexandre se rendit maître
des colonies grecques; la bataille d'Issus lui donna Tyr et l'E-
gypte; la bataille d'Arbelles lui donna toute la terre. Après
la bataille d'Issus, il laisse fuir Darius, et ne s'occupe qu'à ef-
fermir et à régler ses conquêtes; après la bataille d'Arbelles,
il le suit de si près qu'il ne lui laisse aucune retraite dans son
empire. Darius n'entre dans ses villes et dans ses provinces que
pour en sortir : les marches d'Alexandre sont si rapides, que
vous croyez voir l'empire de l'univers plutôt le prix de la course
comme dans les jeux de la Grèce, que le prix de la victoire.

« C'est ainsi qu'il fit ses conquêtes : voyons comment il les
conserva.

« Il résista à ceux qui voulaient qu'il traitât les Grecs comme
maîtres et les Perses comme esclaves; il ne songea qu'à unir
les deux nations, et à faire perdre la distinction du peuple
conquérant et du peuple vaincu; il abandonna, après la conquête, tous les préjugés qui lui avaient servi à la faire; il prit
les mœurs des Perses, pour ne pas désoler les Perses en leur
faisant prendre les mœurs des Grecs. C'est ce qui fit qu'il marqua
tant de respect pour la femme et pour la mère de Darius. Qu'est-
ce que ce conquérant qui est pleuré de tous les peuples qu'il
a soumis ? qu'est-ce que cet usurpateur sur la mort duquel la
famille qu'il a renversée du trône verse des larmes? C'est un

trait de cette vie dont les historiens ne nous disent pas que quelque autre conquérant puisse se vanter. » (*De l'Esprit des Lois*, liv. X, ch. xiv.)

DES SEMBLABLES.

Il y a aussi des développements accessoires, qui, sans se rattacher directement au sujet, contribuent cependant à en donner une idée plus claire, plus exacte et plus complète. Tels sont les *comparaisons*, les *exemples*, les *citations*, les *témoignages* que l'orateur sacré puise dans l'Écriture sainte, dans les décrets des conciles, dans l'histoire ecclésiastique ou dans les Pères de l'Église; l'orateur du barreau, dans les dépositions des témoins, dans les lois, coutumes, arrêts et ordonnances; le publiciste, le philosophe, l'historien et les écrivains de tout genre, dans les monuments, dans les traditions, dans les ouvrages anciens ou modernes, analogues au sujet qu'ils traitent. Fléchier commence ainsi l'oraison funèbre de Turenne :

« Je ne puis, messieurs, vous donner d'abord une plus haute idée du triste sujet dont je viens vous entretenir, qu'en recueillant ces termes nobles et expressifs dont l'Écriture sainte se sert pour louer la vie et pour déplorer la mort du sage et vaillant Machabée....

« Cet homme qui défendait les villes de Juda, qui domptait l'orgueil des enfants d'Ammon et d'Ésaü, qui revenait chargé des dépouilles de Samarie, après avoir brûlé sur leurs propres autels les dieux des nations étrangères; cet homme que Dieu avait mis autour d'Israël, comme un mur d'airain où se brisèrent tant de fois toutes les forces de l'Asie, et qui, après avoir défait de nombreuses armées, déconcerté les plus fiers et les plus habiles généraux des rois de Syrie, venait tous les ans, comme le moindre des Israélites, réparer, avec ses mains triomphantes, les ruines du sanctuaire, et ne voulait d'autre récompense des services qu'il rendait à sa patrie, que l'honneur de l'avoir servie ; ce vaillant homme, poussant enfin avec un courage invincible les ennemis qu'il avait réduits à une fuite honteuse, reçut le coup mortel, et demeura comme enseveli dans son triomphe...

« Chrétiens, qu'une triste cérémonie assemble en ce lieu, ne rappelez-vous pas en votre mémoire ce que vous avez vu, ce que vous avez senti il y a cinq mois? Ne vous reconnaissez-vous pas dans l'affliction que j'ai décrite ? et ne mettez-vous pas dans votre esprit, à la place du héros dont parle l'Écriture, celui dont je viens vous parler ? La vertu et le malheur de l'un et de l'autre sont semblables ; et il ne manque aujourd'hui a ce dernier qu'un éloge digne de lui. »

Pellisson, dans un de ses écrits en faveur de Fouquet, veut prouver que les formes de la justice doivent toujours être religieusement respectées ; il commence par rappeler le jugement de Phocion, tel qu'il est rapporté dans Plutarque :

« O Athéniens, est-ce justement ou injustement que vous voulez nous faire mourir?» Ainsi commençait sa défense et celle de ses amis, le plus homme d'honneur de son temps, et le plus zélé pour sa patrie, qu'on condamna comme traître, mais à qui on dressa des statues publiques après sa mort. « C'est justement, répondit l'assemblée tumultueuse. — Si c'est justement, répliqua Phocion, vous ne le pouvez sans formes et sans nous avoir entendus. »

« Un homme de bien eut le courage de se lever pour dire qu'il ne fallait rien faire qu'avec l'ordre solennel et accoutumé, qu'on ne laissât au théâtre que les habitants naturels, qu'on fit sortir les étrangers et les esclaves introduits contre les lois pour donner leur suffrage ; mais ni l'homme de bien, ni Phocion n'en furent ouïs, et, avec le nom de justice dans la bouche, on passa outre à l'une des plus injustes condamnations qui fut jamais. »

DES CONTRAIRES.

Un dernier moyen de développement, c'est d'opposer au fait dont on parle des faits qui en diffèrent plus ou moins. C'est ainsi que souvent, en définissant une chose par ce qu'elle n'est pas, on fait comprendre ce qu'elle est, ou du moins on prépare les esprits à une définition positive. Fléchier veut peindre le caractère de M. Le Tellier, et, pour y parvenir, il s'occupe moins des qualités qui appartenaient au chancelier, que des défauts qui lui étaient étrangers :

« Les plaisirs ne troublèrent pas la discipline de ses mœurs ni l'ordre de ses exercices. Il joignit à la beauté de l'esprit et au zèle de la justice l'assiduité du travail, et méprisa ces âmes oisives qui n'apportent d'autre préparation à leurs charges que celle de les avoir désirées ; qui mettent leur gloire à les acquérir, non pas à les exercer ; qui s'y jettent sans discernement et s'y maintiennent sans mérite, et qui n'achètent ces titres vains d'occupation et de dignité que pour satisfaire leur orgueil et pour honorer leur paresse. »

Un peu plus loin, l'orateur se sert du même artifice pour donner une idée de la fortune rapide de M. Le Tellier :

« Ne vous figurez pas de ces élévations soudaines que produit quelquefois dans les États l'heureuse ambition des sujets ou l'aveugle faveur des princes ; ne pensez pas à cette impatience téméraire de la plupart des jeunes gens, moins occupés des charges qu'ils ont que de celles qu'ils n'ont pas ; qui se dispensent de l'ordre du temps et de la raison pour monter précipitamment aux premiers tribunaux du royaume, comme si l'honneur pouvait s'acquérir sans travail et la sagesse sans expérience. »

II.

DES PASSIONS.

Après avoir trouvé dans un sujet ce qui doit être défini, décrit ou raconté, on doit y chercher ce qui peut émouvoir les passions.

Les passions sont les émotions involontaires qui agissent sur notre âme. Les objets qui se présentent à elle lui paraissent-ils agréables ou utiles, elle s'y porte, les poursuit et les aime : de là le désir, l'espérance, l'amour. Ces objets lui paraissent-ils désagréables ou nuisibles, elle s'en éloigne, les fuit et les hait : de là l'aversion, la crainte, la haine. Toutes les passions sont formées de ces éléments, qui se combinent de plusieurs manières différentes.

Les mouvements passionnés exerçant sur nous une influence presque irrésistible, et nous entraînant quelquefois malgré nous, on conçoit qu'ils offrent à ceux qui parlent ou qui écrivent un puissant moyen d'action sur les hommes ; mais plus ce moyen est puissant, plus il faut savoir en régler l'emploi.

Les passions, qui, en dernière analyse, sont, comme nous venons de le voir, l'amour des objets agréables et la haine des objets désagréables, nous poussent continuellement à rechercher les uns et à fuir les autres ; mais souvent elles rencontrent un obstacle, et cet obstacle, c'est le sentiment de la justice, c'est la loi du devoir. Les passions ne s'arrêtent pas toujours à cette voix sacrée ; souvent elles nous conseillent d'immoler à notre intérêt particulier l'intérêt de nos semblables : alors elles deviennent coupa-

bles, et l'orateur ou l'écrivain serait criminel en cher-
chant leur appui.

Toutes les fois que l'intérêt personnel est en lutte
avec le devoir, l'homme, placé avec sa liberté entre
ces deux mobiles qui le sollicitent également, se sent
obligé d'obéir au devoir en sacrifiant son intérêt.
Mais quelquefois aussi ces deux motifs se réunissent,
et, agissant comme de concert, allument dans son
âme des désirs légitimes, des passions généreuses,
auxquelles il peut s'abandonner sans remords. Dans
cette classe de passions rentrent l'amour qu'une mère
éprouve pour ses enfants, la tendresse respectueuse
que nous ressentons pour les auteurs de nos jours,
l'affection qui unit des enfants issus du même sang
et nourris du même lait, l'amitié, contrat sacré qui
nous lie pour la vie, la sainte indignation dont notre
cœur est saisi à la vue d'une action basse et intéres-
sée, la pitié religieuse que nous inspire le malheur,
et cet enthousiasme qui fait battre notre cœur au récit
d'un grand sacrifice ou d'une action héroïque. Alors
il y a harmonie parfaite dans tout notre être : est-ce
la raison qui nous parle? est-ce la passion qui nous
entraîne? C'est la raison énergique et brûlante comme
la passion; c'est la passion calme et pure comme la
raison : nos devoirs les plus saints deviennent nos
voluptés les plus douces, et tout l'homme est d'accord. Heureux l'orateur ou l'écrivain qui s'empare de
ces mouvements du cœur fondés sur la raison! Son
discours, armé contre les passions qu'enfante l'é-
goïsme, doit s'animer de toutes celles que la loi morale autorise; par elles il foudroie tout ce qui lui ré-
siste, il impose à son gré la conviction, et tous ces
milliers d'hommes qui se pressent silencieusement

autour de lui, ou qui ont les yeux attachés sur les pages qu'il a tracées, ne vivent plus qu'en lui, et n'ont plus d'âme que la sienne.

Que les jeunes gens s'habituent à venir puiser dans cette source pure et féconde. Leur âme, que le malheur n'a point découragée et que le souffle de l'égoïsme n'a point encore flétrie, est naturellement ouverte à tous les sentiments nobles et désintéressés : qu'ils les répandent dans leurs premières compositions; qu'on voie, dans les essais de leurs jeunes talents, comment ils aiment leur père, comment ils doivent un jour aimer leurs enfants; qu'on s'aperçoive, en lisant leurs écrits encore imparfaits, que leur cœur a déjà senti ces amitiés inviolables qui commencent au collége et ne finissent qu'à la mort; que souvent des élans généreux, des mots qu'ils n'ont point lus dans les livres, mais qui sont partis de leur âme, arrachent une larme à leur vieux professeur; et, malgré la juste importance qu'ils doivent attacher à la solidité des arguments et à la perfection du style, qu'ils n'oublient jamais que le pathétique, sanctionné par la raison, est le langage le plus persuasif et l'éloquence la plus entraînante.

Pour appuyer par un exemple le principe que nous venons d'établir, pour faire sentir toute l'importance des passions dans le discours, nous citerons un passage d'un auteur ancien, d'Aulu-Gelle, qui contient un rapprochement curieux entre C. Gracchus et Cicéron parlant sur un sujet semblable d'une manière très-différente :

« Caïus Gracchus passe pour un orateur plein de force et de véhémence. Personne ne lui refuse cette qualité ; mais qu'on aille jusqu'à trouver son éloquence plus mâle, plus vive, plus riche que celle de Cicéron , c'est ce que personne ne pourra souffrir. Je lisais dernièrement le discours de C. Gracchus sur les lois promulguées. Il y cherche à soulever l'indignation contre le supplice de M. Marius et de plusieurs citoyens distingués, battus de verges par l'ordre des magistrats romains. Voici comment il s'exprime à ce sujet :

« Le consul vint dernièrement à Téanum. Sa femme dit qu'elle
« voulait aller aux bains des hommes. Marius chargea le ques-
« teur de la ville de faire sortir des bains tous ceux qui s'y trou-
« vaient. La femme du consul se plaignit à son mari de la
« lenteur qu'on avait mise à lui livrer l'entrée des bains, et du
« peu de propreté qu'elle y avait trouvé. Un poteau fut placé
« sur la place publique ; Marius, l'homme le plus noble de la
« ville, y fut conduit ; on lui ôta ses vêtements, et il fut battu
« de verges. A cette nouvelle, les habitants de Calès défendi-
« rent expressément de se rendre aux bains quand le magis-
« trat romain serait dans la ville. Ce fut pour la même raison
« que notre préteur ordonna d'arrêter les deux questeurs de
« Férentinum : l'un se jeta du haut d'un mur, l'autre fut pris
« et battu de verges. »

« Où sont, dans ce discours qui avait pour objet un crime si atroce, qui faisait au peuple la triste et douloureuse révélation d'un attentat public, où sont ces traits brillants d'éloquence qu'on était en droit d'espérer ? Où est la haine qu'il fallait soulever contre l'auteur de ces cruautés ? Où sont enfin ces plaintes touchantes, ces accents déchirants de pitié, qui auraient dû pénétrer nos âmes ? J'y vois de la concision , de la correction, et même une sorte d'élégance : c'est ce qu'on trouve dans les dialogues enjoués de la comédie.

« Ce même Gracchus dit ailleurs : « Un exemple va vous
« montrer à quels excès s'abandonne aujourd'hui la jeunesse.
« Il y a quelques années, on envoya d'Asie, en qualité de lieu-
« tenant, un jeune homme qui, pendant son voyage, n'avait
« pas encore pris possession de sa dignité. Il se faisait porter
« dans une litière : un bouvier de Vénusium se trouva sur son
« passage, et, ignorant qui l'on conduisait ainsi, demanda en
« plaisantant si c'était un mort que l'on portait. Le jeune homme
« entendit cette question ; il arrêta sa litière, et fit frapper le
« bouvier des courroies qui la soutenaient, jusqu'à ce qu'il eût
« expiré sous les coups. » Ce discours sur un acte de violence

aussi atroce, ne diffère en rien des conversations de tous les jours.

« Mais écoutez Cicéron, lorsque des citoyens romains, des citoyens innocents, au mépris du droit des gens et des lois, sont battus de verges ou livrés au dernier supplice : quelles plaintes il fait entendre ! comme il sait déplorer toutes ces cruautés ! comme il nous en met le spectacle tout entier sous les yeux ! que d'indignation et de haine il soulève au fond de notre âme ! A cette lecture, l'image des supplices m'environne de toutes parts, et mes oreilles sont remplies de voix plaintives et de lamentations. Tel est l'effet que produit sur moi le passage suivant ; je l'ai écrit comme je l'ai pu pour le moment, et autant que ma mémoire a pu me le fournir.

« Verrès vient lui-même sur la place, ivre de fureur et respi-
« rant le crime. Ses yeux étincelaient ; la cruauté était peinte
« dans tous ses traits. On attendait en silence vers quel lieu il
« allait porter ses pas, ou ce qu'il allait faire.... il ordonne, et
« tout à coup on traîne un homme sur la place publique, on le
« dépouille, on l'attache, et les verges s'apprêtent. » Ces derniers mots sont déjà d'un si grand effet et répandent un tel effroi, que c'est moins un récit qu'on entend, qu'un spectacle auquel on assiste.

« Pour Gracchus, il n'a pas l'air de se plaindre, d'invoquer l'indignation publique ; il raconte : « Un poteau, dit-il, fut dressé
« sur la place publique ; le condamné fut dépouillé de ses vête-
« ments et battu de verges. » Cicéron ne dit pas : « Il fut battu
« de verges ; » mais, prolongeant devant nos yeux le supplice de la victime : « On frappait de verges, s'écrie-t-il, au milieu
« de la place de Messine, un citoyen romain. Ce malheureux,
« au milieu des souffrances qu'il endurait et des coups qui re-
« tentissaient sur son corps, ne faisait entendre d'autres cris,
« d'autres plaintes que celle-ci : *Je suis citoyen romain.* Il
« croyait, en rappelant ce titre, qu'il allait détourner tous les
« coups, écarter tous les supplices. » Mais avec quel feu l'orateur s'élève contre un traitement si cruel ! combien il amasse de haine sur la tête de Verrès ! comme il voue ce monstre à l'exécration des Romains, lorsqu'il s'écrie : « O doux nom de
« la liberté ! ô droits sacrés de la cité romaine ! ô loi Porcia !
« lois de Sempronius ! puissance tribunitienne, si vivement re-
« grettée et rendue enfin au peuple romain ! ô institutions sa-

« crées, qu'êtes-vous devenues? Un citoyen romain, dans une
« province romaine, au sein d'une ville alliée, par les ordres
« d'un homme qui devait à Rome les haches et les faisceaux
« qu'il faisait porter devant lui, un citoyen romain était lié et
« battu de verges sur la place publique ! Et ces bûchers et ces
« lames ardentes, et ces mille tortures qu'on étalait tous les
« jours ! Ah ! si la voix plaintive, si les cris touchants de cet in-
« fortuné ne t'attendrissaient point, tous ces Romains qui étaient
« présents à son supplice, et qui pleuraient et gémissaient avec
« lui, ne devaient-ils pas t'émouvoir davantage? » (*Nuits atti-
ques*, liv. X.)

III.

DU RAISONNEMENT.

La troisième méthode de développement, le *raisonnement,* ne cherche ni à charmer l'imagination, ni
à soulever les passions ; elle a pour but d'éclairer et
de convaincre. Aristote, dans son livre de la Rhétorique, fait de la dialectique le fondement de l'art de
persuader. Dans l'opinion de ce philosophe, être éloquent, c'est savoir prouver. Si la dialectique n'est
point toute l'éloquence, on ne peut nier qu'elle n'en
soit une des parties essentielles ; et, dans le travail
préparatoire qui précède la composition, les jeunes
gens doivent approfondir avec le plus grand soin
toutes les ressources que le raisonnement peut tirer
de leur sujet.

DU SYLLOGISME.

Le point de départ du raisonnement doit être une
de ces vérités rationnelles sur lesquelles tous les esprits sont d'accord, ou un axiome fondé sur l'expérience, ou bien un fait particulier, attesté soit par le

sentiment intime, soit par le témoignage des hommes. Les divers moyens de développer les faits, indiqués dans la première section de ce chapitre, peuvent servir de base au raisonnement. C'est ainsi que l'orateur du barreau se sert, dans l'intérêt de sa cause, de l'*énumération des parties,* des *circonstances,* des *semblables,* des *contraires,* etc.

Le principe du raisonnement une fois posé, on établit une seconde proposition qui doit être également une vérité reconnue ou un fait incontestable, et, à l'aide de cette seconde proposition, on en tire une troisième du principe que l'on avait posé. Voulez-vous, par exemple, arriver par le raisonnement à cette vérité, *que l'homme doit rechercher la science;* vous commencerez par poser ce principe : *l'homme doit rechercher ce qui lui est utile;* puis, vous établirez cette autre proposition : *la science est utile à l'homme;* et cette seconde proposition vous servira d'intermédiaire pour passer de la maxime générale : *l'homme doit rechercher ce qui lui est utile,* à cette maxime particulière : *l'homme doit rechercher la science.* La première de ces trois propositions, celle qui sert de point de départ, s'appelle *majeure;* la seconde, celle qui sert d'intermédiaire, s'appelle *mineure,* et la troisième *conclusion.* L'ensemble se nomme *syllogisme,* mot tiré du grec qui signifie *proposition déduite.*

DE L'ÉPICHÉRÈME.

Le raisonnement procède toujours par le syllogisme, mais le syllogisme est plus ou moins déguisé. Les philosophes, qui ne cherchent qu'à prouver, s'en servent presque toujours sans dissimuler sa

nudité scolastique; les orateurs, qui veulent plaire
par la variété, et ne pas laisser apercevoir les moyens
qu'ils emploient pour arriver à leur but, cachent souvent le syllogisme sous les fleurs de leur langage.
Ainsi, il y en a un dans le morceau suivant de Massillon sur l'immortalité de l'âme :

« Tous les autres êtres, contents de leurs destinée, paraissent heureux, à leur manière, dans la situation où l'auteur de
la nature les a placés : les astres, tranquilles dans le firmament,
ne quittent point leur séjour pour aller éclairer une autre
terre; la terre, réglée dans ses mouvements, ne s'élance pas en
haut pour aller prendre leur place; les animaux rampent dans
les campagnes, sans envier la destinée de l'homme, qui habite
les villes et les palais somptueux; les oiseaux se réjouissent
dans les airs, sans penser s'il y a des créatures plus heureuses
qu'eux sur la terre. Tout est heureux, pour ainsi dire; tout est à
sa place dans la nature : l'homme seul est inquiet et mécontent,
l'homme seul est en proie à ses désirs, se laisse déchirer par ses
craintes, trouve son supplice dans ses espérances, devient triste
et malheureux au milieu de ses plaisirs; l'homme seul ne rencontre rien ici-bas où son cœur puisse se fixer. D'où vient cela,
ô homme? Ne serait-ce point parce que vous êtes ici-bas dé-
placé, que vous êtes fait pour le ciel, que votre cœur est plus
grand que le monde, que la terre n'est pas votre patrie, et que
tout ce qui n'est pas Dieu n'est rien pour vous? »

Cet harmonieux développement, réduit à sa plus
simple expression, serait renfermé dans les trois propositions suivantes : « Tous les êtres sont faits pour
le bonheur; l'homme seul ne le trouve point ici-bas;
donc l'homme doit le chercher ailleurs. » Mais ce ne
serait là qu'un argument philosophique; Massillon
en a fait un argument oratoire, où les trois propositions sont également développées. Cette forme de
raisonnement s'appelle *épichérème* ou *argument com-*
plet.

DE L'ENTHYMÈME.

Souvent le poëte ou l'orateur, au lieu de développer le syllogisme, l'abrége, et en supprime la première ou la seconde partie. Ainsi, dans la tragédie de Racine, Achille, voulant prévenir le sort d'Iphigénie, dit à Agamemnon :

Ah! je sais trop le sort que vous lui réservez!

et Agamemnon lui répond :

Pourquoi le demander, puisque vous le savez?

Pour faire un syllogisme complet, il aurait fallu dire : « Quand on sait une chose, on ne la demande pas ; or, vous savez ce dont il s'agit ; donc vous ne devez pas le demander. » Mais Agamemnon est trop agité pour argumenter en forme ; il fait ce que les rhéteurs et les logiciens ont appelé un *enthymème*, c'est-à-dire un argument dont une partie est sous-entendue.

DE L'INDUCTION.

Quand on accumule plusieurs faits particuliers pour en tirer une conclusion générale, le raisonnement prend le nom d'*induction*.

Buffon veut prouver qu'il ne faut pas s'effrayer de la mort quand on a assez bien vécu pour n'en pas craindre les suites ; il commence par poser plusieurs faits, résultats d'observations particulières : « A l'exception d'un très-petit nombre de maladies aiguës, où l'agitation causée par des mouvements convulsifs semble indiquer les souffrances du malade, dans toutes

les autres on meurt tranquillement, doucement et sans
douleurs. La plupart des hommes meurent sans le
savoir, et il n'y en a qu'un petit nombre qui conser-
vent de la connaissance jusqu'au dernier soupir. Sur
ce petit nombre, il ne s'en trouve peut-être pas un
qui ne conserve en même temps de l'espérance, et qui
ne se flatte d'un retour vers la vie : la nature a, pour
le bonheur de l'homme, rendu ce sentiment plus fort
que la raison. » Ces faits posés, Buffon en tire la conclusion suivante : « La mort n'est donc pas une chose
aussi terrible que nous nous l'imaginons ; nous la ju-
geons mal de loin : c'est un spectre qui nous épouvante
à une certaine distance, et qui disparaît lorsqu'on vient
à s'en approcher de près. »

DE L'EXEMPLE.

Si l'on prend pour point de départ un ou plusieurs
faits particuliers, attribués à un peuple ou à un personnage dont le nom fait autorité, l'argument prend le
nom d'*exemple*.

J. J. Rousseau, voulant prouver que le duel n'est
qu'un préjugé barbare qui n'a point sa racine dans
le cœur humain, met d'abord en avant des exemples
tirés de l'histoire des peuples anciens : « César en-
voya-t-il un cartel à Caton, ou Pompée à César pour
tant d'affronts réciproques, et le plus grand capitaine
de la Grèce fut-il déshonoré pour s'être laissé menacer
du bâton ? » Ces exemples une fois établis, Rousseau
conclut : « Si les peuples les plus éclairés, les plus
braves, les plus vertueux de la terre n'ont point connu
le duel, je dis qu'il n'est point une institution de
l'honneur, mais une mode affreuse et barbare, digne
de sa féroce origine. »

DE L'ARGUMENT PERSONNEL.

Lorsque l'*exemple* est tiré des actions, des paroles ou de la situation de celui contre qui l'on parle, il devient un *argument personnel*. Quand Hermione, furieuse d'avoir été obéie par Oreste, lui reproche le meurtre de Pyrrhus, Oreste s'excuse en lui rappelant les ordres qu'elle-même a donnés :

> . . . . Quoi ! ne m'avez-vous pas,
> Vous-même, ici, tantôt, ordonné son trépas ?

DU DILEMME.

La réunion de deux arguments séparés qui tendent au même but, forme un *dilemme* ou *double argument* : c'est une hache à deux tranchants, qui frappe de deux côtés à la fois. Ainsi Mathan, qui veut faire tomber le bras d'Athalie sur le jeune Éliacin, pense qu'il faut le frapper s'il est d'une illustre origine, et que, s'il est d'une basse extraction, il faut de même le frapper :

> A d'illustres parents s'il doit son origine,
> La splendeur de son rang doit hâter sa ruine ;
> Dans le vulgaire obscur si le sort l'a placé,
> Qu'importe qu'au hasard un sang vil soit versé ?

On connaît les paroles de Pilate aux princes des prêtres qui accusaient Jésus : « Vous m'avez présenté cet homme comme portant le peuple à la révolte ; et néanmoins, l'ayant interrogé en votre présence, je ne l'ai trouvé coupable d'aucun des crimes dont vous l'accusez : ni Hérode non plus, car je vous ai renvoyés a lui, et il ne l'a pas plus que moi jugé digne de mort. Je m'en vais donc le renvoyer, après l'avoir fait châtier. » Un jurisconsulte allemand, Gerhard, oppose à ces paroles inconséquentes un dilemme qu'il est impossible de réfuter : « Sois d'accord avec toi-même, ô Pilate ! car, si le Christ est innocent, que ne le renvoies-tu absous ? Et, si tu crois qu'il a mérité d'être frappé de verges, pourquoi le proclames-tu innocent ? »

DU SORITE.

Quelquefois on enchaîne l'un à l'autre plusieurs arguments, de telle sorte que la conclusion du premier serve de point de départ au second, la conclusion du second de point de départ au troisième, jusqu'à ce qu'on arrive enfin à la conclusion que l'on avait en vue en commençant le raisonnement. Cette espèce d'argument s'appelle *sorite,* d'un mot grec qui signifie *accumulation*.

Montaigne raconte que les Thraces, trouvant sur leur passage une rivière gelée, lâchent devant eux un renard pour savoir s'ils peuvent passer en sûreté : le renard approche alors son oreille de la glace, s'arrête au bruit de l'eau qu'il entend, et semble faire en lui-même le raisonnement suivant, qui n'est autre chose qu'un *sorite* : « Ce qui fait du bruit se remue ; ce qui se remue n'est pas gelé ; ce qui n'est pas gelé est liquide, et ce qui est liquide plie sous le faix : donc, si j'entends près de mon oreille le bruit de l'eau, elle n'est pas gelée, et la glace n'est pas assez épaisse pour me porter. »

Après avoir parcouru les principales formes d'argumentation, nous devons rappeler aux jeunes gens qu'un raisonnement, quel qu'il soit, n'est bon qu'à deux conditions : la première, que le principe d'où

l'on part soit fondé en raison ; la seconde, que la conclusion en soit rigoureusement déduite. Il serait difficile de dire laquelle de ces deux règles est la plus
essentielle ; car, si vous manquez à la première, si
votre point de départ est faux, mieux vous saurez en
tirer les conséquences, plus vous vous éloignerez de
la vérité. D'un autre côté, quelle que soit la bonté de
votre principe, si vous ne savez pas en déduire exactement ce qu'il contient, vous tombez dans l'inconsé-
quence, et vous n'obtenez aucun résultat. Dans l'un
et dans l'autre cas, vous dépensez inutilement des
pensées et des mots : vous n'êtes point un logicien,
vous n'êtes qu'un sophiste.

CHAPITRE III.

DE LA DISPOSITION.

Quand on a trouvé des idées, il faut déterminer l'ordre dans lequel on doit les présenter. La *disposition* des parties vient immédiatement après la conception du sujet.

L'ordre est un des éléments essentiels de toute chose. La nature nous en offre l'exemple et le modèle. Les arts, dont une des lois suprêmes est l'imitation de la nature, ne vivent, comme elle, que par l'ordre et la disposition. Pourquoi regarde-t-on avec une sorte de dégoût certains tableaux de bataille, remarquables d'ailleurs par l'expression des détails et par la vérité du coloris? C'est que les hommes, les chevaux, les armes, tout a été jeté pêle-mêle sur la toile; c'est qu'à travers cette multitude de bras, de jambes, de glaives et de boucliers, au milieu de ces visages irrités qui semblent tous sortis du même moule, l'œil ne se repose sur aucun groupe distinct, et que de tant d'images confuses il ne sort pas une idée grande, imposante, à laquelle se rattachent les accessoires, et qui soit comme l'âme de tout l'ouvrage.

Il en est de même en littérature : un poëme ne peut intéresser que si l'on aperçoit, à travers les détails du style, une disposition sage et méthodique. Ouvrez l'*Iliade*, toutes les parties de cette vaste épopée vous paraîtront distinctes les unes des autres : ici, c'est la querelle des chefs; là, ce sont les Grecs vaincus, et Achille vengé; plus loin, c'est ce héros dans sa tente, repoussant les présents et les prières avec une indomptable fierté; c'est Patrocle un instant vainqueur sous les armes de son ami, puis terrassé par Hector; enfin, c'est Achille oubliant sa colère et sortant de son repos pour venger Patrocle, Hector tombant à son tour, et le vieux Priam, aux pieds du vainqueur, redemandant les restes de son fils. Tous ces tableaux se succèdent sans confusion; il y a entre eux une gradation marquée, et toute cette grande composition n'exprime qu'une seule idée, celle que le poëte a voulu chanter, la colère d'Achille.

C'est ainsi qu'il y a, dans une tragédie ou une comédie, l'*exposition*, c'est-à-dire l'introduction au sujet; le *nœud*, c'est-à-dire l'instant où l'intrigue se noue; la *péripétie*, en d'autres termes, le moment où l'intérêt s'accroît, se complique et arrive à son comble; enfin le *dénoûment*, qui décide et termine l'action : parties essentielles qui concourent toutes à développer une idée, soit l'enthousiasme religieux comme dans *Polyeucte*, soit l'amour maternel comme dans *Mérope*, soit l'hypocrisie comme dans *Tartufe*. L'ordre, indispensable dans toute œuvre littéraire, est recommandé à l'orateur plus encore qu'au poëte; car c'est surtout de l'arrangement des idées que résultent la clarté et la puissance du discours.

I.

DE LA DISPOSITION ORATOIRE.

Aussitôt que l'orateur a bien médité son sujet, il doit en distribuer avec soin les différentes parties. Les parties d'un discours peuvent se réduire à quatre

principales, que nous allons successivement déterminer.

DE L'EXORDE.

Quelque sujet qu'on traite, on commence toujours
par une espèce d'introduction ; c'est ce qu'on appelle
l'*exorde*. Le but de l'exorde est de rendre l'auditeur
bienveillant, attentif et docile. C'est là que l'orateur
cherche à donner à ceux qui l'écoutent une bonne
opinion de son caractère, et qu'il intéresse en sa faveur par la probité, la franchise, la modestie, et ce
que les rhéteurs appellent les *mœurs*. Souvent
l'exorde est rempli de détours et de développements
harmonieux. Ainsi, dans *Andromaque*, Oreste cache
une demande qui peut déplaire à Pyrrhus sous un
début insinuant :

> Avant que tous les Grecs vous parlent par ma voix,
> Souffrez que j'ose ici me flatter de leur choix,
> Et qu'à vos yeux, seigneur, je montre quelque joie
> De voir le fils d'Achille et le vainqueur de Troie.
> Oui, comme ses exploits, nous admirons vos coups :
> Hector tomba sous lui, Troie expira sous vous ;
> Et vous avez montré, par une heureuse audace,
> Que le fils seul d'Achille a pu remplir sa place.

Souvent aussi, sans déployer tant d'adresse, on
débute d'un ton grave et simple tout à la fois : ce sont
les exordes qui conviennent le mieux aux sujets élevés. Tel est celui qu'emploie Bossuet dans l'oraison
funèbre de la reine d'Angleterre :

> « Celui qui règne dans les cieux et de qui relèvent tous les
> empires, à qui seul appartient la gloire, la majesté et l'indé-
> pendance, est aussi le seul qui se glorifie de faire la loi aux
> rois, et de leur donner, quand il lui plait, de grandes et de ter-

ribles leçons. Soit qu'il élève les trônes, soit qu'il les abaisse ; soit qu'il communique sa puissance aux princes, soit qu'il la retire à lui-même et ne leur laisse que leur propre faiblesse, il leur apprend leurs devoirs d'une manière souveraine et digne de lui. »

Quelquefois l'exorde est brusque et rapide, comme celui de la première Catilinaire de Cicéron. A la vue de Catilina, qui avait osé venir s'asseoir au milieu des sénateurs qu'il voulait assassiner, Cicéron s'écrie dans le transport de son indignation : « Jusques à quand abuseras-tu de notre patience, Catilina? Combien de temps encore serons-nous le jouet de ta fureur? etc. » Et bientôt, avant que l'orateur ait expliqué l'affaire, avant qu'il ait révélé tous les détails de la conspiration, le sénat est convaincu et Catilina foudroyé.

On a pu le voir par les exemples que nous venons de citer, c'est le sujet que l'on traite, le lieu où l'on parle, l'auditoire auquel on s'adresse, quelquefois même la personne de l'orateur, qui doivent déterminer la nature de l'exorde.

DE L'EXPOSITION, DE LA DIVISION ET DE LA NARRATION.

Quand l'orateur s'est assuré la bienveillance ou au moins l'attention de ses auditeurs, il *expose* le sujet qu'il va traiter. Ainsi Massillon, prêchant devant la cour de Louis XV sur les exemples des grands, expose le sujet de son sermon :

« Telle est la destinée des rois et des princes de la terre, d'être établis pour la perte comme pour le salut des hommes.... Ils ne sauraient ni se perdre, ni se sauver tous seuls : vérité capitale qui va faire le sujet de ce discours. »

Quelquefois quand le sujet est compliqué, après

l'avoir exposé, on en fait entrevoir d'avance les parties principales, et l'on indique la marche que l'on suivra. La *division* est le complément de l'*exposition*. Ainsi Massillon, dans son discours sur les écueils de la piété des grands, divise son sujet en trois points :

« La piété des grands a trois écueils à craindre, qui peuvent changer en vices toutes les vertus : 1° Une piété oisive et renfermée en elle-même, qui les éloigne des soins et des devoirs publics ; 2° Une piété faible, timide, scrupuleuse, qui jette l'indécision dans leurs entreprises et dans leur conduite ; 3° Une piété crédule et bornée, facile à recevoir l'impression du préjugé, et incapable de revenir quand une fois elle l'a reçue. »

Quintilien a blâmé avec raison l'abus des divisions multipliées, qui deviennent subtiles et minutieuses, ôtent au discours toute sa gravité, le hachent plutôt qu'elles ne le partagent, coupent ce qui doit être réuni, et produisent la confusion et l'obscurité, précisément par le moyen inventé pour les prévenir.

A côté de l'*exposition* se place également la *narration*, c'est-à-dire, le récit des faits qui se rattachent au sujet. Quelquefois, au lieu d'en faire une partie séparée, l'orateur juge plus utile de la distribuer dans les autres parties du discours. Nous citerons, comme un modèle de narration oratoire, un passage de Bossuet où se trouve racontée, d'un style simple et grave, la conduite ferme et vigilante d'Henriette, reine d'Angleterre, pendant la guerre civile.

« Les rebelles s'étaient saisis des arsenaux et des magasins, et, malgré la défection de tant de sujets, malgré l'infâme désertion de la milice même, il était encore plus aisé au roi de lever des soldats que de les armer. La reine abandonne, pour avoir des armes et des munitions, non-seulement ses joyaux, mais encore le soin de sa vie; elle se met en mer au mois de février, malgré l'hiver et les tempêtes, et, sous prétexte de conduire en Hollande la princesse royale, sa fille aînée, qui avait été mariée à Guillaume, prince d'Orange, elle va pour engager les États dans les intérêts du roi, lui gagner des officiers, lui amener des munitions. L'hiver ne l'avait point effrayée quand elle partit d'Angleterre; l'hiver ne l'arrête pas onze mois après, quand il faut retourner auprès du roi; mais le succès n'en fut pas semblable. Je tremble au seul récit de la tempête furieuse dont sa flotte fut battue durant dix jours. Les matelots furent alarmés jusqu'à perdre l'esprit, et quelques-uns d'entre eux se précipitèrent dans les ondes. Elle, toujours intrépide autant que les vagues étaient émues, rassurait tout le monde par sa fermeté; elle excitait ceux qui l'accompagnaient à espérer en Dieu, qui faisait toute sa confiance; et, pour éloigner de leur esprit les funestes idées de la mort qui se présentait de tous côtés, elle disait, avec un air de sérénité qui semblait déjà ramener le calme, que les reines ne se noyaient pas. Hélas! elle est réservée à quelque chose de bien plus extraordinaire! et, pour s'être sauvée du naufrage, ses malheurs n'en seront pas moins déplorables. Elle vit périr ses vaisseaux, et presque toute l'espérance d'un si grand secours. L'amiral où elle était, conduit par la main de celui qui domine sur la profondeur de la mer et qui dompte ses flots soulevés, fut repoussé aux ports de Hollande, et tous les peuples furent étonnés d'une délivrance si miraculeuse.

« Ceux qui sont échappés du naufrage disent un éternel adieu à la mer et aux vaisseaux; et, comme disait un ancien auteur, ils n'en peuvent même supporter la vue. Cependant, onze jours après, ô résolution étonnante! la reine, à peine sortie d'une tourmente si épouvantable, pressée du désir de revoir le roi et de le secourir, ose encore se commettre à la furie de l'Océan et à la rigueur de l'hiver. Elle ramasse quelques vaisseaux qu'elle charge d'officiers et de munitions, et repasse enfin en Angleterre. Mais qui ne serait étonné de la cruelle destinée de cette princesse! Après s'être sauvée des flots, une autre tempête lui fut presque fatale : cent pièces de canon tonnèrent sur elle à son arrivée, et la maison où elle entra fut percée de leurs coups. Qu'elle eut d'assurance dans cet effroyable péril! mais qu'elle eut de clémence pour l'auteur d'un si noir attental ! On l'amena prisonnier peu de temps après ; elle lui pardonna son crime, le livrant pour tout supplice à sa conscience et à la honte d'avoir entrepris sur la vie d'une princesse si bonne et si généreuse : tant elle était au-dessus de la vengeance aussi bien que de la crainte ! Mais ne la verrons-nous jamais auprès du roi, qui souhaite si ardemment son retour ? Elle brûle du même désir, et déjà je la vois paraître dans un nouvel appareil. Elle marche, comme un général, à la tête d'une armée royale, pour traverser les provinces que les rebelles tenaient presque toutes ; elle assiége et prend d'assaut en passant une place considérable qui s'opposait à sa marche ; elle triomphe, elle pardonne ; et enfin le roi la vient recevoir dans une campagne où il avait remporté, l'année précédente, une victoire signalée sur le général Essex. Une heure après, on apporta la nouvelle d'une grande bataille gagnée. Tout semblait prospérer par sa présence : les rebelles étaient consternés, et si la reine en eût été crue, si, au lieu de diviser les armées royales et de les amuser, contre son avis, aux siéges infortunés de Hull et de Glocester, on eût marché droit à Londres, l'affaire eût été décidée, et cette campagne eût fini la guerre. Mais le moment fut manqué : le terme fatal approchait ; et le ciel, qui semblait suspendre, en faveur de la piété de la reine, la vengeance qu'il méditait, commença à se déclarer. « Tu sais vaincre, disait un « brave Africain au plus rusé capitaine qui fut jamais, mais tu « ne sais pas user de ta victoire. Rome, que tu tenais, t'échappe ; « et le destin ennemi t'a ôté tantôt le moyen, tantôt la pensée « de la prendre. » Depuis ce malheureux moment, tout alla visiblement en décadence, et les affaires furent perdues sans retour. »

DE LA CONFIRMATION ET DE LA RÉFUTATION.

Après l'exposition du sujet et le récit des faits qui en dépendent, vient la *confirmation,* c'est-à-dire le développement des preuves. C'est là qu'est tout le nerf et comme la substance même du discours.

Quintilen recommandait aux orateurs d'imiter,

dans l'arrangement des preuves, un général prudent qui met aux premiers rangs les soldats braves et robustes, place dans le milieu ceux dont le courage est suspect, et réserve pour les derniers rangs quelques troupes d'élite, capables d'assurer la victoire. L'orateur doit commencer par des preuves solides, qui donnent une bonne idée de sa cause; les plus faibles doivent se perdre dans le nombre, vers le milieu du discours; enfin il faut garder, pour porter les derniers coups, des arguments décisifs qui commandent la conviction. Le maréchal de Biron, apprenant que l'on a conseillé à Henri IV de se retirer en Angleterre après la mort de Henri III, réunit en peu de mots toutes les raisons qui peuvent détourner le roi d'une pareille résolution :

« Quoi! sire, on vous conseille de monter sur mer, comme s'il n'y avait pas d'autre moyen de conserver votre royaume que de le quitter! Si vous n'étiez pas en France, il faudrait percer au travers de tous les hasards et de tous les obstacles pour y venir; et maintenant que vous y êtes, on voudrait que vous en sortissiez! et vos amis seraient d'avis que vous fissiez de votre bon gré ce que les plus grands efforts de vos ennemis ne sauraient vous contraindre de faire! En l'état où vous êtes, sortir seulement de la France pour vingt-quatre heures, c'est s'en bannir pour jamais.

« Le péril, au reste, n'est pas si grand qu'on vous le dépeint : ceux qui nous pensent envelopper sont ou ceux même que nous avons tenus enfermés si lâchement à Paris, ou gens qui ne valent pas mieux, et qui auront plus d'affaires entre eux-mêmes que contre nous. Enfin, sire, nous sommes en France, il nous y faut enterrer : il s'agit d'un royaume, il faut l'emporter ou y perdre la vie ; et, quand même il n'y aurait point d'autre sûreté pour votre personne sacrée que la fuite, je sais bien que vous aimeriez mieux mourir de pied ferme, que de vous sauver par ce moyen. Votre Majesté ne souffrirait jamais qu'on dise qu'un cadet de la maison de Lorraine lui aurait fait perdre

terre, encore moins qu'on la vît mendier à la porte d'un prince
étranger.

« Non, sire, il n'y a ni couronne, ni honneur pour vous au
delà de la mer. Si vous allez au-devant du secours de l'Angleterre, il reculera ; si vous vous présentez au port de la Rochelle
en homme qui se sauve, vous n'y trouverez que des reproches
et du mépris. Je ne puis croire que vous deviez plutôt fier votre
personne à l'inconstance des flots et à la merci de l'étranger,
qu'à tant de braves gentilshommes et à tant de vieux soldats
qui sont prêts à lui servir de rempart et de bouclier ; et je suis
trop serviteur de Votre Majesté, pour lui dissimuler que, si elle
cherchait sa sûreté ailleurs que dans leur vertu, ils seraient
obligés de chercher la leur dans un autre parti que dans le
sien. » (Mézeray, *Histoire de France*.)

Quand on a réuni les arguments qui établissent
victorieusement une vérité, il faut savoir renoncer
aux petites raisons qui ne feraient qu'affaiblir l'impression générale du discours. Les orateurs du barreau n'ont pas toujours cette sobriété. Le célèbre
Cochin plaidait un jour au parlement avec son succès
accoutumé. Quand il eut fini, le premier président,
avant de recueillir les voix, demanda tout bas à
l'avocat pourquoi, après avoir donné de si bonnes
raisons en faveur de son client, il avait minutieuse-
ment insisté sur des preuves sans importance. « C'est,
répondit Cochin, que tel de messieurs les conseillers,
insensible aux meilleures raisons, aura parfaitement
saisi les petites. » Le président, sans répliquer, va recueillir les suffrages, et, selon l'usage, il demande à
chaque juge les motifs de son opinion. Puis, revenant
à l'avocat avant de regagner son siége : « Maître Cochin, lui dit-il, vos petites raisons sont arrivées à
leur adresse. » Il faut avouer que, si une telle méthode
est utile au succès de la cause et aux bénéfices de

l'avocat, elle nuit beaucoup à la beauté du discours et à la gloire de l'orateur.

La *réfutation* se lie naturellement à la *confirmation*; car une vérité n'est établie que lorsque les objections qui s'élevaient contre elle ont été détruites. A la tribune ou au barreau l'orateur ne remplirait son rôle qu'à demi, si, après avoir exposé ses raisons, il ne répondait à celles de ses adversaires. Dans la chaire même, où le ministre de l'Évangile n'a point à craindre de réplique, il faut qu'il sonde le fond des cœurs, et qu'il renverse tous ces sophismes que la passion suggère au pécheur pour éluder la loi divine. Massillon ne se contente pas de prouver que l'aumône est un devoir; il réfute les différents prétextes qu'on allègue ordinairement pour s'en dispenser :

« Vous n'êtes pas assez riches, dites-vous ; vous n'avez point de superflu ! C'est que vous laissez la cupidité régler chez vous le nécessaire. Vous êtes assez riche lorsqu'il s'agit de satisfaire vos passions ; et vous ne l'êtes plus lorsqu'il s'agit de soulager vos frères !... Vous alléguez le malheur des temps ! mais vos passions souffrent-elles de la misère publique ? retranche-t-elle quelque chose de vos plaisirs ? Si elle vous oblige à vous retrancher sur vos dépenses, retranchez d'abord tout ce que la religion condamne dans l'usage de vos biens ; réglez vos tables, vos parures, vos jeux, vos trains, vos édifices, sur le pied de l'Évangile ; que les retranchements de la charité ne viennent du moins qu'après tous les autres ; retranchez vos crimes avant de retrancher vos devoirs.... Mais il y a trop de malheureux à secourir ! d'où vient, je vous prie, cette multitude de pauvres dont vous vous plaignez ? n'est-ce pas d'un luxe qui engloutit tout, et qui était inconnu à nos pères ? de vos dépenses, qui ne connaissent plus de bornes, et qui entraînent nécessairement avec elles le refroidissement de la charité ? Ce sont nos excès, mes frères, et notre dureté, qui multiplient le nombre des malheureux : n'excusez donc plus là-dessus le défaut de vos au-

mônes, ce serait faire de votre péché même votre excuse. Ah
vous vous plaignez que les pauvres vous accablent ; mais c'est
de quoi ils auraient lieu de se plaindre un jour eux-mêmes ; ne
leur faites donc pas un crime de votre insensibilité, et ne leur
reprochez pas ce qu'ils vous reprocheront sans doute un jour
devant le tribunal de Jésus-Christ. »

DE LA CONCLUSION, DE LA RÉCAPITULATION ET DE LA PÉRORAISON.

Il y a trois manières de finir un discours. Quand le
sujet comporte peu de développements, et que l'orateur n'est animé par aucune passion, il se borne à
conclure. Dans le voyage de Télémaque aux champs
Élysées, l'ombre d'Arcésius, après avoir rappelé au
jeune prince les devoirs de la royauté et le châtiment
des mauvais rois, termine son discours par ces simples paroles : « Crains donc, mon fils, crains une
condition si périlleuse ; arme-toi de courage contre
toi-même, contre tes passions, et contre les flat-
teurs. »

Lorsque l'orateur a fait valoir plusieurs motifs, il
les résume ordinairement en finissant : c'est ce qu'on
appelle la *récapitulation*. Ainsi Oreste résume les différents motifs qui doivent décider Pyrrhus à livrer le
fils d'Hector :

> Enfin de tous les Grecs satisfaites l'envie ;
> Assurez leur vengeance, assurez votre vie ;
> Perdez un ennemi d'autant plus dangereux,
> Qu'il s'essaîra sur vous à combattre contre eux.

Quand le sujet est grave, et que l'orateur est ému
lui-même, il finit en s'adressant aux passions de ses
auditeurs, et s'efforce de laisser dans leur âme une impression profonde : c'est la *péroraison* proprement dite.

Nous ne pouvons pas présenter un plus beau modèle de péroraison que le morceau, si souvent cité, qui termine l'oraison funèbre du prince de Condé par Bossuet :

« Venez, peuple, venez maintenant ; jetez les yeux de toutes parts : voilà tout ce qu'ont pu faire la magnificence et la piété pour honorer un héros ; des titres, des inscriptions, vaines marques de ce qui n'est plus ; des figures qui semblent pleurer autour d'un tombeau, et de fragiles images d'une douleur que le temps emporte avec tout le reste ; des colonnes qui semblent vouloir porter jusqu'au ciel le magnifique témoignage de notre néant ; et rien enfin ne manque dans tous ces honneurs que celui à qui on les rend. Pleurez donc sur ces faibles restes de la vie humaine, pleurez sur cette triste immortalité que nous donnons aux héros ; mais approchez en particulier, ô vous qui courez avec tant d'ardeur dans la carrière de la gloire, âmes guerrières et intrépides ! Quel autre fut plus digne de vous commander ? Mais dans quel autre avez-vous trouvé le commandement plus honnête ? Pleurez donc ce grand capitaine, et dites en gémissant : « Voilà celui qui nous menait dans les ha-
« sards ! Sous lui se sont formés tant de renommés capitaines,
« que ses exemples ont élevés aux premiers honneurs de la
« guerre ; son ombre eût pu encore gagner des batailles ; et
« voilà que dans son silence son nom même nous anime ; et en-
« semble il nous avertit que, pour trouver à la mort quelque
« reste de nos travaux, et n'arriver pas sans ressource à notre
« éternelle demeure, avec le roi de la terre, il faut encore servir
« le roi du ciel. » Servez donc ce roi immortel et si plein de miséricorde, qui vous comptera un soupir et un verre d'eau donné en son nom, plus que tous les autres ne feront jamais tout votre sang répandu ; et commencez à compter le temps de vos utiles services, du jour que vous vous serez donnés à un maître si bienfaisant. Et vous, ne viendrez-vous pas à ce triste monument, vous, dis-je, qu'il a bien voulu mettre au rang de ses amis ? Tous ensemble, en quelque degré de sa confiance qu'il vous ait reçus, environnez ce tombeau, versez des larmes avec des prières ; et, admirant dans un si grand prince une amitié si commode et un commerce si doux, conservez le souvenir d'un héros dont la bonté avait égalé le courage. Ainsi puisse-t-il toujours vous être un cher entretien ! Ainsi, puissiez-

vous profiter de ses vertus; et que sa mort, que vous déplorez, vous serve à la fois de consolation et d'exemple !

« Pour moi, s'il m'est permis, après tous les autres, de venir rendre les derniers devoirs à ce tombeau, ô prince, le digne sujet de nos louanges et de nos regrets, vous vivrez éternellement dans ma mémoire ; votre image y sera tracée, non point avec cette audace qui promettait la victoire ; non, je ne veux rien voir en vous de ce que la mort y efface ; vous aurez dans cette image des traits immortels : je vous y verrai tel que vous étiez à ce dernier jour, sous la main de Dieu, lorsque sa gloire sembla commencer à vous apparaître. C'est là que je vous verrai plus triomphant qu'à Fribourg et à Rocroy ; et, ravi d'un si beau triomphe, je dirai en action de grâces ces belles paroles du bien-aimé disciple : « La véritable victoire, celle qui met « sous nos pieds le monde entier, c'est notre foi. » Jouissez, prince, de cette victoire ; jouissez-en éternellement, par l'immortelle vertu de ce sacrifice. Agréez ces derniers efforts d'une voix qui vous fut connue. Vous mettrez fin à tous ces discours. Au lieu de déplorer la mort des autres, grand prince, dorénavant je veux apprendre de vous à rendre la mienne sainte : heureux si, averti par ces cheveux blancs du compte que je dois rendre de mon administration, je réserve au troupeau que je dois nourrir de la parole de vie, les restes d'une voix qui tombe et d'une ardeur qui s'éteint ! »

<h2 style="text-align:center">II.</h2>

<h3 style="text-align:center">DES RÈGLES DE LA DISPOSITION APPLICABLES A
TOUTE ESPÈCE DE SUJETS.</h3>

Les principes que nous venons d'établir ne s'appliquent qu'à la disposition oratoire ; mais nous n'aurions pas rempli le plan que nous nous sommes proposé dans cet ouvrage, si nous n'ajoutions à ce que nous avons dit quelques règles générales, applicables à tous les genres de composition.

Quelque simple que soit un sujet, il est presque

toujours susceptible d'être divisé en plusieurs parties. La première qualité de ces parties est de ne pas s'écarter de l'idée principale, de ne rien contenir qui lui soit étranger, et de tendre toutes au même but. De plus, malgré l'unité du sujet, qui doit les lier ensemble, elles doivent être distinctes, et ne pas rentrer les unes dans les autres. Enfin, elles doivent se succéder dans un ordre tel, que l'intérêt aille toujours croissant. De là, trois conditions imposées en général à une bonne disposition :

1° L'unité du sujet;
2° La séparation des parties;
3° La gradation.

Ces principes peuvent s'appliquer à quelque genre que ce soit. Dans les ouvrages les moins importants, il y a un art de combiner les parties, de manière à faire valoir l'ensemble : une élégie, une chanson, une épigramme, enfin la composition la plus légère doit souvent presque tout son charme à une disposition ingénieuse.

N'écrivît-on qu'une lettre, une lettre vaut encore la peine d'être disposée avec soin. Une lettre d'affaires veut être claire, méthodique et précise; et, pour arriver à la clarté, à la précision, il faut avoir médité la place de chaque pensée. Une lettre à un ami, où l'on exprime ce qu'on a vu et ce qu'on a senti, n'excitera que le dégoût et l'ennui, si l'auteur entame un second sujet avant d'avoir terminé le premier, puis quitte brusquement le second pour revenir au précédent, effleurant tout, brouillant tout, et ne suivant d'autre règle que le caprice d'un esprit faible et d'une imagination vagabonde. Mais, dira-t-on, quel est le charme du style épistolaire, si ce n'est le naturel et l'abandon;

et doit-on écrire une lettre comme un traité de philosophie? Non, sans doute; mais il faut bien distinguer l'abandon et le naturel, du désordre et de la confusion. On peut, dans une lettre, glisser sur un sujet, et laisser à son lecteur le plaisir de deviner quelque chose; on peut, sans enchaîner rigoureusement ses idées, passer rapidement d'un objet à un autre : mais encore faut-il savoir ce que l'on veut dire; et, quand même, avant de prendre la plume, on n'aurait pas encore arrêté tout son plan, on doit au moins disposer ses idées à mesure qu'elles se présentent, et, en écrivant une phrase, prévoir celles qui vont suivre. Les lettres de madame de Sévigné confirment la règle que nous établissons : il y règne une variété continuelle de tons et de sujets, mais jamais on n'y remarque de confusion; ses récits les plus simples nous attachent ou nous amusent, parce que les faits sont bien gradués, et présentés dans l'ordre le plus heureux. Lors même qu'elle paraît se répéter, lorsque dans la même lettre elle dit adieu à sa fille jusqu'à cinq fois, c'est que cet adieu réitéré est dans son cœur; c'est que l'idée de sa fille absente la domine à tel point, qu'elle ne peut ni parler d'autre chose, ni quitter la plume. Malgré ces répétitions continuelles, chaque pensée est à sa place, et cette apparence de désordre n'est que l'expression fidèle du motif principal de la lettre.

Il n'y a pas jusqu'à la conversation qui n'exige une sorte d'ordre et de disposition. Nous ne parlons pas de ces phrases banales qu'on échange journellement avec les indifférents, et que les lèvres prononcent par habitude sans que l'esprit y ait pensé, mais d'une conversation sérieuse et animée sur les affaires pu-

bliques , les beaux-arts , la philosophie ou la littérature. Comment soutiendrez-vous une opinion de manière à intéresser ou à convaincre, si vous ne classez
pas vos idées avant de parler, ou à mesure que vous
parlez? Sans méthode, on peut bien rencontrer une
saillie qui excite le rire, mais on ne jette aucune
clarté dans la discussion. Ce n'est pas qu'il faille travailler d'avance sa conversation , et l'assujettir à une
disposition symétrique comme un ouvrage destiné à
l'impression : nous voulons dire seulement que, même
dans un cercle, on ne peut agir sur les hommes en
raisonnant au hasard, et que l'ordre est, en toute circonstance, une qualité indispensable. Dans les choses
matérielles, le désordre et la profusion détruisent les
plus grandes fortunes ; la sagesse et l'économie font
prospérer les plus modiques : il en est de même de
nos pensées ; et, à l'âge où l'on prend des habitudes
qui doivent durer toute la vie, on doit s'accoutumer
à bien régler ses idées . comme à bien employer sa
fortune.

CHAPITRE IV.

DÈ L'ÉLOCUTION.

Quand le sujet a été médité comme il devait l'être, et que les parties en sont disposées dans un ordre convenable, il faut s'occuper du travail de l'*élocution* ou du style. « Presque toujours, dit Voltaire, les choses qu'on dit frappent moins que la manière dont on les dit ; car les hommes ont tous à peu près les mêmes idées de ce qui est à la portée de tout le monde : l'expression, le style fait toute la différence. Des jalousies, des ruptures, des raccommodements forment le tissu de la plupart de nos pièces de théâtre : combien peu de génies ont-ils su exprimer ces nuances que tous les auteurs ont voulu peindre! Le style rend singulières les choses les plus communes, fortifie les plus faibles, donne de la grandeur aux plus simples. » Il est quelquefois tombé dans la tête des plus mauvais poëtes une idée qui s'était présentée à Racine lui-même : ainsi, dans la *Phèdre* de Pradon, Hippolyte dit à Aricie :

Depuis que je vous vois, j'abandonne la chasse ;
Elle fit autrefois mes plaisirs les plus doux ;
Et, quand j'y vais, ce n'est que pour penser à vous.

Voyez maintenant la même pensée sous la plume de Racine :

Dans le fond des forêts votre image me suit :
Mon arc, mes javelots, mon char, tout m'importune ;
Je ne me souviens plus des leçons de Neptune ;

Mes seuls gémissements font retentir les bois,
Et mes coursiers oisifs ont oublié ma voix.

Quelle différence! Racine lui-même disait à ses amis : *Je ne pense pas mieux que Pradon et Coras, mais j'écris mieux qu'eux.* Ce qui distingue ici le poëte du rimailleur, et en général l'homme de goût de l'écrivain vulgaire, c'est que le premier expose sa pensée pour ainsi dire toute d'une seule pièce, tandis que le second sait l'analyser, c'est-à-dire, y découvrir les idées particulières dont elle se compose.

Le style consiste donc dans le choix et dans l'arrangement non-seulement des mots, mais aussi des pensées accessoires qui forment le tissu du discours. Quand nous disons que le style de Racine est excellent, c'est que nous considérons, d'une part, ces idées si justes, si clairement conçues par le poëte, disposées dans un ordre parfait, et se fortifiant les unes les autres, et, de l'autre côté, ces expressions propres que l'auteur a peut-être cherchées avec effort, mais qui semblent être venues d'elles-mêmes se ranger sous sa plume, ces phrases où la complication de la période ne nuit en rien à la clarté du sens, et cet heureux arrangement de mots qui ferait des vers de Racine la musique la plus harmonieuse pour l'oreille, lors même qu'ils ne seraient pas le langage le plus entraînant pour le cœur. Nous n'avons qu'à ouvrir ce poëte pour y trouver un modèle de ce double mérite. Prenons, par exemple, ces paroles prononcées par Assuérus pour rassurer la tremblante Esther :

Je ne trouve qu'en vous je ne sais quelle grâce,
Qui me charme toujours et jamais ne me lasse;

De l'aimable vertu doux et puissants attraits!
Tout respire en Esther l'innocence et la paix ;
Du chagrin le plus noir elle écarte les ombres,
Et fait des jours sereins de mes jours les plus sombres.

Certainement le plaisir que nous éprouvons en lisant ces vers ne tient pas seulement au choix et à l'harmonie des mots, mais encore aux sentiments et aux pensées qu'ils expriment. Intervertissez l'ordre dans lequel l'auteur a présenté ses idées, et les mots auront beau rester les mêmes, toujours justes, toujours harmonieux, vous ne trouverez plus dans ces vers le charme qui vous entraînait. De même, supposez qu'Assuérus exprime les mêmes sentiments dans le même ordre, mais que les mots trahissent la tendresse de son âme, qu'ils soient mal disposés pour la clarté et pour l'harmonie, la moitié du plaisir va encore vous échapper. Tant il est vrai qu'il y a dans le style deux éléments bien différents : l'ordre et le mouvement qu'on met dans les pensées, et en même temps le goût qui préside au choix des mots et à leur place dans la phrase!

Sans doute il est difficile de séparer la pensée des expressions dont elle est revêtue ; mais, comme nous cherchons à analyser ce qui constitue le *bien dire*, nous ne devons pas confondre deux objets qui sont distincts alors même qu'ils sont réunis. Nous nous occuperons donc d'abord des pensées, ensuite des mots ; car l'idée doit passer avant les mots, et, comme dit Montaigne, *c'est aux paroles à servir et à suivre.* Nous terminerons ce que nous avons à dire de l'élocution par quelques observations sur les différents genres de styles.

3

I.

DES PENSÉES.

Il y a trois choses à examiner dans les pensées : 1° Les qualités générales des pensées considérées en elles-mêmes ; 2° les rapports des pensées entre elles ; 3° la forme particulière de chaque idée, c'est-à-dire, le tour qu'on lui donne, ou ce que l'on a appelé les *figures de pensées*.

I. DES PENSÉES CONSIDÉRÉES EN ELLES-MÊMES.

Chaque pensée, séparée de celles qui l'entourent, et considérée seulement comme image ou expression d'un objet quelconque, est soumise à des lois invariables.

DE LA NETTETÉ DES PENSÉES.

La première qualité d'un idée, c'est la *netteté*. Il ne suffit pas d'avoir, dans la disposition générale, bien conçu l'ensemble de son sujet ; il faut que chaque partie du tout soit clairement dessinée dans l'esprit. J. B. Rousseau s'exprime ainsi au sujet d'une maladie qui avait paralysé la moitié de son corps :

> Tel, quand le secours robuste
> Dont mon corps est étayé
> En laisse à mon sang aduste
> Régir la faible moitié,
> L'autre moitié qui succombe
> Hésite, chancelle, tombe,
> Et sent que, malgré l'effort
> Que sa vertu fait renaître,

> Le plus faible est toujours maître,
> Et triomphe du plus fort.

On conçoit le commencement de cette strophe, malgré l'impropriété des expressions : quand Rousseau n'a plus le bâton qui lui servait d'appui, la partie paralysée de son corps tombe, et entraîne dans sa chute la moitié saine ; mais les quatre derniers vers sont d'une obscurité complète ; et cette obscurité ne tient pas seulement aux mots : elle est dans la pensée même.

DE LA JUSTESSE DES PENSÉES.

Une qualité aussi essentielle que la netteté, c'est la *justesse*. Une pensée est juste, quand elle exprime un fait existant, quand elle l'exprime tel qu'il est, comme lorsque j'énonce ces faits au moment où ils se passent : *je veux, je pense, je souffre, je jouis.* La pensée est encore juste, quand elle établit entre deux faits un rapport réel, comme quand je dis : *Le mensonge est un mal* ; j'établis alors, entre l'idée de mal et celle de mensonge, un rapport que ma raison affirme être vrai.

On ne saurait exiger de toutes les pensées une justesse mathématique. Outre l'exactitude rigoureuse qui résulte de l'observation, d'une vérité perçue par la raison ou d'un raisonnement parfait, il est une justesse secondaire qui suffit au cœur et à l'imagination. Lorsque Corneille fait dire à un de ses personnages, dans le transport d'un courroux légitime :

A qui venge son père il n'est rien d'impossible ;

il ne dit pas une chose exactement vraie ; car la nature ou les hommes peuvent opposer des obstacles invincibles à l'enthousiasme le plus pur ; mais le cœur admet cette maxime et y croit, parce qu'elle exprime ce qu'il sent, mieux peut-être qu'un axiome de logique : c'est la *justesse de sentiment*. Quand Voltaire dit, en parlant de Coligny désarmant ses assassins par son air vénérable et par ses paroles résignées :

> Et de ses assassins ce grand homme entouré
> Semblait un roi puissant de son peuple adoré ;

Voltaire ne dit pas encore une chose aussi évidente, aussi rigoureusement vraie que *deux et deux font quatre*; mais c'est qu'ici l'imagination exaltée a besoin de s'élever au-dessus du réel; le vrai pur et simple lui paraîtrait froid et insuffisant; il lui faut une illusion, et le rapport créé par le poëte lui semble juste, précisément parce qu'il est un peu plus que la vérité : c'est la *justesse d'imagination*.

Saint-Lambert a écrit un petit apologue ainsi conçu : « Un courtisan puni maudissait son roi. — Que dit-il ? demanda celui-ci. — Que Dieu pardonne aux princes miséricordieux, répondit un sage. — On vous trompe, dit un méchant : le malheureux vous maudit. — Tais-toi, reprit le roi; et se tournant du côté du sage : ô mon ami, tu dis toujours la vérité. » M. Joubert, en rappelant cet apologue, l'a ingénieusement commenté : « Le sage, dit-il, en altérant le fait, disait une vérité dont il faut toujours se souvenir; le méchant, en exprimant le fait réel, tendait à faire oublier la vérité. »

Une idée peut être juste, et cependant être contraire à l'opinion commune : c'est ce qu'on appelle un *paradoxe*. Mais, la plupart du temps, un paradoxe est en même temps une erreur; car il est rare que l'opinion du plus grand nombre, que le *sens commun* ne soit pas fondé sur quelque raison. Il faut donc bien se garder de courir après les idées paradoxales, comme tant d'écrivains qui croient atteindre par là l'originalité. La véritable originalité consiste à exprimer d'une manière qui vous est propre les pensées qui sont communes à tous.

Une idée juste ou non, quand elle est admise sans examen, est ce qu'on appelle un *préjugé*. Chaque siècle et chaque pays ont leurs préjugés, qui sont quelquefois très-fondés; mais l'orateur ou l'écrivain ne doit se servir d'une idée qu'après l'avoir soumise à l'examen de sa propre raison.

II. DES PENSÉES CONSIDÉRÉES DANS LES RAPPORTS QU'ELLES ONT ENTRE ELLES.

Il ne suffit pas que chaque idée, prise à part, réunisse ces deux qualités essentielles, justesse et netteté; il faut encore qu'il y ait certains rapports établis entre les idées accessoires qui se rattachent à chaque idée principale, aussi bien qu'entre les idées principales qui constituent le fond du discours.

DE L'ACCORD DES PENSÉES ENTRE ELLES.

Toutes les idées doivent être d'accord entre elles, et se rapporter à un objet unique. Cette règle tient à la nature même de l'esprit humain, qui ne peut jamais saisir qu'une chose à la fois. Soyez donc *conséquent* dans la manière dont vous disposez vos pensées· qu'il n'y ait jamais entre elles aucune contradiction; qu'elles forment un tout, et ne produisent sur l'esprit qu'une seule impression.

Massillon développe ainsi cette idée, que les actions des princes ont plus d'influence sur les mœurs publiques que la conduite des particuliers :

« Les hommes ordinaires ne semblent naître que pour eux seuls : leurs vices ou leurs vertus sont obscurs comme leur destinée ; confondus dans la foule, s'ils tombent ou s'ils demeurent fermes, c'est également à l'insu du public ; leur perte ou leur salut se borne à leur personne, ou du moins leur exemple peut bien séduire et détourner quelquefois de la vertu, mais il ne saurait imposer et autoriser le vice. Les princes et les grands, au contraire, ne semblent nés que pour les autres : le même rang qui les donne en spectacle les propose pour modèles ; leurs mœurs forment bientôt les mœurs publiques ; on suppose que ceux qui méritent nos hommages ne sont pas indignes de notre imitation ; la foule n'a point d'autre loi que les exemples de ceux qui commandent ; leur vie se reproduit, pour ainsi dire, dans le public ; et, si leurs vices trouvent des censeurs, c'est d'ordinaire parmi ceux même qui les imitent. »

Remarquez comme toutes ces idées sont unies ensemble par un lien commun ; comme toutes les parties de ce développement se rapportent à une seule pensée, que le peuple se règle sur l'exemple des grands. Cette phrase, qui forme un ensemble si régulier, est elle-même la partie d'un ensemble plus grand où règne encore l'unité : elle est extraite du premier discours du *Petit Carême* de Massillon ; et tout, dans ce discours, tend à faire ressortir l'influence de l'exemple donné par les princes. Et tous les discours dont se compose le *Petit Carême* tendent eux-mêmes à un seul but ; ils sont destinés à réaliser une seule idée, l'éducation d'un roi. L'unité est une

de ces lois fondamentales que les arts ont emprun-
tées à la nature.

Les idées, considérées comme parties d'un tout,
doivent s'accorder ensemble; mais il faut un lien qui
fasse adhérer chaque partie à celle qui la précède et
à celle qui la suit; il faut un passage pour aller naturellement de l'une à l'autre : c'est ce lien, ce passage
que les rhéteurs ont appelé *transition*. Boileau a dit
que les transitions sont ce qu'il y a de plus difficile
dans l'art d'écrire : c'en est du moins une des parties
les plus essentielles; car rien ne donne de l'agrément
et de la force au discours comme la liaison parfaite
des idées dont il se compose.

Dans la plupart des discours de la chaire et du
barreau, les transitions sont simples et tirées de la
division même du sujet. Fléchier a divisé l'éloge de
M. de Montausier en trois parties : il s'est proposé
de célébrer trois vertus dans son héros, l'amour de
la vérité, le zèle de la justice et l'esprit de droiture.
Après avoir achevé la première partie de son discours, l'orateur, qui travaille avec tant de soin les
détails de l'élocution, ne va pas chercher bien loin
une transition pour passer à la seconde partie; il se
borne à dire : « Voilà quel était son amour pour la
vérité; voyons quel était son zèle pour la justice. »
Et de même pour passer de la seconde partie à la
dernière : « Voilà sa justice, messieurs; il ne me
reste plus qu'à vous montrer son esprit de droiture. »
Cicéron, dans ses plaidoyers et dans ses harangues
politiques, a souvent procédé de cette façon. Ce
genre de transition peut suffire, en effet, quand on

parle en public, et qu'il doit y avoir un repos réel, un intervalle de quelques minutes entre les différentes parties du discours.

Mais le poëte, l'orateur académique, et en général tous les écrivains qui s'attachent plus à plaire qu'à convaincre, cherchent des transitions plus ingénieuses et plus imprévues. On en trouvera plusieurs exemples dans les *Eloges* de Fontenelle. Boileau, dans l'*Art poétique,* ayant à tracer les règles des différents genres de poésie, varie habilement ses transitions, pour passer de l'un à l'autre sans interruption et sans secousse. Après avoir résumé les règles de l'Églogue :

> Telle est de ce poéme et la force et la grâce ;

il amène ainsi l'Élégie :

> D'un ton un peu plus haut, mais pourtant sans audace,
> La plaintive Élégie, etc.

Puis, voici comme il s'y prend pour passer de l'Élégie à la poésie lyrique :

> Il faut que le cœur seul parle dans l'Élégie,
> L'Ode, avec plus d'éclat et non moins d'énergie,
> Élevant jusqu'au ciel son vol ambitieux, etc.

Pour lier ainsi toutes les parties d'un ouvrage sans que le lecteur aperçoive la couture, il faut avoir soin de placer à côté les unes des autres les parties qui ont ensemble le plus d'analogie. Ainsi, dans le poëme que nous citions tout à l'heure, Boileau met l'Élégie après l'Idylle, l'Ode après l'Élégie, le Vaudeville après la Satire, l'Épopée après la Tragédie. Il faut aussi rapprocher ces différentes parties par les points qui peuvent se toucher sans effort.

Il y a, dans la tragédie, d'*Andromaque* un exemple de transition qui peut être cité comme un modèle. Le discours d'Oreste, dont nous avons déjà cité le début et la conclusion, commence par l'éloge du prince auquel l'orateur s'adresse ; mais il faut passer de ces compliments à l'objet même du discours, et voici l'artifice employé par Oreste :

> Oui, comme ses exploits[1], nous admirons vos coups :
> Hector tomba sous lui, Troie expira sous vous ;
> Et vous avez montré, par une heureuse audace,
> Que le fils seul d'Achille a pu remplir sa place.
> Mais, *ce qu'il n'eût point fait,* la Grèce avec douleur
> Vous voit du sang troyen relever le malheur,
> Et, vous laissant toucher d'une pitié funeste,
> D'une guerre si longue entretenir le reste.

DE LA GRADATION DES PENSÉES.

Un troisième rapport à établir entre plusieurs pensées réunies, c'est un rapport de *gradation*. Les idées doivent être disposées de telle sorte, que la seconde soit plus forte que la première, la troisième que la seconde, et ainsi de suite jusqu'à ce qu'on arrive à la dernière, qui doit les surpasser ou les résumer toutes. Écoutez Pascal voulant prouver que l'amour de la gloire est une passion commune à tous les hommes, et remarquez comme tous les faits qu'il cite à l'appui de son opinion sont heureusement gradués :

« La vanité est si ancrée dans le cœur de l'homme qu'un

[1] Les exploits d'Achille.

goujat, un marmiton, un crocheteur se vante, et veut avoir des admirateurs ; et les philosophes mêmes en veulent. Ceux qui écrivent contre la gloire veulent avoir la gloire d'avoir bien écrit ; et ceux qui le lisent veulent avoir la gloire de l'avoir lu ; et moi qui écris ceci, j'ai peut-être cette envie ; et peut-être que ceux qui le liront l'auront aussi. »

III. DES FIGURES DE PENSÉES.

Il serait impossible d'énumérer toutes les formes que la pensée peut revêtir. Comment prévoir toutes les manières dont la raison, la passion et l'imagination peuvent combiner les idées ? Quelque longue qu'en soit la série, elle sera toujours incomplète. Cependant les rhéteurs ont remarqué que certaines formes, toutes les fois qu'elles se présentaient, produisaient sur l'esprit une impression vive ou profonde : ils ont désigné ces formes privilégiées sous le nom général de *figures de pensées*, et ils ont donné à chacune d'elles des noms particuliers. Nous allons énumérer les principales, en essayant de les classer entre elles.

1. FIGURES DESCRIPTIVES.

La première espèce de figures se rapporte à la description des objets. On décrit un objet directement ou indirectement : directement, en le représentant tel qu'il est ; indirectement, en le comparant à des objets qui lui ressemblent, ou en l'opposant à des objets qui en diffèrent.

De l'hypotypose.

La description directe représente les choses avec les qualités qui leur sont propres et les circonstances qui s'y rattachent. Cette figure doit peindre les objets de telle manière, qu'on s'imagine presque les voir de

ses propres yeux : c'est ce qu'on a appelé l'*hypotypose,* ou *représentation vive et animée.*

« Un froid historien, dit Fénelon, ayant à raconter
la mort de Didon, se contenterait de dire : « Elle fut si
« accablée de douleur après le départ d'Énée, qu'elle
« ne put supporter la vie ; elle monta au haut de son pa-
« lais, elle se mit sur un bûcher, et se tua elle-même. »
En écoutant ces paroles, vous apprenez le fait, mais
vous ne le voyez pas. Écoutez Virgile, il le mettra
devant vos yeux : quand il réunit toutes les circonstances de ce désespoir, qu'il vous montre Didon furieuse avec un visage où la mort est déjà peinte,
qu'il la fait parler à la vue de ce portrait et de cette
épée, votre imagination vous transporte à Carthage ;
vous croyez voir la flotte des Troyens qui fuit le ri-
vage, et la reine que rien n'est capable de consoler.
Ce n'est plus Virgile que vous écoutez ; vous êtes trop
attentif aux dernières paroles de la malheureuse Didon
pour penser à lui. Le poëte disparaît : on ne voit plus
que ce qu'il fait voir, on n'entend plus que ceux qu'il
fait parler. » (*Dialogues sur l'éloquence.*)

Ne croyez-vous pas entendre sonner la diane et as-
sister au réveil d'un camp, en lisant ce passage *des
Martyrs ?*

« Je n'ai jamais entendu, sans une certaine joie belliqueuse,
la fanfare du clairon, répétée par l'écho des rochers, et les
premiers hennissements des chevaux qui saluaient l'aurore.
J'aimais à voir le camp plongé dans le sommeil, les tentes encore fermées d'où sortaient quelques soldats à moitié vêtus, le
centurion qui se promenait devant les faisceaux d'armes en
balançant son cep de vigne, la sentinelle immobile qui, pour
résister au sommeil, tenait un doigt levé dans l'attitude du silence, le cavalier qui traversait le fleuve coloré des feux du
matin, le victimaire qui puisait l'eau du sacrifice, et souvent

un berger, appuyé sur sa houlette, qui regardait boire son troupeau. »

Nous citerons encore ces vers si expressifs de M. de Fontanes sur le Montanvert et la source de l'Arveiron :

Dans cet antre azuré que la glace environne
Qu'entends-je? L'Arveiron bondit, tombe et bouillonne,
Rejaillit et retombe, et menace à jamais
Ceux qui tentent l'abord de ces âpres sommets,
Plus haut l'aigle a son nid, l'éclair luit, les vents grondent;
Les tonnerres lointains sourdement se répondent.

C'est un admirable exemple d'hypotypose que le récit de Josabeth, dans la tragédie d'*Athalie :*

De princes égorgés la chambre était remplie;
Un poignard à la main, l'implacable Athalie
Au carnage animait ses barbares soldats,
Et poursuivait le cours de ses assassinats.
Joas, laissé pour mort, frappa soudain ma vue :
Je me figure encor sa nourrice éperdue,
Qui devant les bourreaux s'était jetée en vain,
Et, faible, le tenait renversé sur son sein.
Je le pris tout sanglant. En baignant son visage,
Mes pleurs du sentiment lui rendirent l'usage;
Et, soit frayeur encore, ou pour me caresser,
De ses bras innocents je me sentis presser.

Des épithètes.

On voit, par les modèles d'hypotypose que nous venons de citer, que l'emploi de l'*épithète* joue un grand rôle dans cette figure. En effet, l'un des meilleurs moyens de décrire les objets, c'est d'indiquer les qualités qui leur appartiennent. La poésie prodigue volontiers les épithètes; elle les admet sans trop de scrupule, pourvu qu'elles fassent image et qu'elles flattent l'oreille. En prose, il faut qu'elles soient nécessaires au sens de la phrase : c'est ainsi que Buffon sait toujours les employer. Voyez, par exemple, sa description des chevaux sauvages :

« Ils errent, ils bondissent en liberté dans des prairies immenses, où ils cueillent les productions nouvelles d'un printemps toujours nouveau : sans habitation fixe, sans autre abri que celui d'un ciel serein, ils respirent un air plus pur que celui de ces palais voûtés où nous les renfermons en pressant les espaces qu'ils doivent occuper. Aussi ces chevaux sauvages sont-ils beaucoup plus forts, plus légers, plus nerveux que la plupart des chevaux domestiques. »

Une épithète mal placée surcharge la phrase et l'affaiblit. Boileau s'est moqué avec raison de ces inscriptions pleines d'emphase qu'on avait placées, dans la grande galerie de Versailles, au bas des tableaux de Lebrun. « Il suffit, dit-il, d'énoncer simplement les choses pour les faire admirer. *Le passage du Rhin* dit beaucoup plus que *le merveilleux passage du Rhin*. L'épithète de *merveilleux* en cet endroit, bien loin d'augmenter l'action, la diminue, et sent son déclamateur qui veut grossir de petites choses. » (*Discours sur le style des inscriptions.*)

De la comparaison ou similitude.

La description indirecte procède par des rapprochements ou par des oppositions. On fait bien connaître un objet en le rapprochant d'un autre objet qui lui ressemble : c'est ce que l'on appelle la *comparaison* ou *similitude*. Ainsi Voltaire, voulant donner une idée du caractère de Mornay, qui a traversé pur les délices et la corruption de la cour, le compare à la fontaine d'Aréthuse, dont l'eau ne se mêle point à celle de la mer :

> Belle Aréthuse, ainsi ton onde fortunée
> Roule, au sein furieux d'Amphitrite étonnée,
> Un cristal toujours pur et des flots toujours clairs,
> Que jamais ne corrompt l'amertume des mers.

Nous citerons encore cette comparaison tirée de la méditation de M. de Lamartine, intitulée *le Temple* :

> Quelle nuit! quel silence! au fond du sanctuaire,
> A peine on aperçoit la tremblante lumière
> De la lampe qui brûle auprès des saints autels.
> Seule, elle luit encor, quand l'univers sommeille :
> Emblème consolant de la bonté qui veille
> Pour recueillir ici les soupirs des mortels.

Les poëtes emploient fréquemment la *comparaison* pour embellir et varier leurs tableaux; la prose, plus sévère, n'admet cette figure que pour éclaircir et fortifier la pensée. Pascal, ne pouvant définir l'espace, en donne une idée par cette comparaison : « C'est un cercle dont le centre est partout et la circonférence nulle part. » Montesquieu fait comprendre, par un ingénieux rapprochement, combien le despotisme se nuit à lui-même : « Quand les sauvages de la Louisiane veulent avoir du fruit, ils coupent l'arbre au pied et cueillent le fruit : voilà le despotisme. »

De l'allusion.

Quelquefois la comparaison n'est pas expressément énoncée : la phrase a un sens indépendant de toute comparaison, mais il existe entre le fait exprimé et un autre qu'on désigne à demi un rapport caché, qui donne à la pensée un tour plus piquant. Cette figure prend le nom d'*allusion*.

On dirait que pour plaire, instruit par la nature,
Homère ait à Vénus dérobé sa ceinture ;
Son livre est d'agréments un fertile trésor :
Tout ce qu'il a touché se convertit en or.

Boileau fait allusion à ce roi de Phrygie qui avait obtenu de Bacchus le pouvoir de convertir en or tout ce qu'il touchait.

L'allusion n'est pas toujours une comparaison déguisée : elle consiste aussi à rappeler un mot ou un fait connu, comme dans cette phrase de Buffon :

« Son corps étroit, sa démarche grave, son plumage net et lustré, son naturel social qui la rend susceptible d'un fort attachement et d'une longue reconnaissance, enfin *sa vigilance très-anciennement célébrée :* tout concourt à nous présenter l'oie comme l'un des plus intéressants et l'un des plus utiles de nos animaux domestiques. »

Mirabeau, sentant faiblir sa popularité, disait à la tribune de l'Assemblée nationale : « Je sais qu'il n'y a qu'un pas du Capitole à la roche Tarpéienne. » Et l'auditoire était profondément ému par ces paroles, qui rappelaient si heureusement le triomphe et la mort de Manlius.

M. de Châteaubriand, dans le *Génie du Christia-*

nisme, exprime ainsi les remords et l'inquiétude de l'homme coupable : « Il cherche les lieux déserts, et cependant la solitude l'effraye ; il se traîne autour des tombeaux, et cependant il a peur des tombeaux. Son regard est inquiet et mobile ; *il n'ose fixer le mur de la salle du festin, dans la crainte d'y voir des caractères funestes.* » Ces derniers mots font allusion à un passage bien connu de l'Ancien-Testament.

Quelquefois l'allusion est mêlée d'une légère teinte d'ironie. Madame de Sévigné dit plaisamment, à propos d'une réconciliation qu'elle a ménagée, qu'elle vient de *fermer le temple de Janus.*

De la dissimilitude.

Souvent, pour mieux faire connaître une chose, ou seulement pour jeter de la variété dans le discours, on emploie un artifice entièrement opposé à la comparaison ; on montre qu'il n'y a aucune ressemblance entre l'objet dont on parle et un autre objet déterminé : c'est la *dissimilitude.*

Un écrivain de nos jours, ayant à parler d'un ouvrage échappé à la jeunesse de Montesquieu et écrit avec assez de liberté, s'exprime ainsi :

« Le maître de Platon, le précepteur de la sagesse antique, avant de corriger les erreurs des hommes, avait cultivé les arts ; mais la grave antiquité remarqua toujours que les trois Grâces qui sortirent du ciseau de Socrate jeune encore, étaient à demi voilées : Montesquieu n'imita point cette pudeur. » (M. Villemain, *Éloge de Montesquieu.*)

Voici un autre exemple de *dissimilitude,* où cette

figure ne sert qu'à varier le discours : M. de Châteaubriand (*Natchez*, livre X) s'interrompt au milieu du récit des combats, et, pour reposer son lecteur à qui il vient de présenter des monceaux de morts et de mourants, il lui offre un tableau d'un genre opposé :

« Bien différents s'élèvent dans une riante prairie, au milieu des ruisseaux et des doux ombrages, ces monceaux d'herbes et de fleurs tombées sous la faux de l'homme champêtre. Flore, un râteau à la main, invite les bergers à danser à la fête printanière; et les jeunes filles, avec leurs compagnes, se laissent rouler en folâtrant du sommet de la meule embaumée. »

De l'antithèse.

Il arrive fréquemment de mettre en regard deux objets opposés : c'est ce qu'on nomme l'*antithèse*. Tout dans la nature et dans les arts nous donne l'exemple des contrastes. L'obscurité de la nuit nous rend plus sensible le bienfait de la lumière, et la vie humaine n'est qu'une longue alternative de peines et de plaisirs. La peinture consiste en partie dans l'art de disposer les jours et les ombres, et l'harmonie musicale se compose de contrastes. L'esprit suit la même loi dans la conception de ses pensées. C'est au milieu des pompes de la cour, assise sur le trône qu'elle partage avec un monarque d'une religion étrangère, que la tendre Esther se rappelle son Dieu, sa patrie et ses frères infortunés :

Hélas! durant ces jours de joie et de festins,
Quelle était en secret ma honte et mes chagrins!
Esther, disais-je, Esther dans la pourpre est assise,
La moitié de la terre à son sceptre est soumise,

Et de Jérusalem l'herbe cache les murs !
Sion, repaire affreux de reptiles impurs,
Voit de son temple saint les pierres dispersées
Et du Dieu d'Israël les fêtes sont cessées !

On aime à voir ainsi deux objets qui se font ressortir l'un l'autre par leur opposition. Cette figure ne viole point la loi de l'unité ; car le but qu'on se propose, quand on produit sa pensée sous la forme de l'antithèse, est de rendre une chose plus sensible en la mettant en présence de celle qui lui est opposée.

Un auteur moderne, frappé du contraste qu'offrent dans une grande ville les plaisirs du riche et la misère du pauvre, s'exprime ainsi : « Dans cette ville où tout respire l'opulence, pendant les nuits les plus froides de l'hiver, une foule de malheureux dorment à découvert, la tête appuyée sur une borne ou sur le seuil d'un palais. Ici, c'est un groupe d'enfants serrés les uns contre les autres pour ne pas mourir de froid ; là, c'est une femme tremblante et sans voix pour se plaindre. Les passants vont et viennent, sans être émus d'un spectacle auquel ils sont accoutumés. Le bruit des carrosses, la voix de l'intempérance, les sons ravissants de la musique, se mêlent quelquefois aux cris de ces malheureux, et forment une horrible dissonnance. » (M. Xavier de Maistre.)

Nous devons faire remarquer ici que les antithèses multipliées, surtout lorsque l'opposition entre les pensées est trop subtile, rendent le style prétentieux et fatigant. Un discours tout hérissé de contrastes péniblement recherchés fait penser à l'orateur et oublier le sujet : c'est le reproche que l'on adresse à Sénèque parmi les anciens, et à Fléchier parmi les modernes.

On trouve dans ce dernier des pages entières de ce genre : « On vit la duchesse d'Aiguillon souffrir, mais on ne l'entendit pas se plaindre ; elle fit des vœux pour son salut, et n'en fit pas pour sa santé. Prête à vivre pour achever sa pénitence, prête à mourir pour consommer son sacrifice ; soupirant après le repos de la patrie, et supportant patiemment les peines de son exil ; entre la douleur et la joie, entre la possession et l'espérance.... »

Les meilleures antithèses sont celles que l'écrivain n'a pas cherchées, et qui naissent du sujet même. Saint Paul ne songeait point à faire une antithèse quand il disait, en parlant des chrétiens : « On nous maudit, et nous bénissons ; on nous persécute, et nous souffrons ; on nous dit des injures, et nous répondons par des prières. »

M. de Lamartine définit heureusement la nature humaine par une antithèse qui rappelle les *Pensées* de Pascal :

Borné dans sa nature, infini dans ses vœux,
L'homme est un Dieu tombé qui se souvient des cieux.

De l'antilogie.

Quelquefois on ne se borne pas à opposer deux objets l'un à l'autre : on réunit deux pensées contradictoires. Bossuet dit en parlant de la reine d'Angleterre, forcée de quitter ses États pour chercher un asile en France : « Cette reine fugitive, pour qui sa propre patrie n'était plus qu'un lieu d'exil. » Cette figure s'appelle *antilogie*, d'un mot grec qui signifie *contradiction*.

Dans *Cinna*, Auguste, fatigué des grandeurs qui lui

ont coûté tant de peine, exprime ainsi le désir qu'il éprouve de rentrer dans la vie privée :

> L'ambition déplaît, quand elle est assouvie ;
> Et, comme notre esprit jusqu'au dernier soupir
> Toujours vers quelque objet pousse quelque désir,
> Il se ramène en soi n'ayant plus où se prendre,
> Et, monté sur le faîte, il aspire à descendre.

On sent qu'en se servant de l'antilogie, il faut garder une certaine mesure que la raison doit indiquer : il faut qu'il y ait un rapport entre les deux idées, malgré la contradiction apparente qui les sépare. Dans la phrase de Bossuet sur la reine Henriette, on peut dire que cette princesse est exilée en France, toute Française qu'elle est, puisqu'elle est établie en Angleterre, et que le pays où elle règne est devenu sa patrie. Dans les vers de Corneille, le calme et le bonheur de la vie privée paraissent réellement à Auguste quelque chose de supérieur au pouvoir suprême ; c'est comme une région au-dessus des orages, et l'on peut dire qu'il y aspire ; mais, d'un autre côté, il ne peut devenir simple particulier sans descendre : il est donc vrai de dire qu'il aspire à descendre.

Gilbert a employé le même artifice de style en parlant de La Harpe, dans cette satire où il a si maltraité les grandes renommées du XVIIIᵉ siècle :

> C'est ce petit auteur, de tant de prix enflé,
> Qui, sifflé pour ses vers, pour sa prose sifflé,
> Tout meurtri des faux pas de sa muse tragique,
> Tomba, de chute en chute, au trône académique.

Nous pouvons citer encore ces vers de Casimir Delavigne sur Galilée :

Galilée indigné change l'ordre des cieux :
Sans pitié, loin du centre il rejette la terre;
Du soleil, par sa marche, il la rend tributaire :
N'a-t-il pas expié, par trois ans de prison,
L'inexcusable tort d'avoir trop tôt raison?

2. FIGURES PASSIONNÉES.

Il y a une autre espèce de *figures de pensées* qui se rapporte moins à l'imagination qu'à la passion : il ne s'agit plus ici de peindre les objets, mais de communiquer aux autres les sentiments dont on est animé.

De l'exclamation.

Quelquefois l'orateur s'interrompt lui-même par un cri qui éclate tout à coup après une période harmonieuse, et porte au fond de l'âme des auditeurs la joie ou la douleur, l'enthousiasme ou l'indignation. Bossuet commence ainsi l'oraison funèbre de la duchesse d'Orléans.

« J'étais donc destiné à rendre ce devoir funèbre à très-haute et très-puissante princesse Henriette-Anne d'Angleterre, duchesse d'Orléans! Elle, que j'avais vue si attentive pendant que je rendais le même devoir à la reine sa mère, devait être sitôt après le sujet d'un discours semblable, et ma triste voix était réservée à ce déplorable ministère! *ô vanité! ô néant! ô mortels ignorants de leur destinées!* »

Cette figure prend le nom d'*exclamation*. Il y en a encore un exemple dans la même oraison funèbre, à l'endroit où l'orateur rappelle la mort subite de la duchesse d'Orléans :

« Nous devrions être assez convaincus de notre néant : mais, s'il faut des coups de surprise à nos cœurs enchantés de l'amour du monde, celui-ci est assez grand et assez terrible. O nuit désastreuse ! ô nuit effroyable, où retentit tout à coup, comme un éclat de tonnerre, cette étonnante nouvelle : Madame se meurt ! Madame est morte ! »

De l'apostrophe.

Quand l'orateur rompt le fil de son discours pour adresser la parole soit à une personne présente qui ne s'attendait pas à être interpellée, soit aux puissances célestes, aux absents, aux morts, ou même aux objets inanimés, c'est ce qu'on appelle une *apostrophe*. Bossuet, après avoir raconté que la reine d'Angleterre donna naissance à une princesse au milieu des circonstances les plus désastreuses, adresse la parole à l'enfant qui vient de naître :

« Princesse, dont la destinée est si grande et si glorieuse ; faut-il que vous naissiez en la puissance des ennemis de votre maison ! ô Eternel, veillez sur elle ! Anges saints, rangez à l'entour vos escadrons invisibles, et faites la garde autour d'une princesse si grande et si délaissée ! »

Andromaque, du sein de la servitude, tourne sa pensée vers les remparts d'Ilion, et leur parle comme à des amis qui peuvent comprendre ses plaintes et compatir à ses douleurs :

Non, vous n'espérez plus de nous revoir encor,
Sacrés murs, que n'a pu conserver mon Hector.

« Glaive du Seigneur, s'écrie Bossuet en parlant de la mort d'une reine, quel coup vous venez de frapper ! »

Nous citerons encore un exemple d'apostrophe, tiré des *Harmonies* de Bernardin de Saint-Pierre :

« Ce bruissement des prairies, ces gazouillements des bois,

ont des charmes que je préfère aux plus brillants accords; mon âme s'y abandonne, elle se berce avec le feuillage ondoyant des arbres, elle s'élève avec leur cime dans les cieux, elle se transporte dans les temps qui les ont vus naître et dans ceux qui les verront mourir; ils étendent dans l'infini mon existence circonscrite et fugitive. Il me semble qu'ils me parlent, comme ceux de Dodone, un langage mystérieux; ils me plongent dans d'ineffables rêveries, qui souvent ont fait tomber de mes mains les livres des philosophes. Majestueuses forêts, paisibles solitudes, qui plus d'une fois avez calmé mes passions, puissent les cris de la guerre ne troubler jamais vos résonnantes clairières ! N'accompagnez de vos religieux murmures que le chant des oiseaux, ou les doux entretiens des amis qui veulent se reposer sous vos ombrages ! »

De la prosopopée.

La passion peut aller encore plus loin : elle peut faire parler les absents, évoquer les morts, animer les objets insensibles. Cette figure, qui dépasse le domaine de l'éloquence pour entrer dans celui de la poésie, s'appelle *prosopopée,* d'un mot grec qui signifie *personnification.* Bossuet, après avoir fait l'éloge de Charles Ier, s'adresse ainsi au cercueil de la reine d'Angleterre, et cette phrase offre en même temps un exemple d'apostrophe et de prosopopée :

« Grande reine, je satisfais à vos plus tendres désirs quand je célèbre ce monarque; et ce cœur, qui n'a jamais vécu que pour lui, se réveille, tout poudre qu'il est, et devient sensible, même sous ce drap mortuaire, au nom d'un époux si chéri. »

Voici un autre exemple de prosopopée, tiré de l'éloge des officiers morts dans la guerre de 1741, par Voltaire :

« O peuples heureux, donnez au moins à des compatriotes qui ont expiré victimes de cette gloire, ou qui survivent encore à une partie d'eux-mêmes, les récompenses que leurs cendres ou leurs blessures vous demandent. Si vous les refusiez, les arbres, les campagnes de Flandre prendraient la parole pour vous dire : « C'est ici que ce modeste et intrépide Luttaux, « chargé d'années et de services, déjà blessé de deux coups, af- « faibli et perdant son sang, s'écria : *Il ne s'agit pas de conserver* « *sa vie, il faut en rendre les restes utiles,* et, ramenant au combat « des troupes dispersées, reçut le coup mortel qui le mit enfin « au tombeau. C'est là que le colonel des gardes françaises, en « allant le premier reconnaître les ennemis, fut frappé le premier « dans cette journée meurtrière, et périt en faisant des souhaits « pour le monarque et pour l'État. Plus loin est mort le neveu « de ce célèbre archevêque de Cambray, l'héritier des vertus de « cet homme unique qui rendit la vertu si aimable. »

On admire, dans Massillon, la prosopopée du pauvre, reprochant au riche sa dureté et ses dédains :

« S'il était permis à ce malheureux que vous outragez de vous répondre ; si l'abjection de son état n'avait pas mis le frein de la honte et du respect sur sa langue : « Que me reprochez- « vous ? vous dirait-il, une vie oisive, et des mœurs inutiles et « errantes ? Mais quels sont les soins qui vous occupent dans « votre opulence ? Les soucis de l'ambition, les inquiétudes de « la fortune, les mouvements des passions, les raffinements de la « volupté : je puis être un serviteur inutile ; mais n'êtes-vous « pas vous-même un serviteur infidèle ? Ah ! si les plus coupables « étaient les plus pauvres et les plus malheureux ici-bas, votre « destinée aurait-elle quelque chose au-dessus de la mienne ? « Vous me reprochez des forces dont je ne me sers pas ; mais « quel usage faites-vous des vôtres ? Je ne devrais pas manger, « parce que je ne travaille point ; mais êtes-vous dispensé vous- « même de cette loi ? N'êtes-vous riche que pour vivre dans une « indigne mollesse ? Ah ! le Seigneur jugera entre vous et moi, « et, devant son tribunal redoutable, on verra si vos voluptés « et vos profusions vous étaient plus permises que l'innocent « artifice dont je me sers pour trouver du soulagement à mes « peines. »

3. FEINTES ORATOIRES.

Reste une troisième classe de figures, celles qui consistent à jouer, pour ainsi dire, avec la pensée, soit en la cachant à demi, soit en la montrant exprès sous un faux jour, soit en la faisant attendre ou en la laissant deviner. Ces figures, dans lesquelles il entre une idée de ruse et d'artifice, pourraient être désignées sous le nom générique de *feintes oratoires* : nous allons énumérer les principales.

De l'ironie.

En exprimant une chose, on veut souvent en faire entendre une toute contraire. Ainsi le blâme se présentera quelquefois sous la forme obséquieuse de l'éloge et du compliment. Boileau fait semblant de louer les mauvais auteurs de son temps, et ces éloges simulés rendent la critique bien plus amère qu'une désapprobation formelle :

> Pradon comme un soleil en nos ans a paru ;
> Pelletier écrit mieux qu'Ablancourt ni Patru.
> Cotin, à ses sermons traînant toute la terre,
> Fend des flots d'auditeurs pour aller à sa chaire.

On appelle *ironie socratique* une raillerie fine et pleine de sens, parce que ce genre d'ironie était l'arme habituelle de Socrate. Ce philosophe contrefaisait l'ignorant devant les sophistes de son temps, et, par des questions captieuses, il les faisait tomber dans des contradictions ridicules, ou les réduisait à faire l'aveu de leur ignorance. Un des meilleurs modèles en ce genre, c'est l'entretien de Socrate et de Glaucon, dans Xénophon. Nous citerons l'imitation en vers qu'en a faite un spirituel écrivain :

Glaucon avait trente ans, bon air, belle figure;
Mais, parmi les présents que lui fit la nature,
Elle avait oublié celui du jugement :
Glaucon se croyait fait pour le gouvernement.
Pour avoir eu jadis un prix de rhétorique,
Il s'estimait au monde un personnage unique;
Sitôt qu'à la tribune il s'était accroché,
Aucun pouvoir humain ne l'en eût détaché :
Parler à tout propos était sa maladie.

Socrate l'abordant : « Plus je vous étudie,
Plus je vois, lui dit-il, le but où vous visez :
Votre projet est beau, s'il n'est des plus aisés.
Vous voulez gouverner; vous désirez qu'Athènes
De l'État en vos mains remette un jour les rênes?
— Je l'avoue. — Et sans doute, à vos concitoyens
Vous paîrez cet honneur en les comblant de biens?
— C'est là tout mon désir. — Il est louable; et j'aime
Que l'on serve à la fois la patrie et soi-même.
A ce plan dès longtemps vous avez dû penser;
Par où donc, dites-moi, comptez-vous commencer? »
Glaucon resta muet, contre son ordinaire;
Il cherchait sa réponse. « Un très-grand bien à faire,
Ce serait, dit Socrate, en ce besoin urgent,
Dans le trésor public d'amener de l'argent.
N'allez-vous pas d'abord restaurer nos finances,
Grossir les revenus, supprimer les dépenses?
— Oui, ce sera bien là le premier de mes soins.
— Il faut recevoir plus, il faut dépenser moins.
Vous avez à coup sûr, calculant nos ressources,
Des richesses d'Athène approfondi les sources?
Vous savez quels objets forment nos revenus?
— Pas très-bien; ils me sont la plupart inconnus.
— Vous êtes plus au fait, je crois, du militaire?
— Six mois, sous Périclès, j'ai servi volontaire.
— Ainsi, nous vous verrons de nos braves guerriers
Par vos vastes projets préparer les lauriers.
Vous savez comme on fait subsister une armée,
Par quels soins elle doit être instruite et formée?

— Je n'ai pas ces détails trop présents à l'esprit.
—Vous avez là-dessus quelque mémoire écrit?
J'entends.—Mais, non.—Tant pis; vous me l'auriez fait lire;
J'en aurais profité. Du moins vous pourrez dire
Si, payant nos travaux par des dons suffisants,
L'Attique peut nourrir ses nombreux habitants?
Il y faut prendre garde : une erreur indiscrète,
Une mauvaise loi produirait la disette.
Sur ce point important qu'avez-vous su prévoir?
—En vérité, Socrate, on ne peut tout savoir!
—Pourquoi donc parlez-vous sur toutes les matières?
Je suis un homme simple, et j'ai peu de lumières;
Mais retenez de moi ce salutaire avis :
Pour savoir quelque chose, il faut l'avoir appris.
De régir les États la profonde science,
Vient-elle sans étude et sans expérience?
Qui veut parler sur tout, souvent parle au hasard;
On se croit orateur, on n'est que babillard.
Allez; instruisez-vous, et quelque jour peut-être
Vous nous gouvernerez. » Glaucon sut se connaître;
Il devint raisonnable, et, depuis ce jour-là,
Il écouta, dit-on, bien plus qu'il ne parla.

Chez le doux Xénophon, l'élève de Socrate,
Son ami, son vengeur au sein d'Athène ingrate,
J'ai lu ce dialogue et je vous le traduis.
Puisse-t-il corriger les Glaucons d'aujourd'hui!

ANDRIEUX.

L'ironie, qui est ordinairement le langage de la gaieté et de l'enjouement, peut appartenir à la colère, au mépris, à l'indignation ou au désespoir. Cicéron et Massillon l'emploient souvent dans les mouvements les plus passionnés; mais ils ne s'en servent pas long-temps, et ils se hâtent de revenir au langage sérieux, qui devient plus énergique quand il est précédé de l'ironie. Massillon, prêchant sur *le délai de la conversion*, parle ainsi à ces hommes qui ne pensent à Dieu que lorsqu'ils ne peuvent plus songer au monde :

« Vous ne réservez donc au Seigneur que les restes et le rebut de vos passions et de votre vie ? Et c'est comme si vous lui disiez : « Seigneur, tant que je serai propre au monde et « aux plaisirs, n'attendez pas que je revienne à vous, et que je « vous cherche; tant que le monde voudra de moi, je ne saurais « me résoudre à vouloir de vous; quand il commencera à m'ou- « blier, à m'échapper, et que je ne pourrai plus en faire usage, « alors je me tournerai vers vous; je vous dirai : me voici ! je « vous prierai d'accepter un cœur que le monde rejettera, et qui « sera même triste de la dure nécessité où il se trouvera de se « donner à vous. Mais jusque-là, n'attendez de moi qu'une indif- « férence entière et un oubli parfait: au fond, vous n'êtes bon à « servir que lorsqu'on n'est plus soi-même bon à rien ; on est sûr « du moins, qu'on vous trouve toujours ; tous les temps vous sont « les mêmes : mais le monde, après une certaine saison de la vie, « on n'y est plus propre; et il faut se hâter d'en jouir avant qu'i « nous échappe, et tandis qu'il en est encore temps.» Ame indigne de confesser jamais les miséricordes d'un Dieu que vous traitez avec tant d'outrage ! Et croyez-vous qu'alors il acceptera des hommages si forcés et si honteux à sa gloire, lui qui ne veut que des sacrifices volontaires, lui qui n'a pas besoin de l'homme et qui lui fait grâce lors même qu'il accepte ses vœux les plus purs et ses hommages les plus sincères? »

L'homme réduit au dernier degré du malheur, et ne trouvant pas de mot qui puisse rendre toute sa misère, a recours à l'ironie, « à peu près, dit La Harpe, comme, dans ces grandes douleurs qui éga- rent un moment la raison, un rire effrayant prend la place des larmes qui ne peuvent couler. Nous en avons un exemple dans ce passage admirable du rôle d'Oreste, lorsque, après avoir tué Pyrrhus pour plaire à Hermione, il apprend qu'elle n'a pu lui survivre et qu'elle vient de se donner la mort :

Grâce au ciel, mon malheur passe mon espérance!
Oui, je te loue, ô ciel, de ta persévérance!

Il finit par ce vers si terrible :

Hé bien! je meurs content, et mon sort est rempli!

Ce mot : *Je meurs content,* est le sublime de la rage. »

De l'astéisme.

Quand c'est une louange détournée qui se cache sous la forme d'un reproche, l'ironie prend le nom d'*astéisme,* d'un mot grec qui signifie *enjouement, urbanité.* C'est un artifice à l'usage des courtisans consommés. Boileau fait indirectement l'éloge de Louis XIV, en le faisant accuser par la Mollesse (*Lutrin,* chant II) :

Ce doux siècle n'est plus. Le ciel impitoyable
A placé sur le trône un prince infatigable.
Il brave mes douceurs, il est sourd à ma voix ;
Tous les jours il m'éveille au bruit de ses exploits.

De l'hyperbole.

Un moyen très-souvent employé par les orateurs, c'est d'insister sur certains motifs dont ils exagèrent sciemment la valeur réelle. Dans l'*Iphigénie* de Racine, Ulysse dit à Agamemnon, pour le décider au sacrifice de sa fille :

Vous seul, nous arrachant à de nouvelles flammes,
Nous avez fait laisser nos enfants et nos femmes ;
Et quand, de toutes parts assemblés en ces lieux,
L'honneur de vous venger brille seul à nos yeux ;
Quand la Grèce, déjà vous donnant son suffrage,
Vous reconnaît l'auteur de ce fameux ouvrage ;

Que ses rois, qui pouvaient vous disputer ce rang,
Sont prêts, pour vous servir, de verser tout leur sang;
Le seul Agamemnon, refusant la victoire,
N'ose d'un peu de sang acheter tant de gloire;
Et, dès le premier pas se laissant effrayer,
Ne commande les Grecs que pour les renvoyer!

Il n'y a presque pas un mot dans ces paroles qui ne soit une exagération : ainsi, ce n'est pas Agamemnon seul qui est la cause de la guerre de Troie, c'est l'intérêt général des Grecs, insultés dans la personne de Ménélas; tous les rois, et Ulysse moins que tout autre, ne sont pas prêts à verser la dernière goutte de leur sang; Agamemnon ne refuse point la victoire, et n'a pas commandé les Grecs exprès pour les renvoyer. Ulysse sait que tout cela est exagéré : ce n'est qu'une ruse dont il se sert pour faire tomber dans le piége l'ambition du roi des rois. Cette figure est connue sous le nom d'*hyperbole,* mot tiré du grec qui signifie *exagération.*

De la litote.

A côté de la figure qui agrandit les objets, se place naturellement celle qui les diminue. Cette figure, dont La Harpe n'osait prononcer le nom, dans la crainte d'effrayer son auditoire, s'appelle *litote,* d'un mot grec qui veut dire *diminution.* On a pu remarquer une *litote* au milieu des hyperboles que nous venons de citer.

Le seul Agamemnon, refusant la victoire,
N'ose *d'un peu de sang* acheter tant de gloire!

Le sang d'une fille, un peu de sang!

De la suspension.

Quelquefois l'orateur aime à piquer votre curiosité, à tromper votre attente pour la mieux remplir, et à faire de la phrase une sorte d'énigme dont le mot est à la fin : telle est la figure nommée *suspension*. Bossuet dit, en parlant de Henriette, reine d'Angleterre :

« Combien de fois a-t-elle en ce lieu remercié Dieu humblement de deux grandes grâces, l'une de l'avoir fait chrétienne, l'autre, messieurs, qu'attendez-vous ? peut-être d'avoir rétabli les affaires du roi son fils ?.... Non, c'est de l'avoir fait reine malheureuse. »

La Bruyère nous présente un bel exemple de suspension dans ces paroles adressées à la reine de Palmyre :

« Ni les troubles, Zénobie, qui agitent votre empire, ni la guerre que vous soutenez virilement contre une nation puissante, depuis la mort du roi votre époux, ne diminuent rien de votre magnificence : vous avez préféré à toute autre contrée les rives de l'Euphrate, pour y élever un superbe édifice ; l'air y est sain et tempéré, la situation en est riante : un bois sacré l'ombrage du côté du couchant ; les dieux de Syrie, qui habitent quelquefois la terre, n'y auraient pu choisir une plus belle demeure ; la campagne autour est couverte d'hommes qui vont et qui viennent, qui taillent et qui coupent, qui roulent et qui charrient le bois du Liban, l'airain et le porphyre ; les grues et les machines gémissent dans l'air, et font espérer à ceux qui voyagent vers l'Arabie de revoir, à leur retour en leurs foyers, ce palais achevé, et dans cette splendeur où vous désirez le porter, avant d'y habiter, vous et les princes vos enfants. N'y épargnez rien, grande reine : employez-y l'or et tout l'art des plus excellents ouvriers ; que les Phidias et les Zeuxis de votre siècle déploient toute leur science sur vos plafonds et sur vos lambris ; tracez-y de vastes et délicieux jardins, dont l'enchantement soit tel, qu'ils ne paraissent pas faits de la main des hommes. Épuisez vos trésors et votre industrie sur cet ouvrage incomparable ; et, après que vous y aurez mis, Zénobie, la dernière main, quelqu'un de ces pâtres qui habitent les sables voisins de Palmyre, devenu riche par les péages de vos rivières, achètera un jour, à deniers comptants cette royale maison, pour l'embellir et la rendre plus digne de lui et de sa fortune. »

De la correction.

Quand, après avoir exprimé une pensée, on l'abandonne tout à coup pour la modifier, ou pour lui en substituer une autre que l'on juge plus convenable, on fait ce que la rhétorique appelle une *correction*.

Fontenelle dit, en parlant du czar Pierre Ier, apprenant, dans un chantier d'Amsterdam, l'art de construire les vaisseaux :

« Il se fit inscrire au rôle des charpentiers sous le nom de Pierre Michaëloff, et non de Pierre Michaëlowitz, qu'il eût dû prendre par rapport à son grand-père ; car, dans la langue des Russes, cette différence de terminaison marque un homme du peuple ou un homme de condition ; et il ne voulait pas qu'il restât aucune trace de sa suprême dignité. Il l'avait entièrement oubliée, ou plutôt il ne s'en était jamais si bien souvenu, si elle consiste plus dans des fonctions utiles aux peuples, que dans la pompe et dans l'éclat qui l'accompagnent. »

De la réticence.

Il arrive aussi qu'au lieu de corriger sa pensée, on l'interrompe brusquement, pour laisser deviner ce qu'on ne dit pas. Cette interruption soudaine, ce silence mystérieux en fait plus entendre que les paroles les plus positives. On donne à cette figure le nom de *réticence*. Aricie l'emploie, dans Phèdre, pour effrayer Thésée qui s'était laissé prévenir contre son fils par les calomnies d'OEnone :

> Prenez garde, seigneur : vos invincibles mains
> Ont de monstres sans nombre affranchi les humains ;

Mais tout n'est pas détruit, et vous en laissez vivre
Un... Votre fils, seigneur, me défend de poursuivre.
Instruite du respect qu'il veut vous conserver,
Je l'affligerais trop si j'osais achever ;
J'imite sa pudeur, et fuis votre présence,
Pour n'être pas forcée à rompre le silence.

De la concession.

L'orateur accorde quelquefois, ou du moins feint d'accorder à son adversaire ce qu'il pourrait lui refuser, pour avoir le droit d'insister plus fortement sur un autre point de son discours.

Dans la tragédie de *la Mort de César,* l'action de Brutus et des autres conjurés semble avoir rendu au peuple l'enthousiasme républicain, et c'est au milieu des cris de *vive la liberté!* qu'Antoine se présente pour faire l'éloge du dictateur. S'il commençait par accuser les intentions des meurtriers, on l'interromprait avec indignation. Que fait-il donc? En habile orateur, il se hâte d'absoudre les conjurés; et le peuple, dupe de cette apparente modération, écoute le reste de son discours avec attention et bienveillance :

Contre ses meurtriers je n'ai rien à vous dire :
C'est à servir l'État que leur grand cœur aspire.
De votre dictateur ils ont percé le flanc ;
Comblés de ses bienfaits, ils sont teints de son sang.
Pour forcer des Romains à ce coup détestable,
Sans doute il fallait bien que César fût coupable :
Je le crois ; mais enfin César a-t-il jamais
De son pouvoir sur vous appesanti le faix?

De la prétérition.

Souvent on dit une chose, mais on ne veut pas avoir l'air de la dire; ou bien l'on fait semblant de s'arrêter à peine sur un objet que l'on a cependant l'intention d'exprimer fortement. Cette ruse oratoire s'appelle *prétérition*. Bossuet s'en est servi dans l'oraison funèbre de la duchesse d'Orléans :

« Je pourrais vous faire remarquer qu'elle connaissait si bien la beauté des ouvrages d'esprit, que l'on croyait avoir atteint la perfection quand on avait su plaire à Madame. Je pourrais encore ajouter que les plus sages et les plus expérimentés admiraient cet esprit vif et perçant, qui embrassait sans peine les plus grandes affaires, et pénétrait avec tant de facilité dans les plus secrets intérêts. Mais pourquoi m'étendre, etc. »

De la communication.

Quelquefois l'orateur semble se confondre avec ses auditeurs, faire cause commune avec eux, et les consulter sur ce qu'il doit leur dire; mais ce n'est que pour les conduire plus sûrement à son but, et pour agir ensuite sur leur âme avec plus de puissance. Cette figure s'appelle *communication*.

C'est à cet artifice qu'il faut rapporter en partie l'effet produit par le fameux sermon de Massillon sur le petit nombre des élus.

« Or, je vous le demande, et je vous le demande frappé de terreur, ne séparant pas en ce point mon sort du vôtre, et me mettant dans la même disposition où je souhaite que vous entriez; je vous demande donc : si Jésus-Christ paraissait dans ce temple, pour nous juger, pour faire le terrible discernement des boucs et des brebis, croyez-vous que le plus grand nombre de tout ce que nous sommes ici fût placé à la droite? Croyez-vous que les choses du moins fussent égales? Croyez-vous qu'il s'y trouvât seulement dix justes, que le Seigneur ne put trouver autrefois en cinq villes tout entières? Je vous le demande, vous l'ignorez, et je l'ignore moi-même ! »

De l'interrogation.

L'orateur presse souvent son adversaire ou ses auditeurs de questions vives et multipliées; et il sait d'avance les réponses qu'on doit lui faire, ou bien il sait qu'on ne peut lui en faire aucune. S'il interrogeait réellement pour savoir, il n'y aurait plus figure, il n'y aurait plus *interrogation*, dans le sens que les rhéteurs ont attaché à ce mot. Nous en trouvons un bel exemple dans ces violents reproches adressés par Clytemnestre au père d'Iphigénie :

Barbare ! c'est donc là cet heureux sacrifice
Que vos soins préparaient avec tant d'artifice !
Quoi ! l'horreur de souscrire à cet ordre inhumain
N'a pas, en le traçant, arrêté votre main !
Pourquoi feindre à nos yeux une fausse tristesse ?
Pensez-vous par des pleurs prouver votre tendresse ?
Où sont-ils ces combats que vous avez rendus ?
Quels flots de sang pour elle avez-vous répandus ?
Quel débris parle ici de votre résistance ?
Quel champ couvert de morts me condamne au silence ?

De la dubitation.

L'orateur feint aussi de ne pas savoir ce qu'il doit dire, ni dans quel ordre il doit placer ses idées, pour inspirer moins de défiance à l'auditeur, et donner à son discours plus d'abandon et de naturel. Cette figure s'appelle la *dubitation*. Bourdaloue commence ainsi un sermon sur la Nativité :

« J'annonce un sauveur humble et pauvre ; mais je l'annonce aux grands et aux riches du monde. Que leur dirai-je donc, Seigneur ; et de quels termes me servirai-je, pour leur proposer le mystère de votre humilité et de votre pauvreté ? Leur dirai-je : Ne craignez rien ? Dans l'état où je les suppose, ce serait les tromper. Leur dirai-je : Craignez ? Je m'éloignerais de l'esprit du mystère même que nous célébrons. et des pensées consolantes qu'il inspire et doit inspirer aux plus grands pécheurs. Leur dirai-je : Affligez-vous, pendant que tout le monde chrétien est dans la joie ? Leur dirai-je : Consolez-vous, tandis qu'à la vue du Sauveur, qui condamne toutes leurs maximes, ils ont tant de raisons de s'affliger? »

Le pape saint Clément employait le même artifice dans son épître aux Corinthiens, pour montrer l'impuissance de l'homme à échapper à l'œil de Dieu :

« Où irai-je, ô Seigneur? où fuir devant votre face? Si je monte au ciel, vous y êtes. Si je vais aux extrémités de la terre, j'y trouve votre main. Si je descends au fond des abîmes, votre esprit est là. Où se cacher? où fuir celui qui embrasse tout? »

Nous avons retranché du nombre des figures de pensées quelques-unes de celles que les rhéteurs ont coutume d'y comprendre, telles que l'*optation*, l'*imprécation*, l'*obsécration*, qui expriment la pensée elle-même sans y ajouter aucun ornement, et qui ne sont pas plus des figures que la méditation, la dissimulation, etc. Nous avons choisi les formes qui donnent à la pensée une force ou une grâce particulière.

Ces figures, que la rhétorique enseigne à placer à propos et à préparer avec art, la nature les inspire souvent à l'homme le moins versé dans la science de la parole. Marmontel (*Éléments de littérature*) s'est amusé à rassembler presque toutes les figures dans le langage familier d'un homme du peuple en colère contre sa femme :

« Si je dis oui, elle dit non; soir et matin, nuit et jour elle gronde (*antithèse*). Jamais, jamais de repos avec elle (*répétition*). C'est une furie, un démon (*hyperbole*). Mais, malheureuse, dis-moi donc, que t'ai-je fait (*interrogation*)? O ciel! quelle fut ma folie en t'épousant (*exclamation*)! Que ne me suis-je plutôt noyé! Je ne te reprocherai ni ce que tu me coûtes, ni les peines que je me donne pour y suffire (*prétérition*), mais je t'en prie, je t'en conjure, laisse-moi travailler en paix ; ou que je meure, si.... Tremble de me pousser à bout (*réticence*)! Elle pleure ! ah! la bonne âme! vous allez voir que c'est moi qui ai tort (*ironie*)! Eh bien! je suppose que cela soit : oui, je suis trop vif, trop sensible (*concession*). J'ai souhaité cent fois que tu fusses laide ; j'ai maudit, détesté ces yeux perfides, cette mine trompeuse qui m'avaient affolé (*astéisme*). Mais dis-moi si par la douceur il ne vaudrait pas mieux me ramener (*communication*)? Nos enfants, nos amis, nos voisins, tout le monde nous voit faire mauvais ménage ; ils entendent tes cris, tes plaintes, les injures dont tu m'accables ; ils l'ont vue les yeux égarés, le visage en feu, la tête échevelée, me poursuivre, me menacer : ils en parlent avec frayeur ; la voisine arrive, on le lui raconte ; le passant écoute et va le répéter (*hypotypose*). Ils croiront que je suis un méchant, un brutal, que je te laisse manquer de tout, que je te bats, que je t'assomme. Mais non : ils savent bien que je t'aime, que j'ai bon cœur, que je désire te voir tranquille et contente (*correction*). Va, le monde n'est pas injuste : le tort reste à celui qui l'a. Hélas! ta pauvre mère m'avait tant promis que tu lui ressemblerais! Que dirait-elle? que dit-elle? car elle voit ce qui se passe. Oui, j'espère qu'elle m'écoute, et je l'entends qui te reproche de me rendre malheureux. « Ah ! mon pauvre gendre, « dit-elle, tu méritais un meilleur sort (*prosopopée*)! »

II.

DES MOTS.

Nous n'avons encore examiné que la moitié de ce qui concerne le style, les *pensées* : il nous reste à parler des moyens destinés à les exprimer, c'est-à-dire des mots et de la construction des phrases. Ici se présente naturellement, pour les mots, la division que nous avons adoptée pour les pensées : 1ᶜ les qualités générales de la phrase ; 2° les rapports des phrases entre elles ; 3° les formes particulières ou *figures de mots.*

I. DES QUALITÉS GÉNÉRALES DE LA PHRASE.

DE LA CLARTÉ.

La première qualité d'une phrase, comme d'une pensée, est la *clarté.* Tel auteur conçoit nettement ce qu'il veut dire, qui l'exprime d'une manière pénible et obscure. Dans Racine, Alexandre dit, en parlant de Porus :

> Tandis que je croyais, par mes combats divers
> Attacher sur moi seul les yeux de l'univers,
> J'ai vu de ce guerrier la valeur répandue
> Tenir la renommée entre nous suspendue,
> *Et, voyant* de son bras voler partout l'effroi,
> *L'Inde* sembla m'ouvrir un champ digne de moi.

La pensée est claire, mais l'expression est obscure : le participe *voyant voler l'effroi,* qui se rapporte à Alexandre, semble se rapporter à l'Inde. Il faut, pour être clair, arranger les mots de telle sorte, qu'on puisse saisir rapidement les rapports qu'ils ont entre eux. Ainsi, le verbe doit être placé de manière que l'on voie nettement ce qui fait l'action et ce qui la reçoit ; et les participes, adjectifs et adverbes doivent être exactement rangés à côté des mots qu'ils modifient. On doit employer avec beaucoup de discernement les adjectifs relatifs et possessifs, *qui, que, son, sa, ses, leur, leurs,* et les pronoms *il, elle, eux, leur ;* ces mots, jetés au hasard, semblent se rapporter à la fois à plusieurs substantifs, et couvrent la phrase entière d'obscurité. Comment se reconnaître, par exemple, dans cette phrase du P. d'Orléans sur Marguerite d'Anjou, femme de Henri VI : « Si cette princesse n'eut pas la gloire de vaincre le malheur de son époux, *elle* eut celle de combattre avec une constance qui plus d'une fois sembla faire honte à la fortune des injustices qu'*elle* lui faisait, la fortune n'ayant pu s'empêcher d'accorder à cette amazone, lorsqu'*elle* combattait en personne, des victoires qui firent voir que c'était moins à *elle* qu'à son mari qu'*elle* avait déclaré la guerre. »

DE LA CORRECTION.

La *correction* est, pour une phrase, une qualité aussi essentielle que la clarté. Il est d'ailleurs assez difficile qu'une phrase soit claire si elle n'est correcte. La correction comprend elle-même deux qualités bien distinctes, la *pureté* et la *propriété*.

La *pureté* consiste à n'employer que des mots et des constructions propres à la langue que l'on parle; elle bannit toutes les expressions et toutes les tournures qui appartiennent à une autre langue, celles que l'usage a proscrites, ou celles qui, récemment essayées, ne sont encore consacrées par aucune autorité suffisante.

La *propriété* est un choix de mots que l'usage le plus généralement adopté par les bons écrivains a appropriés à la nature des idées que l'on veut exprimer. Quelquefois l'expression propre ne se présente pas d'elle-même; il faut la chercher patiemment, et, quelque peine qu'il en coûte, ne pas renoncer à la trouver. Il est rare qu'il y ait dans une langue deux mots pour exprimer le même objet, et une personne versée dans l'art du langage sait apercevoir une différence entre deux termes qui paraissent synonymes.

Nous en citerons quelques exemples, empruntés au *Dictionnaire des Synonymes* :

Inventer, découvrir. On *invente* de nouvelles choses; on *découvre* des choses cachées. La mécanique *invente* les outils et les machines; la physique *découvre* les causes et les effets. Galilée a *inventé* le télescope; Harvey a *découvert* la circulation du sang.

Austère, sévère, rude. On est *austère* par la manière de vivre, *sévère* par la manière de penser, *rude* par la manière d'agir. On oppose la mollesse à l'*austérité*, le relâchement à la *sévérité*, les fades complaisances à la *rudesse*. Un saint se plaît dans l'*austérité*; un philosophe est *sévère* dans sa morale; un supérieur a le commandement *rude*.

On écrit et on parle d'autant plus correctement, que l'on connaît mieux le véritable sens des mots, et que l'on fait plus d'attention aux nuances délicates qui les séparent. Buffon est particulièrement remarquable sous ce rapport : il est bien rare de trouver, dans ses ouvrages, un terme vague ou un mot négligemment placé pour un autre; sa pensée, toujours juste en elle-même, est toujours rendue par l'expression qui lui convient.

Tout en recherchant les termes qui correspondent le mieux avec la pensée, il faut éviter les expressions basses et triviales; car, comme l'a fort bien dit Boileau :

Le style le moins noble a pourtant sa noblesse.

Il ne faut point exagérer ce principe, mais il faut l'admettre.

DE LA PRÉCISION.

Une phrase ne doit pas être seulement *claire* et *correcte* : elle doit être *précise*. La définition la plus exacte du mot *précision* se tire de son étymologie même : il vient d'un mot latin qui signifie *couper, retrancher*. La précision consiste donc à retrancher toute superfluité, à dire tout ce qu'il faut, et à ne dire que ce qu'il faut. Les écrivains médiocres n'ont pas la force d'être précis. Les uns sentent que le premier mot qu'ils ont employé ne rend pas bien leur idée : alors ils en essayent un second, puis un troisième, et tournent sans cesse autour du but, sans y arriver jamais. Les autres ont la manie d'exprimer toujours un objet, soit par deux, soit par trois mots; ils s'imaginent, par ces accumulations de prétendus synonymes et par des chutes de phrases parasites, ajouter quelque chose à la force de leur style, tandis qu'ils ne font qu'obscurcir leurs pensées et fatiguer leur lecteur. Démosthène, parmi les anciens, et chez nous Voltaire, dans ses ouvrages historiques, sont des modèles de précision.

DE L'HARMONIE.

L'*harmonie* est la dernière des qualités générales de la phrase. Le mérite du son est bien inférieur à celui du sens; cependant il n'est pas indigne de notre attention. La musique exerce naturellement une grande influence sur tous les hommes; et il peut y avoir, dans le langage, une sorte de mélodie qui en double le charme et le pouvoir.

Il y a deux choses à examiner dans l'harmonie : l'agrément du son en lui-même, la modulation en général, sans égard à l'expression ; puis, le son disposé de manière à devenir l'expression du sens. L'harmonie, considérée sous ce dernier rapport, prend le nom d'*harmonie imitative*.

L'harmonie imitative est un agrément dont les poëtes se servent assez souvent. Racine veut-il peindre le monstre qui s'élance sur Hippolyte, il emploie des mots qui représentent l'objet, abstraction faite de leur signification réelle :

Sa croupe se recourbe en replis tortueux.

On entend le bruit du char qui vole en éclats dans cet hémistiche imité d'Homère :

L'essieu crie et se rompt.

Et il semble qu'un homme tout à fait étranger à notre langue comprendrait, d'après le son même des mots, le cri d'Oreste aux Furies qui l'environnent :

Pour qui sont ces serpents qui sifflent sur vos têtes?

Les orateurs et les écrivains en prose empruntent aussi quelques effets à l'harmonie imitative. Buffon peint l'écureuil par le son même des mots, qu'il choisit avec un art infini : « Il est propre, leste, vif, très-alerte, très-éveillé; il a les yeux pleins de feu, la physionomie fine, le corps nerveux. »

M. de Chateaubriand veut exprimer l'effet que produisent certains airs nationaux sur les Suisses éloignés de leur pays : « On craint de vous faire entendre ces airs de la patrie, qui vous rappellent vos pères, vos mères, vos frères, vos sœurs et le mugissement des troupeaux sur vos montagnes. » Ce dernier mot, si bien placé à la fin de la phrase, ne fait-il pas retentir à votre oreille le *ranz* des vaches et le son lointain de la cornemuse?

Mais l'harmonie imitative est un genre d'ornement dont la poésie ne doit user qu'avec réserve, et dont la prose peut parfaitement se passer. Ce qui est nécessaire à toute phrase bien faite, c'est l'harmonie des sons en général. Cette harmonie dépend de la nature et de l'arrangement des mots. Pour ce qui regarde la nature des mots, nous n'analyserons point ici chacune des lettres et des sons élémentaires dont une langue est composée : il est certain que les mots les plus agréables à l'oreille sont formés de sons doux, faciles, produits par un heureux mélange de voyelles et de consonnes. Les voyelles donnent de la douceur aux mots; les consonnes leur impriment de la force. On peut dire qu'en général, les mots d'une certaine étendue flattent l'oreille plus agréablement que les monosyllabes : ils plaisent davantage, parce qu'ils présentent une succession de sons divers; et, parmi ces mots un peu longs, les plus mélodieux ne sont pas ceux qui sont composés seulement de longues ou de brèves, mais ceux où les unes et les autres sont heureusement entremêlées, comme ces mots : *repentir, impétueux, indépendant.*

Ce qu'il faut considérer en second lieu, à l'égard de l'harmonie, c'est l'arrangement convenable des mots et des membres d'une phrase. Ce point est fort important, car supposez les mots les plus sonores et les mieux choisis : s'ils sont mal arrangés, la phrase sera désagréable à l'oreille. Il y a peu d'écrivains français qui aient porté aussi loin que Buffon le travail de l'harmonie : on trouve à chaque instant, dans ses ouvrages, des endroits remarquables par la mélodie du langage. Qui ne sait par cœur cette phrase sur le cheval ? « La plus noble conquête que l'homme ait jamais faite, est celle de ce fier et fougueux animal qui partage avec lui les fatigues de la guerre et la gloire des combats. » On ne pouvait ni mieux choisir ni mieux placer les mots, et cette phrase est un modèle achevé d'harmonie.

Gardez-vous de pousser trop loin le scrupule de l'harmonie. Il est quelquefois nécessaire, dans l'intérêt de la pensée, qu'un mot soit placé au commencement ou à la fin de la phrase. Pascal a dit admirablement : « La douceur de la gloire est si grande qu'à quelque chose qu'on l'attache, même à la mort, on l'aime. » Dans cette phrase, comme dans tout ce qu'il a écrit, Pascal subordonne les mots à la pensée ; il ne cherche point à plaire à l'oreille, il lui suffit de ne point la blesser.

II. DES PHRASES CONSIDÉRÉES DANS LES RAPPORTS QU'ELLES ONT ENTRE ELLES.

La liaison des phrases est la suite nécessaire de la liaison des idées : vos paroles seront d'autant mieux unies ensemble, que vous aurez serré davantage le tissu de vos pensées. Mais ce n'est point assez : il faut donner à la construction et à l'arrangement des phrases autant de soin qu'à l'association des idées.

« Tantôt, dit Condillac, les phrases, pour se bien lier, veulent être construites ensemble ; tantôt elles ne veulent que se suivre : il suffit de savoir faire ce discernement. Le vrai moyen de mal écrire, c'est de ne faire qu'une phrase où il en faut plusieurs, ou d'en faire plusieurs où il n'en faut qu'une. Si deux idées doivent se modifier l'une l'autre, il faut les réunir; si elles ne doivent pas se modifier, il faut les séparer. » (*Art d'écrire,* liv. III, ch. III.)

DE LA SUCCESSION DES PHRASES.

Lorsque le sens exige que les phrases soient séparées, elles doivent se suivre et s'enchaîner les unes aux autres, comme dans ce passage de Bossuet :

« Les Égyptiens sont les premiers où l'on ait su les règles du gouvernement. Cette nation grave et sérieuse connut d'abord la vraie fin de la politique, qui est de rendre la vie commode et les peuples heureux. La température toujours uniforme du pays y faisait les esprits solides et constants. Comme la vertu est le fondement de toute société, ils l'ont soigneusement cultivée. Leur principale vertu a été la reconnaissance; et la gloire qu'on leur a donnée d'être les plus reconnaissants de tous les hommes, fait voir qu'ils étaient les plus sociables. » (*Histoire universelle.*)

Comparez à ces phrases qui adhèrent si bien les unes aux autres, des phrases décousues, pesantes, embarrassées, comme celles que Pellisson a accumulées dans le passage suivant :

« Les blessures étaient plus mortelles pour les Maures; car ils se contentaient de les laver dans l'eau de la mer, et disaient, par une manière de proverbe ou de dicton de leur pays, *que* Dieu *qui les leur* avait données *les leur* ôterait : *cela* toutefois moins par le mépris que par l'ignorance des remèdes; *car* ils estimaient au dernier point un renégat, leur unique chirurgien, *à qui,* par une politique bizarre, *à chaque* blessé de conséquence qui mourait entre ses mains, ils donnaient un certain nombre de coups de bâton, pour le châtier plus ou moins selon l'importance du Maure; *puis* autant de pièces de huit réales, pour le consoler et l'exhorter *à* mieux faire *à* l'avenir. »

Ce sont autant de phrases cousues les unes au

bout des autres, à mesure qu'elles se présentent à l'écrivain, et liées ensemble de la manière la plus pauvre et la plus désagréable. Condillac cite cet exemple dans son ouvrage, en recommandant de ne point l'imiter. « Il ne suffit pas, dit-il avec raison, d'étudier les bonnes constructions, il faut encore étudier les mauvaises; car l'art d'écrire renferme deux choses, les lois qu'il faut suivre et les défauts qu'il faut éviter. »

DE LA PÉRIODE.

Quand, au lieu d'exprimer ses idées en phrases séparées, on les réunit en une seule qui forme un tout harmonieux, on fait ce qu'on appelle une *période*. Aristote définit la période une phrase qui a un commencement et une fin par elle-même, et une étendue facile à embrasser.

Les parties qui composent la période sont de deux sortes, le *membre* et la *section*.

Le *membre* est une proposition qui renferme en elle-même un certain sens, mais un sens imparfait et dépendant des autres parties de la période.

La *section* est une partie du membre, qui renferme aussi un sens en elle-même, et qui ferait un membre si elle était seule, mais qui, associée à plusieurs autres parties aboutissant au même point, concourt avec elles à former un membre.

Prenons pour exemple cette stance de J. B. Rousseau :

> Si la loi du Seigneur vous touche,
> Si le mensonge vous fait peur,
> Si la justice en votre cœur
> Règne aussi bien qu'en votre bouche,

Parlez, fils des hommes, pourquoi
Faut-il qu'une haine farouche
Préside aux jugements que vous portez sur moi?

Voilà une période à deux membres : *Si la loi du Seigneur vous touche,* etc. — *Parlez, fils des hommes,* etc. Le premier membre est composé de trois sections : *Si la loi du Seigneur vous touche,* — *si le mensonge vous fait peur,* — *si la justice en votre cœur,* etc.

Nous citerons encore, comme un exemple de période à deux membres, cette phrase harmonieuse de Volney :

« Tandis que l'amateur des arts s'indigne, dans Alexandrie, de voir scier les colonnes des palais pour en faire des meules de moulin, — le philosophe, après cette première émotion que cause la perte de toute belle chose, ne peut s'empêcher de sourire à la justice secrète du sort, qui rend au peuple ce qui lui coûta tant de peines, et qui soumet aux plus humbles de ses besoins l'orgueil d'un luxe inutile. » (Volney, *Voyage en Égypte.*)

Il y a des périodes à trois membres. En voici un exemple, tiré de la tragédie d'*Alzire*; c'est Zamore qui parle :

Premier membre.

Après l'honneur de vaincre, il n'est rien sous les cieux
De plus grand en effet qu'un trépas glorieux;

Deuxième membre.

Mais mourir dans l'opprobre et dans l'ignominie,
Mais laisser en mourant des fers à sa patrie,
Mais périr sans vengeance, expirer par les mains
De ces brigands d'Europe et de ces assassins,
Qui, de sang enivrés, de nos trésors avides,
De ce monde usurpé désolateurs perfides

Ont osé me livrer à des tourments honteux,
Pour m'arracher des biens plus méprisables qu'eux;
Entraîner au tombeau des citoyens qu'on aime,
Laisser à ces tyrans la moitié de soi-même,
Abandonner Alzire à leur lâche fureur :

Troisième membre.

Cette mort est affreuse et fait frémir d'horreur.

Il y a même des périodes à quatre membres. En voici une tirée d'*Athalie*; le grand-prêtre s'entretient avec Dieu de l'avenir du jeune Joas :

Premier membre.

Grand Dieu! si tu prévois qu'indigne de sa race
Il doive de David abandonner la trace;

Deuxième membre.

Qu'il soit comme le fruit en naissant arraché,
Ou qu'un souffle ennemi dans sa fleur a séché!

Troisième membre.

Mais, si ce même enfant, à tes ordres docile,
Doit être à tes desseins un instrument utile;

Quatrième membre.

Fais qu'au juste héritier le sceptre soit remis :
Livre en mes faibles mains ses puissants ennemis; ·
Confonds dans ses conseils une reine cruelle;
Daigne, daigne, mon Dieu, sur Mathan et sur elle
Répandre cet esprit d'imprudence et d'erreur,
De la chute des rois funeste avant-coureur!

Henri de Navarre, consultant les principaux seigneurs de son parti sur la question de savoir s'il faut reprendre les armes contre la Ligue, débute solennellement par une période à quatre membres (1585)

Nous citerons cet exorde, en conservant le style et l'orthographe du temps :

Premier membre.

« Si j'eusse cru, mes amis, que les affaires qui se présentent n'en eussent voulu qu'à ma teste, que la ruine de mon bien, la diminution de mes intérêts et de tout ce qui m'est le plus cher, hors l'honneur, vous eust apporté tranquillité et seureté,

Deuxième membre.

vous n'eussiez point eu de mes nouvelles, et, avec l'advis et l'assistance de mes serviteurs particuliers, j'eusse, aux despens de ma vie, arresté les ennemiz ;

Troisième membre.

mais estant question de la conservation ou de la ruine de toutes les églises refformées, et par là de la gloire de Dieu,

Quatrième membre.

j'ai pensé devoir délibérer avec vous de ce qui vous touche. »

Un des écueils de la période, c'est l'emploi des conjonctions et des adjectifs qui en lient les différentes parties. Racine et Massillon offrent un grand nombre de périodes, où la multiplicité des accessoires, loin d'obscurcir la phrase, la rend, au contraire, plus vive et plus forte. En voici un exemple, tiré de *Mithridate :*

> Ah ! pour tenter encor de nouvelles conquêtes,
> Quand je ne verrais pas les routes toutes prêtes,
> Quand le sort ennemi m'aurait jeté plus bas,
> Vaincu, persécuté, sans secours, sans États,
> Errant de mers en mers, et moins roi que pirate,
> Conservant pour tout bien le nom de Mithridate,
> Apprenez que, suivi d'un nom si glorieux,
> Partout de l'univers j'attacherais les yeux,
> Et qu'il n'est point de rois, s'ils sont dignes de l'être,

5

Qui, sur le trône assis, n'enviassent peut-être
Au-dessus de leur gloire un naufrage élevé
Que Rome et quarante ans ont à peine achevé.

Si un poëte peut parvenir à se jouer ainsi de la complication de la phrase, en même temps que des entraves de la mesure, à plus forte raison l'orateur doit-il faire en sorte que ses plus longues périodes soient aussi claires et aussi précises que les plus simples propositions.

III. DES FIGURES DE MOTS.

Outre les qualités générales que doivent avoir chaque phrase en particulier et les phrases liées entre elles, il y a deux manières de travailler sur les mots, pour ajouter à l'effet qu'ils produisent. La première conserve leur signification naturelle, mais les emploie et les arrange d'une certaine façon, qui rend la phrase plus agréable ou plus forte ; la seconde change la signification des mots, et fait ce qu'on appelle des *tropes* (d'un mot grec qui signifie *tour* ou *changement*). De là deux espèces de figures de mots : les figures de mots proprement dites, et les figures de mots appelées *tropes* :

1. DES FIGURES DE MOTS PROPREMENT DITES.
De l'ellipse.

Quelquefois on supprime un ou plusieurs mots que la construction grammaticale aurait droit d'exiger. Cette figure est appelée *ellipse*, c'est-à-dire *suppression, retranchement*. Pour que l'ellipse soit légitime, il faut qu'elle ajoute à la force de la phrase sans nuire à la clarté, et que les mots supprimés se présentent si naturellement à l'esprit, qu'on croie les lire ou les entendre. Telle est cette phrase de Pascal :

« Le fini s'anéantit en présence de l'infini : ainsi notre esprit s'anéantit devant Dieu, ainsi notre justice devant la justice divine. » Sous-entendez : Notre justice *s'anéantit*.

Bossuet a dit, en parlant de Charles Ier : « Ceux qui ont vu de quel front il a paru dans la salle de Westminster et dans la place de Whitehall peuvent juger aisément combien il était intrépide à la tête de ses armées, combien auguste et majestueux au milieu de son palais et de sa cour. »

Il y a une ellipse dans cette phrase célèbre : « J'accepterais les offres de Darius, si j'étais Alexandre. — Et moi aussi, si j'étais Parménion. » Sous-entendu : *Je les accepterais*.

On a souvent cité ce vers de Racine comme exemple d'ellipse :

Je t'aimais inconstant, qu'aurais-je fait fidèle ?

« Un grammairien, dit Condillac, remarque que cette ellipse est trop forte ; il avoue cependant qu'on peut la pardonner à un poëte de l'âge de Racine ; mais il ne conseillerait pas à un jeune homme de hasarder un pareil tour : comme s'il fallait avoir vieilli pour oser bien écrire ! »

Nos grands écrivains ont employé l'ellipse à propos, mais avec réserve ; « car, comme l'a remarqué La Harpe, les ellipses oratoires et poétiques sont plus difficiles dans notre langue que dans celles des anciens, parce que ses procédés sont plus méthodiques, et qu'elle est, par sa nature, forcée, pour ainsi dire, à la clarté. »

Du pléonasme.

D'autres fois, au lieu de supprimer des mots rigoureusement nécessaires à la construction, on en ajoute qui paraissent superflus. Camille dit, en parlant de Rome, dans ses imprécations :

Puissé-je *de mes yeux y voir* tomber la foudre !

Bossuet a dit quelque part : « *Dormez votre sommeil,* grands de la terre. »

Cette figure, qui ajoute, comme on voit, à l'énergie de la phrase sans ajouter au sens réel, s'appelle *pléonasme,* c'est-à-dire *surabondance d'expressions.* Le *pléonasme* est naturel à la passion, parce que la passion est sujette à prodiguer les mots ; mais il faut user de cette figure avec une extrême circonspection : car elle touche au bavardage, comme l'ellipse à l'obscurité.

De l'inversion.

Changer l'ordre naturel de la syntaxe, c'est ce qu'on appelle une *inversion.* Cette figure, qui donne plus de mouvement et de vivacité à la phrase, est très-familière aux poëtes. Camille dit à son frère :

Rome, *à qui vient ton bras* d'immoler mon amant.

Au lieu de *à qui ton bras vient d'immoler,* qui serait languissant et prosaïque.

Malherbe a dit en parlant des rois qui meurent :

Et *tombent* avec eux, d'une chute commune,
    Tous ceux que la fortune
    Fit leurs adorateurs.

On trouve aussi quelques exemples de cette figure dans les prosateurs. M. de Châteaubriand, qui a souvent donné à la prose les allures de la poésie, dit dans les *Natchez* : « *Moins rapide est l'hirondelle* effleurant les ondes, *moins léger le duvet* du roseau qu'emporte un tourbillon. » Ce dernier membre de phrase offre en même temps un heureux exemple de construction elliptique.

Montaigne s'est quelquefois servi de l'inversion pour rendre sa phrase plus expressive, et attirer l'attention sur le mot principal, comme dans ce jugement sur Cicéron : « Il était bon citoyen ; mais de mollesse et de vanité ambitieuse, il en avait, sans mentir, beaucoup. »

Voyez comme l'inversion rend plus rapide et plus énergique cette phrase de Bossuet sur le grand Condé : « Aussi vifs étaient les regards, aussi vive et impétueuse était l'attaque, aussi fortes et inévitables étaient les mains du prince de Condé. »

De la répétition.

On ajoute à la force de la pensée par la *répétition* des mots destinés à l'exprimer. Ainsi Lusignan dit à Zaïre :

> Ma fille, tendre objet de mes dernières peines,
> *Songe* au moins, *songe* au sang qui coule dans tes veines :
> *C'est le sang* de vingt rois, tous chrétiens comme moi ;
> *C'est le sang* des héros, défenseurs de ma loi ;
> *C'est le sang* des martyrs...

La répétition des conjonctions contribue à agrandir la pensée, comme dans ce vers de Racine :

> Mais tout dort, *et* l'armée, *et* les vents, *et* Neptune ;

et dans ce vers d'un autre genre (c'est Boileau qui parle dans le Lutrin) :

Il terrasse lui seul *et* Guibert *et* Grasset,
Et Gorillon la basse, *et* Grandin le fausset,
Et Gervais l'agréable , *et* Guérin l'insipide ;

ou bien encore dans cette phrase de La Bruyère : « Un sot *ni* n'entre, *ni* ne sort, *ni* ne s'assied, *ni* ne se lève, *ni* ne se tait, *ni* n'est sur ses jambes comme un homme d'esprit. »

La répétition consiste aussi à rapprocher deux mots dont la racine est la même, mais dont la désinence est différente , comme dans ce vers de Racine :

Possède justement son injuste opulence ;

et dans ces vers de Boileau :

De railler un plaisant qui ne sait pas nous plaire....
Pour me tirer des pleurs, il faut que vous pleuriez.

Quelquefois, au contraire, c'est une ressemblance de terminaison, une consonnance dont on profite pour donner à la phrase une forme plus piquante ; et la graver plus sûrement dans la mémoire. Ainsi l'on a dit d'un guerrier inaccessible à la crainte comme à l'intérêt : « Il n'a voulu ni se *rendre*, ni se *vendre*. » Mais il faut user de ce genre d'ornements avec beaucoup de réserve ; car on tomberait dans les jeux de mots et dans les *concetti,* si justement reprochés aux auteurs italiens.

De la périphrase.

On remplace une expression trop simple ou trop familière par une *périphrase* ou *circonlocution*. Boileau a dit dans une de ses épîtres :

Mais aujourd'hui qu'enfin la vieillesse venue,
Sous mes faux cheveux blonds déjà toute chenue,
A jeté sur ma tête, avec ses doigts pesants,
Onze lustres complets, surchargés de trois ans...;

Ces vers élégants et harmonieux signifient qu'il a une perruque et cinquante-huit ans passés.

Voltaire a eu recours au même artifice pour exprimer cette idée, que le cardinal de Fleury a été premier ministre depuis soixante-treize jusqu'à quatrevingt-dix ans :

La Parque, de ses vilains doigts,
Marquait d'un sept suivi d'un trois
La tête froide et peu pensante
De Fleury, qui donna des lois
A notre France languissante,
Et gouverna jusqu'à nonante.

Delille a fait, dans des vers que nous allons citer, un heureux emploi de la périphrase. Il s'agissait des actions très-vulgaires de brûler le café, de le moudre, de le faire bouillir, d'en faire reposer le marc, de le verser dans la tasse et de le sucrer. Voyez comme ces détails de ménage sont relevés par d'ingénieuses périphrases. Le poëte apostrophe le café, qu'il regarde comme l'Hippocrène de la poésie moderne :

Que j'aime à préparer ton nectar précieux !
Nul n'usurpe chez moi ce soin délicieux.
Sur le réchaud brûlant moi seul tournant ta graine,
A l'or de ta couleur fais succéder l'ébène ;
Moi seul, contre la noix qu'arment ses dents de fer,
Je fais, en le broyant, crier ton fruit amer ;
Charmé de ton parfum, c'est moi seul qui dans l'onde
Infuse à mon foyer ta poussière féconde ;
Qui, tour à tour calmant, excitant tes bouillons,
Suis d'un œil attentif tes légers tourbillons.

Enfin, de ta liqueur lentement reposée
Dans le vase fumant la lie est déposée ;
Ma coupe, ton nectar, le miel américain,
Que du suc des roseaux exprima l'Africain,
Tout est prêt : du Japon l'émail reçoit tes ondes,
Et seul tu réunis les tributs des deux mondes.

La périphrase a quelquefois un but plus élevé que la description d'un objet vulgaire : elle fait connaître l'opinion de l'orateur ou de l'écrivain sur une chose qu'il ne nomme point, mais qu'il juge en l'analysant. Telle est cette phrase de Bossuet sur la *métempsycose* : « Que dirai-je de ceux qui croyaient à la transmigration des âmes, qui les faisaient rouler des cieux à la terre, et puis de la terre aux cieux, des animaux dans les hommes, et des hommes dans les animaux, de la félicité à la misère, de la misère à la félicité, sans que ces révolutions eussent jamais de terme ni d'ordre certain. »

Presque toujours l'expression simple vaut mieux qu'une circonlocution. On a critiqué avec raison ces vers de Maynard sur un père qui a perdu sa fille :

Hâte ma fin, que ta rigueur diffère ;
Je hais le monde, et n'y prétends plus rien.
Sur mon tombeau ma fille devrait faire
Ce que je fais maintenant sur le sien.

Cela veut dire qu'il *pleure* sur le tombeau de sa fille, tandis que sa fille devrait pleurer sur le sien. Le pauvre homme ferait bien mieux de le dire tout uniment ; car, comme le dit fort bien Condillac, la périphrase ne doit pas être employée pour écarter l'idée du sentiment, et pour y substituer une énigme.

De l'euphémisme.

On fait passer une idée odieuse ou désagréable sous un mot qui n'est pas précisément le mot propre, mais qui exprime la pensée en l'adoucissant : c'est l'*euphémisme*. Après l'exécution des complices de Catilina, Cicéron, rencontrant quelques-uns de leurs amis sur la place publique, leur dit : *Ils ont vécu*. C'est, dit Plutarque, une façon de parler dont usent quelquefois les Romains quand ils veulent éviter la dureté de cette rude parole : il est mort.

Les deux dernières figures dont nous venons de parler, la *périphrase* et l'*euphémisme*, pourraient être rangées au nombre des figures de pensées ; car la première substitue plusieurs idées accessoires à une idée principale ; la seconde remplace une idée repoussante par une pensée plus douce. Mais on les classe ordinairement parmi les figures de mots, parce qu'elles ont toutes deux pour objet de remplacer un mot qu'on veut éviter.

Rien ne montre mieux la puissance de la parole pour agrandir ou diminuer les objets que le trait de Simonide, cité par Aristote. On proposait au poëte de chanter une victoire olympique remportée par des mules. C'était un sujet bien peu digne d'un si grand talent. Simonide se fit longtemps prier ; mais on lui offrit une somme si considérable, qu'il finit par céder. « Salut, s'écria-t-il, filles des cavales aux pieds ailés ! » Il aurait pu tout aussi bien les appeler filles des ânes ; mais le poëte faisait ce que font ordinairement les panégyristes : il montrait le côté brillant de son sujet, et laissait le reste dans l'ombre.

2. DES FIGURES DE MOTS APPELÉES TROPES.

Nous avons déjà eu occasion de voir l'origine des tropes, en recherchant celle du langage. (Introduction, § 1er.) A cette époque où la société était à peine formée, il arriva souvent qu'au lieu de créer un mot nouveau pour exprimer une pensée nouvelle, on détourna de sa signification un mot déjà connu, pour lui en donner une qu'il n'avait pas encore. Ainsi, à la vue de la flamme pétillante autour de laquelle se chauffait toute la famille, on avait dit d'abord : *le feu brûle*; on appliqua ensuite le mot *brûler* aux différentes passions qui agitaient l'âme de l'homme. On s'était servi du mot *dans* pour exprimer la relation physique de l'homme avec un lieu : on s'en servit plus tard pour exprimer l'existence morale de l'homme en rapport avec une situation quelconque de fortune ou d'esprit; et, après avoir dit : l'enfant tomba *dans* l'eau, on dit : l'homme est *dans* le bonheur, *dans* le malheur, *dans* la joie, *dans* la tristesse. Les rhéteurs ont ensuite constaté le fait, et donné le nom de *tropes* à ces mots enrichis d'un nouveau sens.

Introduits dans le langage par la nécessité, les tropes sont devenus un ornement, dont le style ne peut guère se passer. En effet, un discours d'où l'on s'obstinerait à exclure tous les mots figurés, ne produirait qu'un effet médiocre. Sans doute il faut user des tropes avec sobriété; car, trop prodigués, ils nuiraient à la clarté, et, comme dit Voltaire, ils nuiraient même à la vérité en disant plus ou moins que la chose même; mais employés avec goût, ils sont le nerf du langage. La poésie vit de ces expressions animées qui donnent un corps aux sentiments et aux pensées; l'orateur en nourrit son style; le philosophe lui-même trouve quelquefois, sans les chercher, ces mots figurés qui déguisent l'aridité de ses raisonnements. Très-souvent c'est à notre insu que nous employons les tropes : ce sont les auxiliaires naturels de nos pensées; et, comme on l'a remarqué plus d'une fois, depuis l'écrivain qui pèse les mots et les syllabes, jusqu'au pâtre qui parle au hasard en conduisant son troupeau, tous les hommes se servent plus ou moins de tropes pour colorer leur langage.

Ces expressions figurées, qu'on retrouve partout, et qui donnent au discours tant de force et d'éclat, peuvent se diviser en plusieurs classes.

De la métaphore.

L'espèce de tropes la plus usitée est la *métaphore* : c'est à elle qu'il faut particulièrement appliquer ce que nous avons dit des tropes en général. La métaphore, qu'on pourrait appeler une comparaison abrégée, est un mot employé primitivement à désigner un objet, puis appliqué à un second objet qui a du rapport avec le premier. Ainsi on dira *ce lion,* en parlant d'un guerrier intrépide; ce ministre est *la colonne de l'État,* pour dire qu'il est utile à la sûreté de l'État. L'expression métaphorique a plus de grâce et de force que l'expression simple.

Voulez-vous peindre d'un seul mot les services que Marcellus a rendus à Rome par son courage, et ceux que Fabius lui a rendus par sa prudence, dites, avec les historiens de l'antiquité, que Marcellus était l'*épée* de Rome, et que Fabius en était le *bouclier*.

Pourquoi trouvons-nous tant de charme dans ces vers de La Fontaine sur la mort du Sage?

Approche-t-il du but? quitte-t-il ce séjour?
Rien ne trouble sa fin : c'est le soir d'un beau jour.

C'est que plusieurs métaphores se succèdent les unes aux autres : d'abord *approche-t-il du but?* Cet homme, confiant dans la justice divine, ne voit dans la mort que le but de la vie : c'est là que tendent toutes ses pensées, comme la flèche va droit au but des mains de l'archer. *Quitte-t-il ce séjour?* la terre n'est pour lui qu'un séjour : il est fait pour le ciel *Rien ne trouble sa fin*; cet hémistiche nous rappelle l'idée d'une onde limpide que rien n'altère. Enfin, *c'est le soir d'un beau jour*. Quelle gracieuse et touchante image pour représenter la fin de la vie! Comme le poëte, à l'aide d'une expression figurée, a su débarrasser la mort de la tristesse qu'elle inspire! nous ne voyons plus la tombe s'ouvrir pour recevoir le Sage : c'est le soleil qui se retire d'un ciel pur, pour se ranimer bientôt à la voix du matin.

Bossuet veut-il exprimer le génie militaire du prince de Condé? Il nous montre « cette aigle qu'on voit toujours, soit qu'elle vole au milieu des airs, soit qu'elle se pose sur le haut de quelque rocher, porter de tous côtés des regards perçants, et tomber si sûrement sur sa proie, qu'on ne peut éviter ses ongles non plus que ses yeux. »

Ce qui plaît à l'imagination dans une métaphore, c'est de comparer deux choses entre elles, de découvrir le côté par lequel elles se ressemblent, et de saisir l'analogie de leurs rapports : ce léger travail est pour l'esprit un exercice qui ne le fatigue pas, et qui lui donne l'occasion de jouir de sa sagacité.

« Il faut, dit La Harpe, que la métaphore exprime un rapport unique et fondé sur la nature des choses : rien n'est plus choquant qu'une figure incohérente; on s'est moqué avec raison de ces vers de Rousseau :

Et les jeunes zéphyrs, de leurs chaudes haleines,
   Ont *fondu l'écorce* des eaux.

Il y a là deux images qui se contrarient : on ne fond pas une écorce :

« Il faut de plus que la métaphore soit nécessaire, c'est-à-dire qu'elle ait plus de force que le mot propre : sans quoi celui-ci est préférable. Elle n'est faite, dit ingénieusement Quintilien, que pour remplir une place vacante; et, quand elle chasse le terme simple , elle est obligée de valoir mieux.

« Il faut encore qu'elle soit adaptée au sujet, et qu'il n'y ait pas trop de disproportion dans les idées dont elle n'est qu'une comparaison implicite. Ainsi on a eu raison de blâmer ce vers où l'on dit, en parlant d'un cocher qui assujettit ses chevaux au frein :

Il soumet l'attelage à *l'empire* du mors.

L'idée d'empire est trop grande pour un mors de cheval. Il faut aussi se garder de tirer la métaphore d'objets bas et dégoûtants; Corneille a péché contre cette règle, lorsqu'il a dit en parlant des soldats de Pompée :

Dont plus de la moitié *piteusement* étale
Une indigne *curée* aux vautours de Pharsale.

Le mot *curée* offre une image qui dégoûte, et que rejette le style élevé. *Piteusement* n'est pas une figure, mais ne devait pas non plus entrer dans une tragédie : il ne convient pas au style soutenu.

« Enfin, quand la métaphore aurait toutes les qualités requises, il ne faut pas la prodiguer ; car alors on tombe dans l'affectation et dans la monotonie, deux mortels défauts en tout genre. » (*Cours de littérature*, t. II.)

De l'allégorie.

Quand la métaphore se prolonge, elle prend le nom d'*allégorie*. La métaphore ne tombe que sur un mot, et ne présente qu'une image ; l'allégorie développe la métaphore, et accumule les images relatives au même objet. Quelle grâce et quelle élégance dans cette allégorie, employée par La Fontaine pour exprimer les dangers et les écueils de la cour !

> Lorsque sur cette mer on vogue à pleines voiles,
> Qu'on croit avoir pour soi les vents et les étoiles,
> Il est bien malaisé de régler ses désirs :
> Le plus sage s'endort sur la foi des zéphyrs.

« La Henriade, dit La Harpe, nous offre un modèle d'allégorie soutenue pendant dix vers, sans la moindre apparence d'effort, ni le moindre défaut de justesse. Il fallait peindre Henri III, à l'instant où la Ligue commence à éclater contre lui, faisant un effort passager pour sortir de son indolence, mais démêlant mal ses intérêts, apercevant à peine ses dangers, et bientôt oubliant tout pour se plonger dans le sein des plaisirs et de la mollesse. Voilà le propre; voici le figuré :

Henri se réveilla du sein de son ivresse :
Ce bruit, cet appareil, ce danger qui le presse,
Ouvrirent un moment ses yeux appesantis ;
Mais du jour importun ses regards éblouis
Ne distinguèrent point, au fort de la tempête,
Les foudres menaçants qui grondaient sur sa tête ;
Et, bientôt fatigué d'un moment de réveil,
Las, et se rejetant dans les bras du sommeil,
Entre ses favoris et parmi les délices,
Tranquille, il s'endormit au bord des précipices.

Le tableau est achevé ; et comme toutes les couleurs en sont graduées ! comme les nuances sont bien marquées ! Cette césure qui coupe le vers à la première syllabe : *las, — et se rejetant,* c'est la faiblesse accablée qui retombe. Et, dans le dernier vers, cette césure à la troisième syllabe : *tranquille, il s'endormit,* c'est l'indolence qui s'endort. »

Aux exemples que nous venons de citer, nous ajouterons cette sublime allégorie de Bossuet :

« La vie humaine est semblable à un chemin dont l'issue est un précipice affreux. On nous en avertit dès les premiers pas, mais la loi est portée : il faut avancer toujours. Je voudrais retourner en arrière... marche, marche. Un poids invincible, une force irrésistible nous entraîne : il faut sans cesse avancer vers le précipice. Mille traverses, mille peines nous fatiguent et nous inquiètent sur la route. Encore si je pouvais éviter ce précipice affreux !... Non, non, il faut marcher, il faut courir. Telle est la rapidité des années. On se console pourtant, parce que de temps en temps on rencontre des objets qui vous divertissent, des eaux courantes, des fleurs qui passent : on voudrait s'arrêter... marche, marche. Et cependant on voit tomber derrière soi tout ce qu'on avait passé : fracas effroyable ! inévitable ruine ! On se console, parce qu'on emporte quelques fleurs cueillies en passant, qu'on voit se faner entre ses mains du matin au soir, et quelques fruits qu'on perd en les goûtant : enchantement ! illusion ! Toujours entraîné, on approche du gouffre affreux ; déjà tout commence à se ternir ; les jardins sont moins fleuris, les fleurs moins brillantes, leurs couleurs moins vives, les prairies moins riantes, les eaux moins claires ; tout pâlit, tout s'efface ; l'ombre de la mort se présente ; on commence à sentir l'approche du gouffre fatal ; mais il faut aller sur le bord ; encore un pas : déjà l'horreur trouble les sens, la tête tourne, les yeux s'égarent... il faut marcher ; on voudrait retourner en arrière ; plus de moyens : tout est évanoui, tout est tombé, tout est échappé. »

De la catachrèse.

Il y a un genre de métaphore auquel on a recours par nécessité. Quelquefois le mot propre manque pour désigner un objet, et l'on est obligé d'employer une expression figurée. Ainsi l'on dit un cheval *ferré d'argent*, une *feuille de papier*. C'est ce qu'on appelle *catachrèse* ou *abus de mots*.

De la métonymie.

On emploie le nom d'un objet pour le nom d'un autre, lorsqu'il existe un rapport tel entre les deux objets, que l'esprit aille naturellement de l'un à l'autre et soit presque disposé à les confondre. Cette figure prend le nom de *métonymie*, d'un mot grec qui signifie *changement de nom*. Il y a plusieurs espèces de *métonymies* :

1° On prend la cause pour l'effet, comme dans ce vers :

Le travail de leurs mains nourrissait leur vieillesse.

Le travail de leurs mains est là pour ce qu'ils gagnaient en travaillant.

2° On prend l'effet pour la cause, comme lorsqu'on dit, en parlant d'une montagne : *cette montagne n'a point d'ombre,* pour dire qu'elle n'a point d'arbres.

3° On met l'instrument avec lequel une chose se fait, au lieu de l'intelligence qui dirige l'instrument, comme dans ces vers de Boileau :

D'un pinceau délicat l'artifice agréable
Du plus affreux objet fait un objet aimable.

Le *pinceau* est pris pour le peintre. Ainsi l'on dit *une bonne lame,* en parlant d'un homme qui sait bien manier l'épée.

4° On se sert d'un artifice entièrement opposé au précédent, en mettant la passion qui dirige l'instrument pour l'instrument lui-même, comme dans ces vers de Corneille :

Je l'ai vu cette nuit, ce malheureux Sévère,
La vengeance à la main, l'œil ardent de colère.

5° On prend le contenant pour le contenu, comme lorsqu'on dit : *Boire le calice jusqu'à la lie,* pour la liqueur contenue dans le calice. C'est ainsi qu'on dit la *terre* pour les peuples qui la couvrent ; l'*Europe,* l'*Asie,* la *France,* pour les habitants de ces contrées. Racine fait dire à Pyrrhus :

La *Grèce* en ma faveur est trop inquiétée.

C'est encore ainsi qu'on désigne une doctrine par le nom du lieu où on la professe. On dit la *doctrine du Portique,* pour la doctrine de Zénon. Voltaire fait dire à Henri IV :

Je ne décide point entre *Genève et Rome,*

au lieu de dire : entre les opinions des calvinistes et celles des catholiques.

6° On emploie le signe pour la chose signifiée. Ainsi le *trône* ou le *sceptre* remplacent la royauté dont ils sont les signes ; la *houlette*, la vie pastorale ; la *croix*, le christianisme.

> Ah ! qu'un *sceptre* est pesant quand on entre au tombeau !
>
> Ducis.

> Aujourd'hui dans un *casque*, et demain dans un *froc*.
>
> Boileau.

7° On désigne un ouvrage par le nom de son auteur, ou un objet par le nom de celui qui le tient sous sa garde et sous sa protection : on dit tous les jours un *Homère*, un *Virgile*, pour les œuvres d'Homère et de Virgile.

> Là, près d'un *Guarini*, *Térence* tombe à terre ;
> Là, *Xénophon* dans l'air heurte contre un *Laserre*.

Dans les arts industriels, les inventions nouvelles, les produits des manufactures prennent souvent le nom de l'inventeur ou du fabricant.

On dit aussi *Saint-Pierre* de Rome, *Saint-Paul* de Londres, pour désigner les temples consacrés à ces saints.

8° On se sert, pour exprimer un sentiment, de l'organe ou de la partie du corps qui en est considérée comme le siége. Ainsi, dans Racine, Thésée dit à son fils :

> Je t'aimais, et je sens que, malgré ton offense,
> Mes *entrailles* pour toi se troublent par avance.

De la synecdoque.

Il y a un genre de trope qui consiste à faire concevoir à l'esprit plus ou moins que l'objet qu'on veut réellement exprimer. Cette figure s'appelle *synecdoque* ou *compréhension*. Il y a plusieurs espèces de synecdoques :

1° On prend une partie du tout pour le tout lui-même. Hippolyte dit à Théramène :

> Depuis plus de six mois éloigné de mon père,
> J'ignore le destin d'une *tête* si chère.

La *tête* est là pour toute la personne. Ainsi l'on dit le *toit*, le *foyer*, le *seuil* pour la maison, *cent voiles* pour cent vaisseaux, compter *seize printemps* pour seize années.

2° On prend le tout pour la partie, ce qui est fort rare, comme lorsqu'on dit un *castor* pour désigner un chapeau fait de poils de castor.

3° On prend le nom du genre pour celui de l'espèce (l'*espèce* est la subdivision du *genre*), comme lorsqu'on dit les *mortels* en parlant des hommes, l'*animal* en parlant d'une espèce particulière d'animaux. Delille dit, après avoir raconté l'histoire de Pellisson et de son araignée :

> L'*insecte* fut sensible, et l'homme fut barbare.

L'*insecte*, nom du *genre*, est mis pour l'araignée, *espèce* d'insecte.

4° On prend le nom de l'espèce pour celui du genre, comme lorsque l'on dit, en parlant du printemps : *la saison des roses*, pour la saison des fleurs. On dit qu'un homme manque de *pain*, pour dire qu'il manque des choses nécessaires à la vie.

5° On prend le singulier pour le pluriel, comme dans ces vers de Boileau :

D'empêcher que Caron dans sa fatale barque
Ainsi que le *berger* ne passe le *monarque*...

Et dans ces vers de Voltaire :

L'*Américain* farouche est un monstre sauvage,
Qui mord en frémissant le sein de l'esclavage.

6° On prend également le pluriel pour le singulier, comme dans ces vers de Boileau :

N'a-t-on pas vu cent fois les timides mortels
Trembler aux pieds d'un singe assis sur leurs autels,
Et, sur les bords du Nil, les *peuples* imbéciles,
L'encensoir à la main, chercher les crocodiles?

Les *peuples* sont là pour un peuple ; car il s'agit seulement du peuple égyptien.

7° Au lieu de nommer la chose même, on nomme la matière dont elle est faite. Le *fer* et l'*airain* se prennent pour les armes qui en sont faites. Ainsi, dans *Athalie,* Azarias dit au grand prêtre :

Oui, nous jurons ici, pour nous, pour tous nos frères,
De rétablir Joas au trône de ses pères,
De ne poser le *fer* entre nos mains remis,
Qu'après l'avoir vengé de tous ses ennemis.

Boileau dit :

L'*ivoire* trop hâté deux fois rompt sur sa tête,

pour *un peigne d'ivoire.*

8° On emploie l'abstrait pour le concret, l'invisible pour le visible, c'est-à-dire qu'au lieu d'exprimer un objet avec la qualité qui lui est propre, on énonce

cette qualité indépendamment de l'objet, comme dans
ces vers de Voltaire :

> Les vainqueurs ont parlé : l'*esclavage* en silence
> Obéit à leur voix dans cette ville immense.

L'esclavage est pour *les citoyens esclaves*. **Racine**
dit, dans *Athalie :*

> A vous faire périr *sa cruauté* s'attache,

pour *cette reine cruelle* ; et dans *Iphigénie :*

> Un roi qui , non content d'effrayer les mortels,
> A des embrasements ne borne point sa gloire ,
> Laisse aux pleurs d'une épouse attendrir *sa victoire...*

Sa victoire est pour *lui vainqueur*. On sent combien
l'expression abstraite ajoute à l'énergie ou à l'élégance
de la phrase.

C'est par le même artifice que l'on dit, en décri-
vant la beauté d'une femme : *l'ivoire de ses dents, l'al-*
bâtre de son cou, les roses de son teint, l'ebène de ses
cheveux. Il y a là métaphore, puisque l'on compare la
blancheur des dents et du cou à celle de l'ivoire et de
l'albâtre, etc. ; mais il y a aussi synecdoque, puisque
l'on considère la couleur abstractivement, c'est-à-dire
indépendamment de l'objet coloré.

9° On désigne une classe d'objets en général par le
nom propre d'un objet particulier. Ainsi, en parlant
des hommes, on dira pour désigner des ministres in-
tègres et éclairés , des *Sullys*, des *Colberts* ; un *Dé-*
mosthène, un *Bossuet*, pour désigner un grand orateur. Boileau a dit :

> *Un Auguste* aisément peut faire *des Virgiles*.....
> *Aux Saumaises* futurs préparer des tortures...

Un Auguste désigne les princes qui protégent les lettres, *des Virgiles* désignent de grands poëtes; *les Saumaises* sont mis pour les commentateurs, qui interprètent le sens des auteurs. On dit aussi, en parlant des lieux : *une vallée de Tempé, un ciel d'Italie, un soleil d'Afrique, un point de vue helvétique*, pour exprimer une fraîche vallée, un ciel pur, un climat brûlant, un paysage pittoresque.

10° Quelquefois, au contraire, au lieu d'employer le nom propre d'un objet particulier, on se sert du nom de la classe à laquelle il appartient. Ainsi, en parlant des hommes, on dit : *le héros*, au lieu d'Achille; *le vieillard*, au lieu de Mentor; *le prêtre*, au lieu de Calchas. Racine a dit, dans *Phèdre :*

Le roi, qu'on croyait mort, va paraître en ces lieux.

Le roi est pour Thésée. De même, en parlant des lieux, on dit : *le fleuve*, pour le Tibre; *la montagne sainte*, pour le mont Sinaï. Les anciens disaient : *la ville* par excellence, pour désigner Rome ou Athènes; *le poëte*, pour désigner Homère; *le grand roi*, pour désigner le roi de Perse.

III.

DES DIFFÉRENTS GENRES DE STYLE.

Les éléments du style, que nous venons de parcourir, peuvent se combiner de mille manières différentes, selon la nature du sujet qu'on traite. Ainsi l'orateur et le philosophe, le poëte et l'historien n'auront point le même genre de style, parce qu'il y a dans les objets mêmes auxquels ils s'appliquent une différence essentielle. Une autre cause agit également sur le style, c'est le caractère de l'écrivain ou de l'orateur. Chaque homme prête aux pensées qu'il exprime quelque chose de la nature qui lui est propre ; c'est en ce sens qu'il est vrai de dire avec Buffon : *le style est l'homme même.*

On peut, à l'exemple des anciens, rapporter les divers genres de style à trois principaux : le genre *simple*, le genre *tempéré* et le genre *sublime* ; comme, dans la musique, on ramène les voix diverses à trois genres principaux : le *bas*, le *medium* et le *haut*. Nous adopterons donc la division ancienne ; mais nous aurons soin de subdiviser en plusieurs espèces particulières chacun des genres dont elle se compose.

I. Genre simple.

DU STYLE SIMPLE PROPREMENT DIT.

Le style *simple* proprement dit se borne à réunir les qualités générales, indispensables dans toute espèce de composition : pur, clair, précis, il ne se permet aucun ornement, très-peu de mouvements passionnés ; et s'il est harmonieux, c'est moins pour flatter l'oreille que pour ne point la blesser. L'écrivain qui emploie le style simple ne songe qu'à rendre sa pensée ; il se sert de la parole, dit Fénelon, comme un homme modeste se sert de son habit, parce qu'il ne peut s'en passer. Fénelon lui-même peut être cité comme un modèle de style simple. Au livre dix-neuvième de Télémaque, il expose ainsi les devoirs et les dangers de la royauté :

« Hélas ! que la royauté est trompeuse ! quand on la regarde de loin, on ne voit que grandeur, éclat et délices, mais de près tout est épineux. Un particulier peut, sans déshonneur, mener une vie douce et obscure ; un roi ne peut, sans se déshonorer, préférer une vie douce et oisive aux fonctions pénibles du gouvernement. Il se doit à tous les hommes qu'il gouverne, et il ne lui est jamais permis d'être à lui-même ; ses moindres fautes sont d'une conséquence infinie, parce qu'elles causent le malheur des peuples, et quelquefois pendant plusieurs siècles ; il doit réprimer l'audace des méchants, soutenir l'innocence, dissiper la calomnie. Ce n'est point assez pour lui de ne faire aucun mal : il faut qu'il fasse tout le bien dont l'État a besoin. »

DU STYLE NAÏF.

Le style *naïf* rentre dans le précédent ; mais il en diffère en ce qu'il consiste surtout dans la simplicité des pensées, tandis que le style simple, proprement dit, consiste dans la simplicité des mots. Marmontel définit ainsi la naïveté : « C'est cette espèce d'ingénuité aimable, d'abandon et de franchise qui semble nous donner une sorte de supériorité sur la personne qui se présente à nous avec un pareil caractère ; c'est, en quelque sorte, une simplicité enfantine que nous aimons, et à laquelle il échappe des traits que nous aurions sans doute eu l'art de cacher, mais qui nous portent toujours à sourire quand nous les rencontrons dans le langage des autres. »

La Fontaine est souvent cité comme un modèle de naïveté ; voyez comme il nous représente la laitière qui, jouissant d'avance du bénéfice qu'elle croyait faire à la ville,

> Comptait déjà dans sa pensée
> Tout le prix de son lait, en employait l'argent,
> Achetait un cent d'œufs, faisait triple couvée.
> La chose allait à bien par son soin diligent :
> Il m'est, disait-elle, facile
> D'élever des poulets autour de ma maison ;

Le renard sera bien habile,
S'il ne m'en laisse assez pour avoir un cochon.
Le porc à s'engraisser coûtera peu de son;
Il était, quand je l'eus, de grosseur raisonnable;
J'aurai, le revendant, de l'argent bel et bon;
Et qui m'empêchera de mettre en notre étable,
Vu le prix dont il est, une vache et son veau
Que je verrai sauter au milieu du troupeau?
Perrette là-dessus saute aussi, transportée.
Le lait tombe : adieu veau, vache, cochon, couvée!

DU STYLE FAMILIER.

Le style *familier* est le style ordinaire de la conversation et de ce qu'on appelle les lettres *familières*; il est moins châtié que le style simple, mais il a plus d'abandon et de mouvement. Molière en offre des modèles à chaque page; il sait être *familier*, sans tomber dans l'écueil du genre, le *bas* et le *burlesque*. Nous citerons ici le discours de maître Jacques à Harpagon, qui veut absolument savoir ce qu'on dit de lui dans son quartier :

« Monsieur, puisque vous le voulez, je vous dirai franchement qu'on se moque partout de vous, qu'il n'est point de contes qu'on ne fasse de votre lésine, et qu'on nous jette de tous côtés cent brocards à votre sujet. L'un dit que vous faites imprimer des almanachs particuliers, où vous faites doubler les Quatre-Temps et les Vigiles, afin de profiter des jeûnes où vous obligez tout le monde; l'autre, que vous avez toujours une querelle toute prête à faire à vos valets dans le temps des étrennes ou de leur sortie d'avec vous, pour vous trouver une raison de ne leur donner rien; celui-là conte qu'une fois vous fîtes assigner le chat d'un de vos voisins pour vous avoir mangé un reste de gigot de mouton; celui-ci, que l'on vous surprit une nuit venant dérober vous-même l'avoine de vos chevaux, et que votre cocher, qui était celui d'avant moi, vous donna, dans l'obscurité, je ne sais combien de coups de bâton, dont vous ne voulûtes rien dire. Enfin, voulez-vous que je vous dise? On ne saurait aller nulle part où l'on ne vous entende accommoder de toutes pièces; vous êtes la fable et la risée de tout le monde; et jamais on ne parle de vous que sous les noms d'avare, de ladre, de vilain et de fesse-mathieu. »

Dans les sujets graves, la familiarité même de l'expression peut ajouter à l'énergie de la pensée. C'est ainsi que Bossuet a dit, dans son sermon sur la mort :

« Cette recrue continuelle du genre humain, je veux dire les enfants qui naissent, à mesure qu'ils croissent et qu'ils s'avancent, semblent nous pousser de l'épaule et nous dire : « Reti-« rez-vous, c'est maintenant notre tour. » Ainsi, comme nous en voyons passer d'autres devant nous, d'autres nous verront passer, qui doivent à leurs successeurs le même spectacle. O Dieu ! encore une fois, qu'est-ce que de nous ? Si je jette la vue devant moi, quel espace infini où je ne suis pas ! Si je la retourne en arrière, quelle suite effroyable où je ne suis plus ! et que j'occupe peu de place dans cet abîme immense du temps! Je ne suis rien ; un si petit intervalle n'est pas capable de me dis tinguer du néant ; on ne m'a envoyé que pour faire nombre : encore n'avait-on que faire de moi ; et la pièce n'en aurait pas été moins jouée, quand je serais demeuré derrière le théâtre. »

II. GENRE TEMPÉRÉ.

DU STYLE ÉLÉGANT.

Le style *élégant* n'est pas aussi modeste que les précédents ; dans les matières les plus graves, il ne renonce pas à plaire : coupes de phrases vives et rapides, chutes harmonieuses et variées, il emploie tout pour y parvenir, sans cependant cesser d'être fidèle au goût le plus pur et le plus délicat. Scrupuleux dans le choix des mots, il ne se contente pas toujours de l'expression propre : il n'admet, pour ainsi dire, que la fleur des mots en usage, et souvent il remplace un terme familier par une ingénieuse périphrase. Buffon est remarquable par l'élégance continue de son style. Dans le portrait suivant de l'oiseau-mouche, il a rassemblé, avec une sorte de coquetterie, ce qu'il y a de plus élégant dans notre langue.

« Les pierres et les métaux polis par notre art ne sont pas comparables à ce bijou de la nature ; elle l'a comblé de tous les dons qu'elle n'a fait que partager aux autres oiseaux : légèreté, rapidité, prestesse, grâce et riche parure, tout appartient à ce petit favori. L'émeraude, le rubis, la topaze brillent sur ses habits ; il ne les souille jamais de la poussière de la terre, et, dans sa vie tout aérienne, on le voit à peine toucher le gazon par instants : il est toujours en l'air, volant de fleurs en fleurs ; il a leur fraîcheur comme il a leur éclat ; il vit de leur nectar, et n'habite que les climats où sans cesse elles se renouvellent. »

DU STYLE FIN OU DÉLICAT.

Le style *fin* et *spirituel* montre la pensée à travers un voile, ou n'en présente qu'un côté, pour laisser au lecteur ou à l'auditeur le plaisir de deviner ce qu'on lui cache ; il emploie surtout l'allusion, la comparaison, l'antithèse, la suspension, etc. Quand la *finesse* s'applique au sentiment, elle prend le nom de *délicatesse*. Un trait délicat est une idée touchante, présentée d'une manière détournée. La finesse ne s'adresse qu'à l'esprit ; la délicatesse s'adresse en même temps à l'esprit et au cœur. Fontenelle est un modèle de finesse, Racine est un modèle de délicatesse.

Fontenelle, dans son ingénieux ouvrage sur *la pluralité des mondes*, dit, après avoir comparé la grandeur respective de la terre et de Jupiter :

« Si la terre est si petite à l'égard de Jupiter, Jupiter nous voit-il? Je crains que nous ne lui soyons inconnus : il faudrait qu'il vît la terre quatre-vingts fois plus petite que nous ne le voyons : c'est trop peu : il ne la voit point. Voici seulement ce que nous pouvons croire de meilleur pour nous. Il y aura dans Jupiter des astronomes qui, après avoir bien pris de la peine à composer des lunettes excellentes, après avoir choisi les plus belles nuits pour observer, auront enfin découvert dans les cieux une petite planète qu'il n'avaient jamais vue. D'abord le journal des savants de ce pays-là en parle; le peuple de Jupiter ou n'en entend point parler, ou n'en fait que rire; les philosophes, dont cela détruit les opinions, forment le dessein de n'en rien croire; il n'y a que les gens très-raisonnables qui en veulent bien douter. On observe encore, on revoit la petite planète; on s'assure bien que ce n'est point une vision; on commence même à soupçonner qu'elle a un mouvement autour du soleil; on trouve, au bout de mille observations, que ce mouvement est d'une année; et enfin, grâce à toutes les peines que se donnent les savants, on sait dans Jupiter que notre terre est au monde. Les curieux vont la voir au bout d'une lunette, et la vue à peine peut-elle encore l'attraper. »

Il y a une admirable *délicatesse* dans la manière dont l'Iphigénie de Racine supplie son père de l'épargner :

Ma vie est votre bien; vous voulez le reprendre :
Vos ordres sans détour pouvaient se faire entendre.
D'un œil aussi content, d'un cœur aussi soumis
Que j'acceptais l'époux que vous m'aviez promis,
Je saurai, s'il le faut, victime obéissante,
Tendre au fer de Calchas une tête innocente,
Et, respectant le coup par vous-même ordonné,
Vous rendre tout le sang que vous m'avez donné.
Si pourtant ce respect, si cette obéissance
Paraît digne à vos yeux d'une autre récompense;
Si d'une mère en pleurs vous plaignez les ennuis,
J'ose vous dire ici qu'en l'état où je suis,
Peut-être assez d'honneurs environnaient ma vie
Pour ne pas souhaiter qu'elle me fût ravie,

> Ni qu'en me l'arrachant, un sévère destin,
> Si près de ma naissance, en eût marqué la fin.

Dans la tragédie d'Euripide, Iphigénie laisse voir dans son âme la terreur que lui inspire la mort, et le regret qu'elle éprouve de quitter la vie : « Mon père, j'embrasse vos genoux ; vous voyez à vos pieds cette fille qui vous fut chère ; ne m'arrachez pas une vie que je commence à peine à goûter. Il est doux de voir la lumière du jour. Ne me précipitez pas, avant le temps, dans l'éternelle nuit... La vie est pour les mortels le premier des biens : une vie malheureuse vaut mieux que la plus belle mort. »

Ce passage, rapproché de celui de Racine, fait parfaitement voir en quoi la naïveté diffère de la délicatesse : ce que la première découvre à son insu, la seconde le cache sous un voile transparent.

Le style *spirituel*, soit qu'il s'applique aux idées, comme dans le passage de Fontenelle, soit qu'il s'applique aux sentiments, comme dans l'exemple de Racine, veut être employé à propos et ne doit jamais être prodigué. Voltaire dit que l'on consultait un jour un homme qui avait quelque connaissance du cœur humain sur une tragédie qu'on devait représenter : il répondit qu'il y avait tant d'esprit dans cette pièce qu'il doutait de son succès. En effet, les pensées fines, ingénieuses, brillantes, sont un ornement de mauvais goût quand elles remplacent le langage de la raison ou de la passion.

DU STYLE CONCIS.

Le style *concis* renferme les pensées dans le moins de mots possible. La *précision* consiste à retrancher le superflu ; la *concision* va plus loin : elle retranche même le nécessaire, et ne conserve que ce qui est strictement indispensable pour la clarté du sens. Un écrivain concis ne rejette pas les ornements, il ne dédaigne même pas les figures ; mais il s'en sert moins pour donner de la grâce à sa composition, que pour la rendre plus énergique ; jamais il ne reproduit deux fois la même pensée, et ses phrases, fortes et serrées, semblent faites pour suggérer à l'esprit du lecteur plus d'idées qu'elles n'en expriment. Ce genre de style convient surtout aux réflexions morales, aux sentences, qui se retiennent d'autant mieux qu'elles sont plus courtes. En voici quelques exemples, tirés de La Bruyère :

« Il n'y a pour l'homme que trois événements, naître, vivre et mourir : il ne se sent pas naître, il souffre à mourir, et il oublie de vivre. »

« La plupart des hommes emploient la première moitié de leur vie à rendre l'autre misérable. »

« Deux choses toutes contraires nous préviennent également, l'habitude et la nouveauté. »

La plupart des pensées de La Rochefoucauld sont exprimées avec une brièveté qui les rend plus piquantes. Telles sont ces phrases sur l'amour-propre :

« Quelque bien qu'on nous dise de nous, on ne nous apprend rien de nouveau. »

« Nous ne trouvons guère de gens de bon sens que ceux qui sont de notre avis. »

« Ce qui nous rend la vanité des autres insupportable, c'est qu'elle blesse la nôtre. »

Le portrait de Charlemagne par Montesquieu est un modèle de concision :

« Tout fut uni par la force de son génie. L'empire se maintint par la grandeur du chef. Le prince était grand : l'homme l'était davantage. Il fit d'admirables règlements ; il fit plus, il les fit exécuter. On voit dans les lois de ce prince un esprit de prévoyance qui comprend tout, et une certaine force qui entraîne tout. Les prétextes pour éluder les devoirs sont ôtés, les négligences corrigées, les abus réformés ou prévenus. Il savait punir ; il savait encore mieux pardonner. Vaste dans ses desseins, simple dans l'exécution, personne n'eut à un plus haut degré l'art de faire les grandes choses avec facilité et les difficiles avec promptitude. »

DU STYLE PÉRIODIQUE.

Le *style périodique* est le contraire du style *concis*. Au lieu de présenter chaque pensée une seule fois, il la reproduit successivement sous plusieurs formes ; au lieu de résumer, il analyse ; il procède, non par des phrases simples et coupées, mais par des phrases complexes, et par ce que nous avons défini sous le titre de *périodes*. On l'a comparé au fleuve qui se plie en longs détours, au lieu de courir à son but par un canal direct. Massillon est un modèle parfait de style périodique :

« Si tout doit finir avec nous, si l'homme ne doit rien attendre après cette vie, et que ce soit ici notre patrie, notre origine, et la seule félicité que nous pouvons nous promettre, pourquoi n'y sommes-nous pas heureux ? Si nous ne naissons que pour les plaisirs des sens, pourquoi ne peuvent-ils nous satisfaire, et laissent-ils toujours un fonds d'ennui et de tristesse dans notre cœur ? Si l'homme n'a rien au-dessus de la bête, que ne coule-t-il ses jours comme elle, sans souci, sans inquiétude, sans dégoût, sans tristesse, dans la félicité des sens et de la chair ? Si l'homme n'a point d'autre bonheur à espérer qu'un bonheur temporel, pourquoi ne le trouve-t-il nulle part sur la terre ? D'où vient que les richesses l'inquiètent, que les honneurs le fatiguent, que les plaisirs le lassent, que les sciences le confondent, et irritent sa curiosité, loin de la satisfaire ; que la réputation le gêne et l'embarrasse ; que tout cela ensemble ne peut remplir l'immensité de son cœur, et lui laisse encore quelque chose à désirer? »

III. GENRE SUBLIME.

DU STYLE MAGNIFIQUE.

Le style que les rhéteurs appellent *magnifique* et qu'il n'est pas donné à tout le monde d'atteindre, réunit plusieurs des qualités que nous venons d'énumérer : il joint à l'élégance des mots et à la richesse des images, l'harmonie des périodes et l'élévation des pensées. Avec quelle *magnificence* Bossuet expose l'intérêt et la grandeur des enseignements de l'histoire !

« Quand vous voyez passer comme en un instant devant vos yeux, je ne dis pas les rois et les empereurs, mais les grands empires qui ont fait trembler tout l'univers ; quand vous voyez les Assyriens anciens et nouveaux, les Mèdes, les Perses, les Grecs, les Romains, se présenter devant vous successivement, et tomber, pour ainsi dire, les uns sur les autres, ce fracas effroyable vous fait sentir qu'il n'y a rien de solide parmi les hommes, et que l'inconstance et l'agitation est le propre partage des choses humaines. Mais ce qui rendra ce spectacle plus utile et plus agréable, ce sera la réflexion que vous ferez nonseulement sur l'élévation et sur la chute des empires, mais encore sur les causes de leurs progrès et sur celles de leur décadence ; car le même Dieu qui a fait l'enchaînement de l'univers, et qui, tout-puissant par lui-même, a voulu, pour établir l'ordre, que les parties d'un si grand tout dépendissent les unes des autres ; ce même Dieu a voulu aussi que le cours des choses humaines eût sa suite et ses proportions : je veux dire que les hommes et les nations ont eu des qualités proportionnées à l'élévation à laquelle ils étaient destinés, et qu'à la réserve de certains coups extraordinaires où Dieu voulait que sa main parût toute seule, il n'est point arrivé de grand changement qui n'ait eu ses causes dans les siècles précédents »

DU STYLE VÉHÉMENT.

Le *style véhément* consiste moins dans les mots que dans un choix de pensées qui touchent et qui entraînent. L'*exclamation*, l'*apostrophe*, la *prosopopée*, enfin toutes les figures qui expriment le mieux la passion, et celles qui ajoutent à la puissance des mots, comme la *répétition*, la *métaphore* et les autres espèces de tropes, sont les éléments essentiels du *style véhément*. C'est ainsi que le vieil Horace défend son fils, dans la tragédie de Corneille :

> Lauriers, sacrés rameaux qu'on veut réduire en poudre.
> Vous qui mettez sa tête à couvert de la foudre,
> L'abandonnerez-vous à l'infâme couteau
> Qui fait choir les méchants sous la main d'un bourreau ?
> Romains, souffrirez-vous qu'on vous immole un homme
> Sans qui Rome aujourd'hui cesserait d'être Rome,
> Et qu'un Romain s'efforce à tacher le renom
> D'un guerrier à qui tous doivent un si beau nom ?
> Dis, Valère, dis-nous, si tu veux qu'il périsse,
> Où tu penses choisir un lieu pour son supplice ?
> Sera-ce entre ces murs que mille et mille voix
> Font résonner encor du bruit de ses exploits ?
> Sera-ce hors des murs, au milieu de ces places
> Qu'on voit fumer encor du sang des Curiaces,
> Entre leurs trois tombeaux, et dans ce champ d'honneur,
> Témoin de sa vaillance et de notre bonheur !
> Dans les murs, hors des murs, tout parle de sa gloire.

Avec quelle véhémence Rousseau rappelle au devoir un jeune insensé qui voulait se donner la mort !

« Il t'est donc permis de cesser de vivre ? Je voudrais bien savoir si tu as commencé. Quoi ! fus-tu placé sur la terre pour n'y rien faire ? Le ciel ne t'imposa-t-il point, avec la vie, une tâche pour la remplir ? Si tu as fait ta journée avant le soir, repose-toi le reste du jour, tu le peux; mais voyons ton ouvrage. Quelle réponse tiens-tu prête au Juge suprême, qui te demandera compte de ton temps ?... Malheureux ! trouve-moi ce juste qui se vante d'avoir assez vécu; que j'apprenne de lui comment il faut avoir porté la vie pour être en droit de la quitter.

. « Il te sied bien d'oser parler de mourir, tandis que tu dois l'usage de ta vie à tes semblables! Apprends qu'une mort telle que tu la médites, est honteuse et furtive; c'est un vol fait au genre humain. Avant de le quitter, rends-lui ce qu'il a fait pour toi. « Mais je ne tiens à rien... Je suis inutile au monde... » Philosophe d'un jour ! ignores-tu que tu ne saurais faire un pas sur la terre sans y trouver quelque devoir à remplir, et que tout homme est utile à l'humanité par cela seul qu'il existe ?

« Écoute-moi, jeune insensé : tu m'es cher, j'ai pitié de tes erreurs. S'il te reste au fond du cœur le moindre sentiment de vertu, viens, que je t'apprenne à aimer la vie. Chaque fois que tu seras tenté d'en sortir, dis en toi-même : « Que je fasse en- « core une bonne action avant que de mourir. » Puis va chercher quelque indigent à secourir, quelque infortuné à consoler, quelque opprimé à défendre. Si cette considération te retient aujourd'hui, elle te retiendra encore demain, après-demain, toute ta vie. Si elle ne te retient pas, meurs : tu n'es qu'un méchant. »

DU STYLE SUBLIME PROPREMENT DIT.

Le style *sublime*, proprement dit, n'est autre chose que le style simple appliqué à des pensées sublimes : « Or, les pensées sublimes, dit Longin, sont celles qui transportent notre âme au-dessus d'elle-même, en la remplissant de joie et d'admiration. »

L'idée de Dieu est la plus sublime qu'il soit donné à l'homme de concevoir, puisqu'il n'y a rien de plus opposé à la faiblesse humaine que la puissance infinie : « Au commencement, les ténèbres couvraient la face de l'abîme, et l'esprit de Dieu était porté sur les eaux. Or, Dieu dit : « Que la lumière soit, » et la lumière fut. »

Racine, inspiré de l'esprit de l'Écriture, exprime ainsi la toute-puissance de l'Éternel :

> Au seul son de sa voix, la mer fuit, le ciel tremble;
> Il voit comme un néant tout l'univers ensemble,
> Et les faibles mortels, vains jouets du trépas,
> Sont tous devant ses yeux comme s'ils n'étaient pas.

Après Dieu, ce qu'il y a au monde de plus sublime, c'est la constance de l'homme qui se roidit contre le malheur. Marius est sublime, quand il dit à l'envoyé de Sextilius : « Allez dire au proconsul que vous avez vu Marius assis sur les ruines de Carthage. » Dans la tragédie de Corneille, Médée, réduite au dernier degré de misère, ne désespère pas d'elle-même ·

> Dans un si grand malheur que vous reste-t-il? — Moi :
> Moi, dis-je, et c'est assez.

L'idée de sacrifice, de dévouement, est sublime, parce qu'elle dépasse la portée ordinaire des forces humaines. Celui-là est sublime, qui sacrifie au bien public ses affections particulières :

> Que vouliez-vous qu'il fît contre trois? — Qu'il mourût.

Pardonner à ses bourreaux, subir sans murmure un supplice injuste, est un effort extraordinaire de vertu : aussi n'y a-t-il pas un mot qui ne soit sublime dans les paroles que Platon attribue à Socrate mourant.

Un poëte contemporain s'est élevé jusqu'au sublime, en racontant le supplice des Templiers :

> On ne les voyait plus; mais leurs voix héroïques
> Chantaient de l'Éternel les sublimes cantiques :
> Plus la flamme montait, plus ce concert pieux

S'élevait avec elle, et montait vers les cieux.
Votre envoyé paraît, s'écrie... un peuple immense,
Proclamant avec lui votre auguste clémence,
Auprès de l'échafaud soudain s'est élancé...
Mais il n'était plus temps... les chants avaient cessé.

RAYNOUARD.

Nous avons recueilli plusieurs exemples de style sublime, sans nous dissimuler que la rhétorique n'inspirera jamais un trait sublime. Ici l'art est impuissant ; nous devons en convenir, et rappeler aux jeunes gens qui nous liront cette belle parole d'un écrivain du dernier siècle : *Les grandes pensées viennent du cœur.* (Vauvenargues.)

CHAPITRE V.

DE L'ACTION.

On demandait un jour à Démosthènes quelle était la première partie de l'éloquence? « C'est l'action. — Et la seconde? — L'action. — Et la troisième? — L'action, toujours l'action. » C'est que l'orateur athénien avait remarqué, au milieu des luttes de la place publique, ce que Cicéron remarqua plus tard (*de l'Orateur*, liv. III), que sans l'action, c'est-à-dire sans l'art de débiter un discours, un habile orateur pouvait tomber au dernier rang, tandis qu'avec elle un orateur médiocre pouvait vaincre les plus habiles. Démosthènes excellait lui-même dans cette partie de l'art oratoire, comme le prouve le mot célèbre de son adversaire Eschine. Celui-ci, n'ayant point payé l'amende de mille drachmes à laquelle il avait été condamné, alla s'établir à Rhodes, où il ouvrit un cours d'éloquence. Il lut un jour à ses auditeurs le discours qu'il avait prononcé contre Démosthènes : ce discours fut très-applaudi. Le lendemain, il lut celui que Démosthènes avait prononcé contre lui, et ce fut bien un autre enthousiasme. *Que serait-ce donc,* s'écria Eschine, *si vous aviez entendu rugir le monstre lui-même?*

Il y a trois choses à considérer dans l'action, 1° la mémoire, 2° la prononciation, 3° le geste.

I.

DE LA MÉMOIRE.

La première qualité nécessaire à l'orateur pour bien débiter un discours, c'est la *mémoire*, faculté naturelle que le travail féconde et fortifie. Il est d'usage, en certaines circonstances d'apparat, de lire un discours au lieu de le réciter ; mais là où il s'agit d'entraîner, de convaincre, là où l'orateur aspire aux grands effets de la parole, dans la chaire, à la tribune politique ou au barreau, cette méthode est sujette à de graves inconvénients : elle interdit à celui qui parle presque toutes les ressources de l'action ; le bras qui est occupé à tenir le discours est presque toujours immobile ; les yeux, qui doivent commenter les pensées d'une manière si expressive et si pénétrante, restent attachés sur le papier ; la voix même, quelque sonore et quelque flexible qu'elle soit, se change en une espèce de chant monotone, et perd cette variété et ce naturel qui n'appartiennent qu'à la parole libre et spontanée.

Il y a dans la vie d'un orateur romain, Antoine, aïeul du triumvir, un trait bien propre à démontrer ce que nous venons de dire. Antoine plaidait pour un certain Aquilius, qui, après avoir servi l'État dans la guerre, se déshonorait par sa conduite privée. L'orateur avait épuisé, pour le défendre, toutes les preuves qu'il avait pu recueillir ; mais il n'avait convaincu personne, et il voyait dans les yeux des juges la condamnation de l'accusé. Avant de terminer son discours, il rappelle les exploits de son client ; il transporte l'imagination de ses auditeurs sur le champ de bataille où Aquilius **a** combattu; et, comme les juges attentifs se laissent prendre à ces idées de gloire et de courage, il découvre tout à coup la poitrine du vieux guerrier, laisse voir ses nombreuses cicatrices, et achève son discours en parlant de ces blessures qu'Aquilius a reçues pour le peuple, et que le peuple présent à l'audience contemple avec admiration. Eh bien! que serait devenu ce mouvement oratoire, si Antoine avait eu l'habitude de lire ses plaidoyers? Figurez-vous l'orateur déchiffrant son manuscrit, et en même temps déshabillant son client, et, dans l'embarras que lui cause cette double occupation, prononçant ses phrases de travers, et pouvant à peine parvenir à découvrir la poitrine d'Aquilius. Cette scène, mal exécutée, excite les huées et les murmures contre l'avocat et contre l'accusé; au lieu de cris d'enthousiasme, on n'entend que des éclats de rire; les juges se souviennent de la cause qu'ils ont à juger, et le pauvre soldat, après avoir rajusté sa tunique, entend prononcer sa condamnation.

La mémoire est donc la condition nécessaire d'une *action* puissante et persuasive; mais il y a plusieurs manières de l'employer. On peut retenir un discours mot à mot, tel qu'on l'a écrit ou médité d'avance : c'est ce que font ordinairement les orateurs de la chaire. « En vain, dit l'abbé Maury, auriez-vous reçu de la nature l'heureux don de persuader et d'émouvoir; en vain auriez-vous perfectionné votre talent par l'étude des règles; en vain même écririez-vous avec éloquence : vous ne seriez jamais en public un orateur vraiment éloquent, si vous étiez souvent interrompu dans le débit de vos discours par les infidélités ou les hésitations de votre mémoire. » On demandait à Massillon quel était son meilleur sermon : *C'est,* répondit-il, *celui que je sais le mieux.*

C'est un travail purement mécanique que d'apprendre littéralement un discours, depuis le premier mot jusqu'au dernier. Il peut y avoir du danger à contracter cette habitude ; car si la mémoire vient à faillir une fois, le fil de votre discours est rompu, et votre esprit, occupé à courir après les mots, est incapable de combiner de nouvelles idées pour suppléer à celles qui vous manquent. Le seul remède alors, ce serait d'avoir un souffleur derrière soi, ou de tenir en réserve son manuscrit pour le déployer au besoin. Il vaut donc mieux apprendre en raisonnant, et retenir non pas tant les mots que les idées dont ils sont l'expression, et surtout les rapports qui unissent ces idées entre elles, afin que, si les phrases préparées vous échappent, vous puissiez sur-le-champ en trouver d'autres, et refaire en quelque sorte le discours en même temps que vous le prononcez.

Il y a d'ailleurs telle circonstance qui peut vous forcer à modifier les paroles que vous aurez méditées. Dans une assemblée politique, les orateurs qui vous précèdent peuvent démolir un à un tous vos arguments, si bien que votre discours entier soit réfuté avant que vous ayez seulement ouvert la bouche. Au barreau, comment prévoir ce que vous aurez à dire dans une réplique ? La mémoire doit s'attacher surtout au fond même du sujet, aux développements qu'il comporte et aux circonstances qui en dérivent. Elle doit aussi suivre pas à pas la marche de la discussion, et en retenir fidèlement tous les incidents, de sorte que vous puissiez modifier sans cesse vos arguments, jusqu'au moment où vous prendrez la parole. Alors les mots se présenteront d'autant plus facilement, que vous vous en serez moins occupé ; car ils sont toujours aux ordres de l'orateur qui est convaincu et pénétré de son sujet. La plus belle application possible de la mémoire, c'est l'*improvisation*.

II.

DE LA PRONONCIATION.

C'est la nature qui fait l'instrument de l'orateur, la voix, par le moyen de laquelle il pénètre dans le cœur de ses semblables, et leur communique ses émotions. Mais, comme toutes les facultés humaines, la voix peut être perfectionnée par le travail. On sait avec quelle constance Démosthènes sut former la sienne, et la rendit capable de lutter contre les orages populaires.

La prononciation doit être claire et distincte : c'est-à-dire qu'il faut faire entendre distinctement toutes les syllabes de chaque mot, et les prononcer suivant leur véritable quantité, sans cependant y mettre aucune affectation ; car, en cette matière comme dans toutes les autres, l'affectation est aussi désagréable que la négligence. Il faut éviter surtout les *accents* provinciaux, qui sont autant d'altérations de la véritable prononciation française.

La seconde qualité que doit avoir la prononciation, c'est d'être bien réglée, c'est-à-dire qu'elle ne doit être ni trop haute, ni trop basse, ni trop rapide, ni trop lente ; elle doit être, selon le précepte de Quintilien, rapide sans précipitation, modérée sans lenteur. Voilà pourquoi Caïus Gracchus, lorsqu'il parlait en public, faisait cacher derrière lui un musicien habile, tenant une flûte d'ivoire. Celui-ci était attentif à donner le ton à l'orateur, de manière à le presser lorsqu'il se ralentissait, et à le ramener lorsqu'il s'abandonnait avec trop de violence. Cet accompagnement de flûte, qui travestit l'orateur en chanteur public, nous paraît quelque chose d'assez étrange; et nous dirons, avec Cicéron, qu'il faut laisser le joueur de flûte au logis, et apporter à la tribune un sentiment intérieur de l'harmonie qui vous empêche de sortir des bornes prescrites.

Enfin, il faut que la prononciation soit d'accord avec l'objet que l'on traite, avec le sentiment que l'on exprime. « Chaque passion, chaque affection a son expression naturelle, sa physionomie, son accent. Les sons de la voix répondent, comme les cordes d'un instrument, à la passion qui les touche et les met en mouvement. Il y a un ton, un accent pour la colère, et cet accent doit être vif, prompt et coupé; il y en a un autre pour la douleur et la plainte, il est touchant, égal, mêlé de quelques interruptions, accompagné de gémissements; un autre encore pour la crainte, humble, hésitant, bas et faible; le ton de la violence est pressant, véhément, menaçant, impétueux; l'accent du plaisir est doux, tendre, plein d'abandon; le chagrin qui ne cherche point à inspirer la pitié, prend un ton grave, sombre, uniforme. » (Cicéron, *de l'Orateur,* liv. III.)

En donnant à chaque passion le ton qui lui est propre, il faut savoir s'arrêter à certaines limites : « Même dans le tourbillon de la passion, vous devez, dit Shakspeare, garder une mesure qui en adoucisse l'effet. » (*Hamlet,* acte III.) D'ailleurs , en exagérant l'expression des sentiments naturels, en *frappant fort* au lieu de *frapper juste,* on fait soupçonner qu'on ne sent rien soi-même de ce qu'on veut communiquer aux autres; car, comme le remarque La Bruyère, l'affectation dans le langage est souvent une suite de l'indifférence.

III.

DU GESTE.

Toutes les inflexions de la voix doivent être accompagnées de gestes qui soient en rapport avec elles. Le geste comprend le jeu de la physionomie, l'expression du regard, les attitudes du corps, et les mouvements de la tête, des bras et des mains.

La physionomie est un des principaux moyens de l'action : aussi ne comprenons-nous pas bien comment les acteurs anciens pouvaient agir sur les spectateurs lorsqu'ils jouaient masqués. C'est à la physiomie d'exprimer là gaieté ou la tristesse, l'abattement ou l'orgueil, la menace ou la prière, l'enthousiasme ou l'indignation. L'expression du visage en dit souvent plus que le discours le plus éloquent. Cependant Cicéron recommande à l'orateur de ne point forcer les effets de sa physionomie : « Il ne faut pas, dit-il, la faire trop agir, la changer sans cesse ; car on risquerait de tomber dans le ridicule ou dans la difformité. »

La puissance de la physionomie réside surtout dans les yeux : ce sont les yeux qui doivent être , selon le sentiment qu'on exprime , vifs , calmes , pénétrants , enflammés. Les principaux écueils à éviter sur ce point, c'est d'abord de ne pas les tenir fermés : « Mais, dit Quintilien, c'est une faute si grossière qu'elle ne vaut pas la peine d'être remarquée. » Il faut prendre garde de les laisser s'égarer d'un objet à l'autre, ou de les tenir continuellement fixés sur un seul. Théophraste disait qu'un acteur dont le regard était toujours immobile et fixe, ne produisait pas plus d'effet que s'il tournait le dos aux spectateurs en débitant son rôle.

Après la physionomie et le regard, viennent les attitudes et les mouvements du corps : « Que l'attitude de l'orateur soit noble et simple ; que sa tête soit droite et dans son assiette naturelle, à moins que, pour exprimer les différentes affections, il ne soit nécessaire de l'élever, de la tourner ou de l'incliner. » (Quintilien.) Les mouvements des bras et des mains servent à indiquer le temps, le nombre, les lieux, les personnes, etc., ou à imiter par des signes l'objet même dont on parle, ou enfin à exprimer les sentiments dont l'orateur est agité. Dans ces différentes espèces de gestes, il y a une mesure que le goût et la bienséance doivent enseigner. L'auteur d'un poëme sur le *Geste,* publié au milieu du XVIIe siècle, le P. Sanlecque, a résumé, dans les vers suivants, les principaux défauts à éviter :

Surtout n'imitez pas cet homme ridicule,
Dont le bras nonchalant fait toujours le pendule.
Au travers de vos doigts ne vous faites point voir,
Et ne nous préchez pas comme on parle au parloir.
Chez les nouveaux acteurs, c'est un geste à la mode
Que de nager au bout de chaque période.
Chez d'autres apprentis, l'on passe pour galant,

Lorsqu'on écrit en l'air, et qu'on peint en parlant.
L'un semble d'une main encenser l'assemblée ;
L'autre à ses doigts crochus paraît avoir l'onglée.
Celui-ci prend plaisir à montrer ses bras nus ;
Celui-là fait semblant de compter ses écus.
Ici , ce bras manchot jamais ne se déploie ;
Là , ces doigts écartés font une patte d'oie.
Souvent, charmé du sens dont mes discours sont pleins,
Je m'applaudis moi-même, et fais claquer mes mains.
Souvent je ne veux point que ma phrase finisse,
A moins que pour signal je ne frappe ma cuisse.
Tantôt, quand mon esprit n'imagine plus rien ,
J'enfonce mon bonnet. qui tenait déjà bien.
Quelquefois, en poussant une voix de tonnerre,
Je fais le timballier sur les bords de ma chaire.

Quand le geste est convenable et bien réglé , il
donne au discours une puissance irrésistible. Lorsque
Caïus Gracchus s'écriait, après la mort de Tibérius :
Malheureux ! où irai-je ? où trouverai-je un asile ?
Dans le Capitole ? il est teint du sang de mon frère.
Dans notre maison ? j'y verrai notre malheureuse
mère , noyée dans les larmes et expirant de douleur...
Ce n'était pas tant son éloquence et son style passionné, que ses yeux, sa voix, son geste, toute son
action enfin qui attendrissait en sa faveur : ses ennemis mêmes, dit Cicéron , ne pouvaient y tenir, et ver-
saient des pleurs.

Le geste, qui accompagne si bien l'éloquence, y
supplée quelquefois. Plusieurs personnes se rappellent
encore avoir vu Mirabeau entraîner l'Assemblée Cons-
tituante par l'éloquence de ses gestes et de son regard , autant que par la puissance de ses paroles. Un
jour, l'Assemblée était fatiguée d'une discussion longue et confuse, qui n'avait point amené de résultat.
Tout à coup, au moment où l'on allait se séparer, Mi-

rabeau , qui ce jour-là était resté silencieux sur son banc, se lève et demande la parole. Tous les regards se tournent vers lui : alors, profitant de l'attention générale qu'il a excitée, il traverse toute l'étendue de la salle, à petits pas, les yeux fixés à terre, et comme recueilli en lui-même ; il met plusieurs minutes à arriver à la tribune ; et, quand il y est parvenu, toute l'Assemblée est plongée dans un silence profond, suspendue aux lèvres de l'orateur, et convaincue de ce qu'il va dire, avant qu'il ait prononcé un seul mot.

La plupart des jeunes gens ne sont point appelés à produire ces grands effets de l'action oratoire ; mais il est bon qu'ils sachent en quoi elle consiste, quels en sont les lois et les procédés, afin de pouvoir mieux juger les orateurs qu'ils entendront. D'ailleurs, ici comme dans les autres parties de la rhétorique, on peut faire plus d'une application générale. Si les circonstances vous amènent à parler en public, il faut qu'il n'y ait, ni dans vos attitudes, ni dans votre voix, ni dans votre physionomie, rien qui puisse justement choquer le goût et les bienséances ; et même, sans sortir du cercle de la société la plus intime, vous avez encore besoin de savoir régler votre ton et vos gestes, ne fût-ce que pour une lecture à haute voix ou une conversation familière. Le meilleur conseil que l'on puisse alors vous donner, c'est d'éviter l'emphase dans le débit aussi bien que dans le style, d'être varié, et surtout d'être vrai.

DEUXIÈME PARTIE

DES EXERCICES DE RHÉTORIQUE.

CHAPITRE PREMIER.

COMMENT L'ESPRIT DES JEUNES GENS PEUT ÊTRE PRÉPARÉ A LA COMPOSITION.

On se plaint quelquefois de ce que les compositions des jeunes gens, lors même qu'elles sont correctes et harmonieuses, pèchent par la sécheresse et par le vide des idées. Les élèves eux-mêmes, quand on leur donne un sujet à traiter, prétendent souvent avoir peu de chose à dire, et ne savent où prendre des matériaux pour remplir le cadre qui leur est tracé. Nous devons convenir d'abord que les idées, étant le résultat de la mémoire, de l'expérience et de la réflexion, appartiennent surtout à un âge où l'esprit, ayant vu plus d'objets, a pu en retenir davantage, et où de sérieuses méditations ont corrigé sa légèreté naturelle. Cependant il n'y a point d'âge où il soit absolument vide et incapable de réflexion. Si quelquefois l'imagination des jeunes gens paraît frappée de stérilité, la faute en est presque toujours à leur négligence ou à leur étourderie : la plupart ne savent pas donner à leur esprit une direction convenable, fixer leur attention sur les objets qui se présentent à leurs yeux, emprunter des souvenirs utiles aux différentes connaissances qu'on leur enseigne, et se ménager longtemps d'avance des ressources intellectuelles dont ils puissent se servir dans l'occasion. Pour écrire et pour parler, la science des préceptes de la rhétorique ne suffit point : il faut avoir un fonds sur lequel on puisse bâtir; et, après avoir achevé la théorie de l'art de bien dire, au moment où nous allons indiquer les différents exercices de rhétorique propres à former les élèves, nous croyons devoir examiner comment leur esprit peut être préparé à la composition, et quelles sont les sources principales où ils doivent puiser des idées.

Les premières qui se présentent sont la lecture et la conversation. La jeunesse ne doit se livrer à la lecture qu'avec une extrême circonspection. Il en est des livres comme des amis : un petit nombre suffit ; et l'on doit s'attacher à quelques auteurs d'élite, qu'on se rend familiers, et avec lesquels on s'identifie, pour ainsi dire. Ceux qui effleurent tous les livres n'en retirent aucun fruit, et Senèque a raison de comparer leur esprit à un arbuste qui s'affaiblit pour avoir été trop souvent transplanté. Les jeunes gens ne doivent lire que des livres excellents. Qu'ils apprennent, dans les ouvrages historiques, à connaître les événements et les hommes qui les ont précédés sur la terre. Que des récits choisis, qui réunissent l'exactitude à la précision, les transportent dans des pays qu'ils ne verront peut-être jamais. Que les moralistes leur fassent connaître le monde et ses dangers, les hommes et leurs passions. Que les philosophes les plus clairs et les plus méthodiques leur révèlent quelle est leur place sur la terre, en quoi consiste la destinée humaine, sur quelles bases reposent les lois des empires, comment les États s'élèvent ou s'écroulent, quelles sont les sources de la richesse et du bonheur pour les individus, pour les nations, et pour l'humanité tout entière. Que la poésie, par ses mensonges agréables et par ses fictions instructives, délasse quelquefois leur imagination de l'austérité des philosophes et de la monotonie de l'histoire. Qu'ils étudient ces chefs-d'œuvre d'éloquence qui ont conseillé la paix ou la guerre, qui ont fait absoudre ou condamner, qui ont agité ou calmé des multitudes. Enfin qu'ils ne reculent pas devant les livres sérieux; qu'ils aient la force de sacrifier un vain plaisir à leur intérêt bien entendu; qu'ils cherchent dans la lecture, non le moyen de se débarrasser du temps, mais l'instruction de toute la vie; qu'ils se nourrissent de ces auteurs graves et utiles qui laissent dans l'âme une trace profonde, et qui ont le double mérite de former la raison et de polir le langage. Que reste-t-il d'un roman ou d'un conte frivole? un souvenir stérile et fugitif, tandis qu'une pensée de Pascal, une phrase de Fénelon, un vers de Corneille, une ligne de Montaigne vous tiendra compagnie toute une journée, et gravera pour toujours dans votre mémoire une idée juste ou un sentiment généreux, exprimé d'une manière concise, énergique ou naïve.

On pourrait donner le même conseil relativement à la conversation : elle est en général moins utile que la lecture, et ne peut guère fournir que des connaissances incomplètes et superficielles. Un homme qui devrait la plus grande partie de ses idées à la conversation, serait assez semblable à ces terrains qui paraissent solides, et sur lesquels il faut glisser sans

appuyer. Les jeunes gens doivent se garder de tou
écouter, aussi bien que de tout lire. Nombre de gens
dans le monde ressemblent à de mauvais livres :
les uns sont des romans pleins d'une sensibilité fade
et monotone ; les autres des répertoires de vieilles
anecdotes et de plaisanteries de mauvais goût ; d'autres, des libelles passionnés, des commentaires fastidieux, ou des compilations faites sans choix et sans
méthode. La jeunesse doit fermer l'oreille à toute
parole qui ne représente pas une idée, et une idée
utile et raisonnable.

Il y a un genre d'exercice qui réunit à la fois l'utilité de la lecture et le charme de la conversation,
c'est de lire non pas seul, mais avec une personne qui
soit en état de bien sentir les beautés ou les défauts
du livre, et de vous communiquer ses impressions.
« J'aime la lecture en général, dit La Rochefoucauld ;
celle où il se trouve quelque chose qui peut façonner
l'esprit et fortifier l'âme est celle que j'aime le plus.
Surtout j'ai une extrême satisfaction à lire avec une
personne d'esprit ; car de cette sorte on réfléchit à
tout moment sur ce qu'on lit, et des réflexions que
l'on fait il se forme une conversation la plus agréable
du monde et la plus utile. »

Après la lecture et la conversation, tous les objets
qui nous environnent, toutes les parties de la nature sont autant de sources où nous pouvons puiser
des idées. Chacune de ces parties exigerait, je le
sais, le sacrifice de la vie entière pour être connue
autant qu'elle peut l'être ; et l'on ne saurait demander à tous ceux qui veulent parler ou écrire avec
élégance, l'étude approfondie de la physique, de la
chimie, de l'histoire naturelle et de l'astronomie ;

mais on peut acquérir sur ces différents objets des notions élémentaires. Ces connaissances générales, que Cicéron exigeait de l'orateur, seraient utiles même à ceux qui ne parlent point en public : elles donneraient de l'intérêt et de la gravité à leur langage habituel.

Mais, sans entrer dans le domaine de la science, les beautés de la nature physique doivent animer le langage de quiconque a des yeux. Les jeunes gens qui étudient l'art d'écrire, n'ont pas besoin d'avoir suivi des cours d'astronomie, pour représenter d'une manière oratoire ou poétique « Ces grands corps de lumière qui sont suspendus sur notre tête, et qui nagent, pour ainsi dire, dans ces espaces immenses où notre raison se confond (Massillon); » « Cette lumière pure, qui, s'étendant de l'orient au couchant, dore successivement les hémisphères de ce globe (Buffon); » « Ces obscures clartés qui tombent des étoiles (Corneille); » ou « La reine des nuits, montant peu à peu dans le ciel, tantôt suivant paisiblement sa course azurée, tantôt reposant sur des groupes de nues, qui ressemblent à la cime des hautes montagnes couronnées de neige. » (Châteaubriand.)

Sans avoir étudié spécialement la botanique ou l'agriculture, les élèves peuvent décrire les arbres et les plantes qui décorent la surface de la terre. Quelques-uns d'entre eux ont peut-être accompagné leurs parents dans des voyages : qu'ils montrent que les objets n'ont point passé devant leurs yeux sans rien laisser dans leur âme, et qu'ils peignent ce qu'ils ont vu et senti dans les provinces de leur patrie ou dans des pays lointains.

En général il serait bon que les jeunes gens s'habituassent de bonne heure à peindre ce qu'ils ont vu plutôt que ce qu'ils ont lu. Ainsi, quand il y a dans une composition un phénomène de la nature à décrire, comme un orage, une journée de printemps, un coucher de soleil, une belle nuit ; au lieu de feuilleter leurs auteurs pour y trouver une description qu'ils mettront en lambeaux, ils feront bien mieux d'interroger leur mémoire et leurs sensations. Ce n'est qu'à défaut de souvenirs, qu'ils doivent s'en rapporter à leurs livres. Quand on peint ce que l'on a vu soi-même, le langage prend quelque chose de naturel et de vivant, tandis qu'à une description empruntée il manque toujours la vie et la couleur.

Les jeunes gens sont naturellement disposés à sentir les beautés de la peinture, de la sculpture, de l'architecture et de la musique. Si l'on peut, sans les distraire de leurs études, les initier aux principes des arts, ou du moins leur en faire admirer les merveilles, cette nouvelle source de connaissances et de plaisirs adoucira leur humeur et animera leur imagination.

Il serait aussi à souhaiter qu'ils allassent quelquefois, sous la conduite de leurs parents ou de leurs maîtres, visiter nos ateliers et nos manufactures, pour y observer les efforts et les résultats de l'industrie. D'abord, l'exemple du travail exercerait sur leur âme une influence salutaire ; puis, l'explication des procédés et des machines qu'on invente et qu'on perfectionne tous les jours exciterait leur curiosité, et laisserait dans leur mémoire des souvenirs dont ils pourraient enrichir leurs compositions.

Enfin, pour compléter l'ensemble des idées nécessaires à ceux qui veulent s'exercer dans l'art d'écrire, les jeunes gens ont besoin de s'observer eux-mêmes, de descendre dans l'intérieur de leur âme, d'y surprendre le secret de leur existence, d'analyser leurs facultés intellectuelles et l'origine de leurs idées, d'écouter la conscience, *cette immortelle et céleste voix, guide assuré d'un être ignorant et borné, mais intelligent et libre, ce juge infaillible du bien et du mal,* qui nous défend de nuire à nos semblables, et qui nous ordonne de contribuer au bonheur de tous par nos travaux particuliers. Il faut surtout qu'ils nourrissent leur âme de croyances religieuses : qu'ils s'élèvent jusqu'à l'idée d'un être immatériel, immuable, infini ; qu'ils méditent sur cette source éternelle de beauté, de justice, d'amour et d'intelligence ; sur cette cause suprême qui a créé la lumière, la raison des sages, l'âme des héros et le cœur des mères. Est-il une idée plus sublime et plus feconde que celle de ce Dieu caché qui échappe à nos sens, mais qui se révèle à la raison? Que, du sein de cette vie bornée, ils portent aussi leurs pensées sur les espérances d'une autre vie ; qu'ils se livrent à ces croyances si naturelles et si salutaires, qui, en dirigeant nos désirs vers un monde pur et tranquille, nous détachent des vains plaisirs comme des prétentions frivoles, et, en nous rendant meilleurs, nous rendent plus heureux même ici-bas : c'est là surtout qu'ils trouveront une source abondante de pensées et d'émotions, qui répandront un grand charme sur leurs paroles et sur leurs écrits.

CHAPITRE II.

DES DIFFÉRENTS GENRES D'EXERCICES

Quand l'esprit des élèves s'est bien pénétré des préceptes de la rhétorique, et en même temps s'est enrichi d'un assez grand nombre d'idées par la lecture, par la conversation, par l'observation extérieure et par la réflexion, il est nécessaire de les exercer à développer leurs pensées ; car il en est de l'art de bien dire comme de tous les autres : on ne le sait bien qu'après l'avoir pratiqué.

Le premier exercice qui se présente, c'est celui de la *narration*. Il faut habituer les jeunes gens à bien voir les faits, à en saisir l'ensemble et les détails, à les reproduire dans un récit clair et intéressant. Un autre exercice qui n'est pas moins important, c'est celui de la *dissertation* ou *pensée à développer*. Ce genre de travail a pour but de former les élèves à bien comprendre certaines vérités qui sont le résultat de l'expérience et de la raison, à les exprimer aussi bien qu'ils les conçoivent, et à en tirer, par le raisonnement, des conséquences rigoureuses. Enfin, quand on se sera souvent essayé à raconter et à raisonner, on pourra commencer à faire des *discours* : c'est là surtout qu'on déploiera toutes les ressources de la rhétorique, et qu'on mettra en pratique les préceptes de l'art de persuader.

Nous allons successivement exposer les règles et donner des exemples de ces trois espèces d'exercices.

I.

DE LA NARRATION.

La narration est l'exposition d'un fait, accompagné de toutes les circonstances qui en dépendent. Il ne s'agit point ici de la narration qui fait une partie essentielle du discours; mais la narration considérée comme œuvre séparée, comme constituant à elle seule une composition, est soumise à peu près aux mêmes règles que la narration oratoire.

Aussitôt que les élèves ont sous les yeux l'argument qu'ils doivent développer, le premier travail qu'ils aient à s'imposer, c'est de se recueillir en eux-mêmes et d'examiner leur sujet sous toutes ses faces : alors le fait se passera, pour ainsi dire, dans leur tête, et les développements se présenteront en foule à leur imagination. Telle matière, stérile et bornée pour un esprit léger, devient inépuisable pour celui qui réfléchit. Outre les idées que la réflexion fait naître, on peut, dans la plupart des narrations, emprunter à l'histoire des détails et des éclaircissements positifs. L'élève doit chercher, dans tous les livres qu'il a sous la main, soit la description du lieu où se passe la scène, soit le caractère du personnage principal et des personnages secondaires, soit enfin les circonstances qui ont précédé, accompagné ou suivi le fait à raconter. Une troisième ressource reste encore : c'est de se rappeler les passages des meilleurs auteurs qui se rapportent directement ou indirectement au sujet que l'on traite; on les repasse dans sa mémoire, ou bien on les relit si la mémoire ne les a pas conservés tout entiers. Le talent inspire le talent; et le contact d'un grand modèle agit, comme l'étincelle électrique, sur l'esprit du jeune écrivain.

Après ce triple travail préparatoire, quand l'élève a amassé des idées en réfléchissant et en consultant l'histoire, quand il a puisé des inspirations dans l'étude d'un modèle analogue à son sujet, il doit coordonner les différentes parties de sa narration. Ce second travail exige la plus grande attention ; car c'est de la disposition que dépendent en grande partie la clarté et l'intérêt du récit. L'ordre une fois bien déterminé, on peut prendre la plume : on s'occupe alors du style, qui doit être, selon la nature du sujet, *simple, élégant, familier, véhément,* etc.

Une bonne narration doit être :

1° *Claire.* C'est la loi suprême de toutes les paroles et de tous les écrits. Ce n'est pas la peine d'écrire ou de parler, si l'on ne veut point être compris. « La narration sera claire, dit Cicéron, si l'on emploie un style correct et précis, si l'on présente les faits dans l'ordre naturel et chronologique, enfin si l'on s'abstient des digressions et des épisodes inutiles. »

2° *Vraisemblable.* Elle sera vraisemblable, si l'on n'omet aucune circonstance réelle, et si l'on ne se permet d'en ajouter aucune qui ne soit vraie ou du moins probable. Il y a, même dans les fictions, une certaine vraisemblance dont il ne faut pas s'écarter. Ainsi, dans un sujet tiré de la fable ou de toute autre histoire merveilleuse, le merveilleux une fois admis, il faut conserver jusqu'à la fin aux personnages et aux faits la couleur qu'on leur a donnée d'abord. Dans Homère, il serait invraisemblable que Vénus se fâchât contre Pâris, ou que Minerve s'entendît avec Hélène.

3° *Complète*. Une narration ne doit rien contenir de superflu ; mais elle ne doit rien omettre de ce qui a un rapport réel avec le sujet. Quand on nous raconte quelque chose, nous voulons savoir non-seulement le fait principal, mais tous les incidents qui s'y rattachent ; nous voulons connaître le temps et le lieu où l'action s'est passée. le caractère, le langage, et quelquefois même la physionomie des personnages dont il est question ; nous voulons encore pénétrer dans leur âme, et y démêler les motifs qui les ont fait agir. Il faut que l'élève satisfasse notre curiosité sur tous ces points ; mais, en ajoutant à son récit tant de détails divers, qu'il prenne garde de tomber dans la diffusion, et qu'il soit complet sans être minutieux.

4° *Intéressante*. Une narration pourrait être claire, vraisemblable, complète, et en même temps fort ennuyeuse. Il est un art de graduer les différentes parties d'un récit, de suspendre et d'accroître l'intérêt, de réveiller l'attention par des incidents imprévus, d'ajouter aux faits des réflexions et des sentiments qui les fassent valoir, enfin d'en former un petit drame, sérieux ou plaisant, dont l'exposition soit claire, l'intrigue attachante, le dénoûment naturel, et qui nous attendrisse ou nous amuse depuis le premier mot jusqu'au dernier.

Nous distinguerons trois genres de narrations : le genre *élevé*, le genre *tempéré* et le genre *simple*. La différence des genres dépend de l'importance des faits, et de la nature des personnages que l'on met en scène.

Nous allons présenter aux élèves des modèles de narration dans les trois genres ; et, afin de bien montrer ce que le génie des auteurs a su ajouter au fond du sujet, nous ferons précéder les trois récits d'arguments qui présenteront en peu de mots l'analyse des faits développés.

I. NARRATION DANS LE GENRE ÉLEVÉ.

LA BATAILLE DE ROCROY.

Argument.

La veille de la bataille, le prince avait dormi tranquille.

Aussitôt qu'il a pris place à la tête de l'armée, il porte la terreur dans les rangs ennemis.

Cependant l'infanterie espagnole fait une vigoureuse résistance : le duc d'Enghien la met en fuite, à force de persévérance et d'intrépidité.

Au moment où la victoire paraît assurée, les Espagnols recommencent le combat avec acharnement; les Français furieux font un effroyable carnage.

Bientôt le prince calme ses soldats, et, après avoir pardonné aux vaincus, il rend grâces à Dieu de la victoire qu'il vient de remporter.

Narration.

« A la nuit qu'il fallut passer en présence des ennemis, comme un vigilant capitaine, le duc d'Enghien reposa le dernier; mais jamais il ne reposa plus paisiblement. A la veille d'un si grand jour, et dès la première bataille, il est tranquille : tant il se trouve dans son naturel! et on sait que le lendemain, à l'heure marquée, il fallut réveiller d'un profond sommeil cet autre Alexandre. Le voyez-vous comme

il vole ou à la victoire ou à la mort? Aussitôt qu'il
eut porté de rang en rang l'ardeur dont il était
animé, on le vit presque en même temps pousser
l'aile droite des ennemis, soutenir la nôtre ébranlée,
rallier les Français à demi vaincus, mettre en fuite
l'Espagnol victorieux, porter partout la terreur, et
étonner de ses regards étincelants ceux qui échappaient à ses coups.

« Restait cette redoutable infanterie de l'armée
d'Espagne, dont les gros bataillons serrés, semblables
à autant de tours, mais à des tours qui sauraient réparer leurs brèches, demeuraient inébranlables au
milieu de tout le reste en déroute, et lançaient des
feux de toutes parts. Trois fois le jeune vainqueur
s'efforça de rompre ces intrépides combattants; trois
fois il fut repoussé par le valeureux comte de Fontaines, qu'on voyait porter dans sa chaise, et, malgré
ses infirmités, montrer qu'une âme guerrière est
maîtresse du corps qu'elle anime. Mais enfin il faut
céder. C'est en vain qu'à travers les bois, avec sa ca-
valerie toute fraîche, Beck précipite sa marche pour
tomber sur nos soldats épuisés; le prince l'a prévenu;
les bataillons enfoncés demandent quartier : mais la
victoire va devenir plus terrible pour le duc d'Enghien
que le combat.

« Pendant qu'avec un air assuré il s'avance pour
recevoir la parole de ces braves gens, ceux-ci, toujours en garde, craignent la surprise de quelque
nouvelle attaque : leur effroyable décharge met les
nôtres en furie; on ne voit plus que carnage; le sang
enivre le soldat, jusqu'à ce que le grand prince, qui
ne put voir égorger ces lions comme de timides brebis, calma les courages émus, et joignit au plaisir de

vaincre celui de pardonner. Quel fut alors l'étonnement de ces vieilles troupes et de leurs braves officiers, lorsqu'ils virent qu'il n'y avait plus de salut pour eux que dans les bras du vainqueur ! De quels yeux regardèrent-ils le jeune prince dont la victoire avait relevé la haute contenance, à qui la clémence ajoutait de nouvelles grâces ! Qu'il eût encore volontiers sauvé la vie au brave comte de Fontaines ! mais il se trouva par terre, parmi ces milliers de morts dont l'Espagne sent encore la perte. Le prince fléchit le genou, et, dans le champ de bataille, il rend au Dieu des armées la gloire qu'il lui envoyait. Là, on célébra Rocroy délivré, les menaces d'un redoutable ennemi tournées à sa honte, la régence affermie, la France en repos, et un règne qui devait être si beau, commencé par un si heureux présage. » (Bossuet, *Oraison funèbre du prince de Condé.*)

Comme toutes les parties de ce récit sont heureusement disposées pour porter l'intérêt au plus haut degré ! Il semble que le héros commence le combat par la victoire : *Aussitôt qu'il eut porté de rang en rang l'ardeur dont il était animé, on le vit presque en même temps pousser l'aile droite des ennemis, soutenir la nôtre ébranlée, rallier les Français à demi vaincus, mettre en fuite l'Espagnol victorieux, porter partout la terreur, et étonner de ses regards étincelants ceux qui échappaient à ses coups.* Déjà nous croyons la bataille terminée ; mais tout à coup l'orateur, nous montrant un obstacle formidable, fait succéder la crainte à ce mouvement d'espérance : *Restait cette redoutable infanterie de l'armée d'Espagne, dont les gros bataillons serrés, semblables à autant de tours, mais à des tours qui sauraient réparer leurs brèches, demeu-*

raient inébranlables au milieu de tout le reste en dé-
route, et lançaient des feux de toutes parts. Tout ce
qu'avait fait le duc d'Enghien paraît détruit; l'Espagnol va ressaisir la victoire; nous craignons pour nos
soldats : *Trois fois le jeune vainqueur s'efforça de*
rompre ces intrépides combattants; trois fois il fut
repoussé par le valeureux comte de Fontaines. Cette
phrase, qui n'est pas ici une vaine formule poétique,
est comme le nœud du drame, et soutient l'intérêt au
plus haut point. Cependant l'événement semble se décider : *Les bataillons ennemis enfoncés demandent*
quartier. Pour cette fois, le duc d'Enghien est vainqueur, et les Français sont sauvés. Attendons : *Pen-*
dant qu'avec un air assuré le prince s'avance pour
recevoir la parole de ces braves gens, ceux-ci, tou-
jours en garde, craignent la surprise de quelque nou-
velle attaque ; leur effroyable décharge met les nôtres
en furie. Ainsi le combat recommence; et, au moment
où tout paraissait fini, nous voilà encore entre la
crainte et l'espérance : *On ne voit plus que carnage ,*
le sang enivre le soldat. Voyez comme, par cette
phrase, l'orateur redouble notre impatience, en ne
nous montrant ce qui se passe qu'à travers un nuage
de poussière et de sang. Ce n'est qu'après nous avoir
longtemps tenus en suspens, après avoir violemment
agité notre âme par des sentiments opposés, qu'il
termine nos inquiétudes, en annonçant la victoire et
la fin du combat : *Le prince calma les courages émus,*
et joignit au plaisir de vaincre celui de pardonner.

Ce qui ajoute encore à la beauté de cette narration,
c'est la simplicité énergique et majestueuse du style;
ce sont ces figures vives et naturelles : *Les bataillons*
serrés, semblables à des tours, mais à des tours qui

sauraient réparer leurs brèches. — Le sang enivre le soldat. — Ce grand prince, qui ne put voir égorger ces lions comme de timides brebis; c'est la rapidité de ces phrases : *le voyez-vous comme il vole ou à la victoire ou à la mort ? — Le prince l'a prévenu : les bataillons enfoncés demandent quartier ;* ce sont surtout les pensées et les sentiments que l'orateur tire de son âme, et mêle à son récit : *A la veille d'un si grand jour, et dès la première bataille, il est tranquille : tant il se trouve dans son naturel ! — Le valeureux comte de Fontaines, qu'on voyait porter dans sa chaise, et malgré ses infirmités, montrer qu'une âme guerrière est maîtresse du corps qu'elle anime.*

Tel est cet immortel récit où Bossuet s'est en quelque sorte montré poëte et guerrier, sans cesser d'être orateur et chrétien.

II. NARRATION DANS LE GENRE TEMPÉRÉ.

L'INCENDIE D'ANCÔNE.

Argument.

Oswald, lord Nelvil, Écossais, se rendait à Rome, pendant l'hiver de 1795, avec un gentilhomme français, nommé le comte d'Erfeuil. Ils s'arrêtèrent à Ancône, sur les bords de l'Adriatique. Tout à coup, au milieu de la nuit, un incendie éclata dans la ville. Les habitants consternés, et n'ayant point chez eux de pompes en bon état, se livraient au désespoir, au lieu de porter remède au mal.

Oswald se souvint qu'il y avait dans le port deux bâtiments anglais munis de pompes très-bien faites ; il courut chez le capitaine, monta avec lui sur le bateau pour aller chercher ces pompes, puis revint, et établit l'une en face de la première maison qui brûlait sur le port, et l'autre vis-à-vis de celle qui brûlait au milieu de la rue.

Les habitants restèrent d'abord immobiles, comprenant à peine ce que lord Nelvil voulait faire; mais bientôt ils passèrent de l'indifférence à l'enthousiasme en voyant le succès de ses efforts.

Oswald entendit, à travers la rumeur générale, des cris plus horribles que tous les autres : ils partaient du quartier des Juifs, dont on avait coutume de fermer les barrières chaque soir; l'incendie allait le dévorer. Lord Nelvil, malgré les réclamations de quelques femmes superstitieuses, envoie quatre matelots anglais briser les barrières, et sauve ainsi ces malheureux Juifs.

On apercevait encore, au haut de la ville, une maison entourée par les flammes : c'était l'hôpital des fous. Personne ne voulant risquer sa vie pour sauver des insensés, Oswald marche à grands pas vers cette maison, et, appuyant une échelle contre le mur, monte au milieu des flammes, et sauve seul six infortunés qui étaient dans l'hôpital.

La ville est frappée d'enthousiasme pour son sauveur, et le regarde comme un être surnaturel. Oswald profite d'un moment d'obscurité pour se dérober à la reconnaissance publique, et disparaît avec le comte d'Erfeuil.

Narration.

« Lord Nelvil avait fixé son départ pour Rome au lendemain, lorsqu'il entendit pendant la nuit des cris affreux dans la ville; il se hâta de sortir de son auberge pour en savoir la cause, et vit un incendie qui partait du port, et remontait de maison en maison jusqu'au haut de la ville ; les flammes se répétaient au loin dans la mer ; le vent, qui augmentait leur vivacité, agitait aussi leur image dans les flots, et les vagues soulevées réfléchissaient de mille manières les traits sanglants d'un feu sombre.

« Les habitants d'Ancône, n'ayant point chez eux de pompes en bon état, se hâtaient de porter avec leurs bras quelques secours. On entendait, à travers les cris, le bruit des chaînes des galériens, employés à sauver la ville qui leur servait de prison. Les diverses nations du Levant, que le commerce attire à Ancône, exprimaient leur effroi par la stupeur de leurs regards. Les marchands, à l'aspect de leurs magasins en flamme, perdaient entièrement la présence d'esprit. Les alarmes pour la fortune troublent autant le commun des hommes que la crainte de la mort, et n'inspirent pas cet élan de l'âme, cet enthousiasme qui fait trouver des ressources

« Les cris des matelots ont toujours quelque chose de lugubre et de prolongé, que la terreur rendait encore plus effrayant. Les mariniers, sur les bords de la mer Adriatique, sont revêtus d'une capote rouge et brune très-singulière, et du milieu de ce vêtement sortait le visage animé des Italiens, qui peignait la crainte sous mille formes. Les habitants, couchés par terre dans les rues, couvraient leur tête de leurs manteaux, comme s'ils ne leur restait plus rien à faire qu'à ne pas voir leur désastre ; d'autres se jetaient dans les flammes sans la moindre espérance d'y échapper : on voyait tour à tour une fureur et une résignation aveugle, mais nulle part le sang-froid qui double les moyens et les forces.

« Oswald se souvint qu'il y avait deux bâtiments anglais dans le port, et ces bâtiments ont à bord des pompes parfaitement bien faites : il courut chez le capitaine, et monta avec lui sur le bateau, pour aller chercher ces pompes. Les habitants qui le virent entrer dans la chaloupe, lui criaient : « Ah ! vous faites « bien, vous autres étrangers, de quitter notre malheu- « reuse ville. — Nous allons revenir, » dit Oswald. Ils ne le crurent pas. Il revint pourtant, établit l'une des pompes en face de la première maison qui brûlait sur le port, et l'autre vis-à-vis de celle qui brûlait au milieu de la rue. Le comte d'Erfeuil exposait sa vie avec insouciance, courage et gaieté : les matelots anglais et les domestiques de lord Nelvil vinrent à son aide ; car les habitants d'Ancône restaient immobiles, comprenant à peine ce que ces étrangers voulaient faire, et ne croyant pas du tout à leurs succès.

« Les cloches sonnaient de toutes parts ; les prêtres faisaient des processions ; les femmes pleuraient, en se prosternant devant quelques images de saints au coin des rues ; mais personne ne pensait aux secours naturels que Dieu a donnés à l'homme pour se défendre. Cependant, quand les habitants aperçurent les heureux effets de l'activité d'Oswald, quand ils virent que les flammes s'éteignaient, et que les maisons seraient conservées, ils passèrent de l'étonnement à l'enthousiasme ; ils se pressaient autour de lord Nelvil, et lui baisaient les mains avec un empressement si vif, qu'il était obligé d'avoir recours à la colère pour écarter de lui tout ce qui pouvait retarder la succession rapide des ordres et des mouvements nécessaires pour sauver la ville. Tout le monde s'était rangé sous son commandement, parce que, dans les

plus petites comme dans les plus grandes circonstances, dès qu'il y a du danger, le courage prend sa
place; dès que les hommes ont peur, ils cessent d'être
jaloux.

« Oswald, à travers la rumeur générale, distingua
cependant des cris plus horribles que tous les autres,
qui se faisaient entendre à l'autre extrémité de la ville.
Il demanda d'où venaient ces cris; on lui dit qu'ils
partaient du quartier des Juifs : l'officier de police
avait coutume de fermer les barrières de ce quartier le
soir, et, l'incendie gagnant de ce côté, les Juifs ne
pouvaient s'échapper. Oswald frémit à cette idée, et
demanda qu'à l'instant le quartier fût ouvert; mais
quelques femmes du peuple qui l'entendirent se jetè-
rent à ses pieds, pour le conjurer de n'en rien faire :
« Vous voyez bien, disaient-elles, ô notre bon ange !
« que c'est assurément à cause des Juifs qui sont ici
« que nous avons souffert cet incendie; ce sont eux qui
« nous portent malheur, et, si vous les mettez en liberté,
« toute l'eau de la mer n'éteindra pas les flammes. » Et
elles suppliaient Oswald de laisser brûler les Juifs,
avec autant d'éloquence et de douceur que si elles
avaient demandé un acte de clémence. Ce n'étaient
point de méchantes femmes, mais des imaginations
superstitieuses, vivement frappées par un grand
malheur. Oswald contenait à peine son indignation
en entendant ces étranges prières.

« Il envoya quatre matelots anglais avec des haches
pour briser les barrières qui retenaient ces malheureux; et ils se répandirent à l'instant dans la ville,
courant à leurs marchandises, au milieu des flammes,
avec cette avidité de fortune qui a quelque chose de
bien sombre quand elle fait braver la mort.

« Il ne restait plus qu'une maison au haut de la ville, que les flammes entouraient tellement qu'il était impossible de les éteindre, et plus impossible encore d'y pénétrer. Les habitants d'Ancône avaient montré si peu d'intérêt pour cette maison, que les matelots anglais, ne la croyant point habitée, avaient ramené leurs pompes vers le port. Oswald lui-même, étourdi par les cris de ceux qui l'entouraient et l'appelaient à leur secours, n'y avait pas fait attention. L'incendie s'était communiqué plus tard de ce côté, mais y avait fait de grands progrès. Lord Nelvil demanda si vivement quelle était cette maison, qu'un homme enfin lui répondit que c'était l'hôpital des fous. A cette idée, toute son âme fut bouleversée ; il se retourna et ne vit plus aucun de ses matelots autour de lui ; le comte d'Erfeuil n'y était pas non plus ; et c'était en vain qu'il se serait adressé aux habitants d'Ancône : ils étaient presque tous occupés à sauver ou à faire sauver leurs marchandises, et trouvaient absurde de s'exposer pour des hommes dont il n'y avait pas un qui ne fût fou sans remède : « C'est une bénédiction « du ciel, disaient-ils, pour eux et pour leurs parents, « s'ils meurent ainsi sans que ce soit la faute de per- « sonne. »

« Pendant que l'on tenait de semblables discours autour d'Oswald, il marchait à grands pas vers l'hô- pital, et la foule qui le blâmait le suivait avec un sen- timent d'enthousiasme involontaire et confus. Oswald, arrivé près de la maison, vit, à la seule fenêtre qui n'était pas entourée par les flammes, des insensés qui regardaient les progrès de l'incendie, et souriaient de ce rire déchirant qui suppose ou l'ignorance de tous les maux de la vie, ou tant de douleur au fond de

l'âme, qu'aucune forme de la mort ne peut plus épou-
vanter. Un frissonnement inexprimable s'empara d'Os
wald à ce spectacle. Il avait senti, dans le moment le
plus affreux de son désespoir, que sa raison était prête
a se troubler ; et, depuis cette époque, l'aspect de la
folie lui inspirait toujours la pitié la plus douloureuse.
Il saisit une échelle qui se trouvait près de là, il l'ap-
puie contre le mur, monte au milieu des flammes, et
entre, par la fenêtre, dans une chambre où les malheureux qui restaient à l'hôpital étaient tous réunis.

« Leur folie était assez douce pour que, dans l'intérieur de la maison, tous fussent libres, excepté un
seul, qui était enchaîné dans cette même chambre où
les flammes se faisaient jour à travers la porte, mais
n'avaient pas encore consumé le plancher. Oswald,
apparaissant au milieu de ces misérables créatures,
toutes dégradées par la maladie et la souffrance, produisit sur elles un si grand effet de surprise et d'enchantement, qu'il s'en fit obéir d'abord sans résistance. Il leur ordonna de descendre devant lui, l'un
après l'autre, par l'échelle, que les flammes pouvaient
dévorer dans un moment. Le premier de ces malheureux obéit sans proférer une parole : l'accent et la
physionomie de lord Nelvil l'avaient entièrement sub-
jugué. Un troisième voulut résister, sans se douter du
danger que lui faisait courir chaque moment de retard, et sans penser au péril auquel il exposait Oswald
en le retenant plus longtemps. Le peuple, qui sentait
toute l'horreur de cette situation, criait à lord Nelvil
de revenir, de laisser ces insensés s'en retirer comme
ils le pourraient ; mais le libérateur n'écoutait rien
avant d'avoir achevé sa généreuse entreprise.

« Sur les six malheureux qui étaient dans l'hôpital

cinq étaient déjà sauvés; il ne restait plus que le sixiè-
me, qui était enchaîné. Oswald détache ses fers et
veut lui faire prendre, pour échapper, les mêmes
moyens qu'à ses compagnons; mais c'était un pauvre
jeune homme privé tout à fait de la raison, et, se
trouvant en liberté après deux ans de chaîne, il s'é-
lançait dans la chambre avec une joie désordonnée.
Cette joie devint de la fureur, lorsque Oswald voulut
le faire sortir par la fenêtre. Lord Nelvil, voyant alors
que les flammes gagnaient de plus en plus la maison,
et qu'il était impossible de décider cet insensé à se
sauver lui-même, le saisit dans ses bras, malgré les
efforts du malheureux qui luttait contre son bienfai-
teur. Il l'emporta sans savoir où il mettait les pieds,
tant la fumée obscurcissait sa vue; il sauta les derniers échelons au hasard, et remit l'infortuné, qui
l'injuriait encore, à quelques personnes, en leur faisant promettre d'avoir soin de lui.

« Oswald, animé par le danger qu'il venait de courir, les cheveux épars, le regard fier et doux, frappa
d'admiration et presque de fanatisme la foule qui le
considérait; les femmes surtout s'exprimaient avec
cette imagination qui est un don presque universel en
Italie, et prête souvent de la noblesse aux discours
des gens du peuple. Elles se jetaient à genoux devant
lui et s'écriaient : « Vous êtes sûrement saint Michel,
« le patron de notre ville; déployez vos ailes, mais
« ne nous quittez pas; allez là-haut, sur le clocher
« de la cathédrale, pour que de là toute la ville vous
« voie et vous prie. — Mon enfant est malade, disait
« l'une, guérissez-le. — Dites-moi, disait l'autre, où
« est mon mari, qui est absent depuis plusieurs an-
« nées. » Oswald cherchait une manière de s'échap-

per. Le comte d'Erfeuil arriva et lui dit en lui serrant la main : « Cher Nelvil, il faut pourtant partager quel- « que chose avec ses amis; c'est mal fait de prendre « ainsi pour soi seul tous les périls. — Tirez-moi « d'ici, » lui dit Oswald à voix basse. Un moment d'obscurité favorisa leur fuite, et tous les deux en hâte allèrent prendre des chevaux à la poste. » (Madame de Staël, *Corinne ou l'Italie*, liv. I.)

III. NARRATION DANS LE GENRE SIMPLE.

JEANNOT ET COLIN.

Argument.

Jeannot et Colin avaient été à l'école ensemble dans la ville d'Issoire, en Auvergne : Jeannot était fils d'un marchand de mulets très-renommé; Colin avait pour père un pauvre laboureur des environs.

M. Jeannot le père, ayant acquis rapidement des biens immenses, fut bientôt marquis, sous le nom de M. de La Jeannotière, et retira son fils de l'école pour le produire dans le monde, à Paris. Le petit marquis devint orgueilleux, et Colin fut oublié.

On donna au jeune seigneur un gouverneur, homme du bel air, mais fort ignorant. D'après le vœu de la mère, confirmé par un bel esprit du jour, on ne lui enseigna ni le latin, ni la géographie, ni l'astronomie, ni l'histoire, ni la géométrie : on se contenta de lui apprendre à danser.

Recherché dans le monde pour ses talents d'agré- ment, il était sur le point d'épouser une jeune veuve de qualité, lorsque la fortune du père, ébranlée par les folles dépenses de monsieur, de madame et de leur fils, s'écroula tout à coup.

Le jeune homme se vit alors repoussé par celle qu'il allait épouser, et par tous les prétendus amis qui l'avaient aidé à dissiper la fortune de son père.

Au milieu de son désespoir, le hasard lui fit revoir Colin, son ancien ami d'enfance, qu'il avait oublié pendant sa prospérité, et qui devint son seul appui dans le malheur. Jeannot retourna dans son pays, épousa une sœur de Colin, et trouva le bonheur dans le travail et dans la médiocrité.

Narration.

« Plusieurs personnes dignes de foi ont vu Jeannot et Colin à l'école, dans la ville d'Issoire, en Auvergne. Ils étaient tous deux fort jolis pour des Auvergnats, et s'aimaient beaucoup. Jeannot était fils d'un marchand de mulets très-renommé ; Colin devait le jour à un brave laboureur des environs, qui cultivait la terre avec quatre mulets, et qui, après avoir payé la taille, le taillon, les aides et gabelles, le sou pour livre, la capitation et les vingtièmes, ne se trouvait pas puissamment riche au bout de l'année.

« Le temps de leurs études était sur le point de finir, quand un tailleur apporta à Jeannot un habit de velours à trois couleurs, avec une veste de Lyon de fort bon goût ; le tout était accompagné d'une lettre à M. de La Jeannotière. Colin admira l'habit, et ne fut point jaloux ; mais Jeannot prit un air de supériorité qui affligea Colin. Dès ce moment Jeannot n'étudia plus, se regarda au miroir, et méprisa tout le monde. Quelque temps après, un valet de chambre arrive en poste, et apporte une seconde lettre à M. le marquis de La Jeannotière : c'était un ordre de monsieur son père de faire venir monsieur son fils à Paris. Jeannot monta en chaise, en tendant la main à Colin, avec un sourire de protection assez noble. Colin sentit son néant, et pleura. Jeannot partit dans toute la pompe de sa gloire.

« Les lecteurs qui aiment à s'instruire doivent savoir que M. Jeannot, le père, avait acquis assez rapidement des biens immenses dans les affaires ; il fut bientôt M. de La Jeannotière ; et, ayant acheté un marquisat au bout de six mois, il retira de l'école M. le marquis son fils, pour le mettre à Paris dans le beau monde.

« Colin, toujours tendre, écrivit une lettre de compliments à son ancien camarade, et *lui fit ces lignes pour le congratuler.* Le petit marquis ne lui fit point de réponse : Colin en fut malade de douleur.

« Le père et la mère donnèrent d'abord un gouverneur au jeune marquis : ce gouverneur, qui était un homme du bel air, et qui ne savait rien, ne put rien enseigner à son pupille. Monsieur voulait que son fils apprît le latin, madame ne le voulait pas. Ils prirent pour arbitre un auteur qui était célèbre alors par des ouvrages agréables. Il fut prié à dîner. Le maître de la maison commença par lui dire : « Monsieur, comme vous savez le latin, et que vous êtes « un homme de la cour... — Moi ! monsieur, du latin ! « Je n'en sais pas un mot, répondit le bel esprit, et « bien m'en a pris : il est clair qu'on parle beaucoup « mieux sa langue quand on ne partage pas son application entre elle et les langues étrangères. Voyez « toutes nos dames, elles ont l'esprit plus agréable « que les hommes ; leurs lettres sont écrites avec cent « fois plus de grâce ; elles n'ont sur nous cette supériorité que parce qu'elles ne savent pas le latin.

« — Eh bien ! n'avais-je pas raison ? dit madame.
« Je veux que mon fils soit un homme d'esprit, qu'il
« réussisse dans le monde ; et vous voyez bien que, s'il
« savait le latin, il serait perdu. Joue-t-on, s'il vous
« plaît, la comédie et l'opéra en latin ? Plaide-t-on en
« latin quand on a un procès ? » Monsieur, ébloui de
ces raisons, passa condamnation, et il fut conclu que
le jeune marquis ne perdrait point son temps à connaître Cicéron, Horace et Virgile. « Mais qu'appren-
« dra-t-il donc ? car encore faut-il qu'il sache quelque
« chose ; ne pourrait-on pas lui montrer un peu de
« géographie ? — A quoi cela lui servira-t-il ? répondit
« le gouverneur. Quand monsieur le marquis ira dans
« ses terres, les postillons ne sauront-ils pas les che-
« mins ? ils ne l'égareront certainement pas. On n'a pas
« besoin d'un quart de cercle pour voyager, et l'on va
« très-commodément de Paris en Auvergne sans qu'il
« soit besoin de savoir sous quelle latitude on se trouve.

« — Vous avez raison, répliqua le père ; mais j'ai
« entendu parler d'une belle science qu'on appelle, je
« crois, l'*astronomie*. — Quelle pitié ! repartit le gou-
« verneur : se conduit-on par les astres dans ce
« monde ? et faudra-t-il que monsieur le marquis se
« tue à calculer une éclipse, quand il la trouve à point
« nommé dans l'almanach, qui lui enseigne de plus
« les fêtes mobiles, l'âge de la lune, et celui de toutes
« les princesses de l'Europe ? »

« Madame fut entièrement de l'avis du gouverneur.
Le petit marquis était au comble de la joie ; le père
était indécis. « Que faudra-t-il donc apprendre à mon
« fils ? disait-il. — A être aimable, répondit l'ami que
« l'on consultait ; et s'il sait les moyens de plaire, il
« saura tout : c'est un art qu'il apprendra chez ma-

« dame sa mère, sans que ni l'un ni l'autre se donnent
« la moindre peine. »

« Madame, à ce discours, sourit au gracieux ignorant, et lui dit : « On voit bien, monsieur, que vous
« êtes l'homme du monde le plus savant; mon fils vous
« devra toute son éducation ; je m'imagine pourtant
« qu'il ne serait pas mal qu'il sût un peu d'histoire. —
« Hélas! madame, à quoi cela est-il bon? répondit-il;
« il n'y a certainement d'agréable et d'utile que l'his-
« toire du jour. Toutes les histoires anciennes, comme
« le disait un de nos beaux esprits, ne sont que des
« fables convenues ; et pour les modernes, c'est un
« chaos qu'on ne peut débrouiller. Qu'importe à mon-
« sieur votre fils que Charlemagne ait institué les douze
« pairs de France, et que son successeur ait été bègue?

« — Rien n'est mieux dit, s'écria le gouverneur :
« on étouffe l'esprit des enfants sous un amas de con-
« naissances inutiles; mais de toutes les sciences la
« plus absurde, à mon avis, et celle qui est la plus
« capable d'anéantir toute espèce de génie, c'est la
« géométrie. Cette science ridicule a pour objet des
« surfaces, des lignes et des points qui n'existent pas
« dans la nature. On fait passer en esprit cent mille
« lignes courbes entre un cercle et une ligne droite
« qui le touche, quoique dans la réalité on n'y puisse
« pas passer un fétu. La géométrie, en vérité, n'est
« qu'une mauvaise plaisanterie. »

« Monsieur et madame n'entendaient pas trop ce
que le gouverneur voulait dire; mais ils furent entièrement de son avis.

« Un seigneur comme monsieur le marquis, conti-
« nua-t-il, ne doit pas se dessécher le cerveau dans ces
« vaines études. Si un jour il a besoin d'un géomètre

« pour lever le plan de ses terres , il les fera arpenter « pour son argent. » Enfin, après avoir examiné le fort et le faible des sciences, il fut décidé que M. le marquis apprendrait à danser.

« La nature lui avait donné un talent qui se développa bientôt avec un succès prodigieux, c'était de chanter agréablement des vaudevilles. Il fit plus, il se mit dans la tête d'en composer lui-même; mais, comme il y avait toujours dans ses vers quelques pieds de plus ou de moins qu'il ne fallait, il les faisait corriger moyennant vingt louis d'or par chanson. Madame la marquise crut alors être la mère d'un bel esprit, et donna à souper aux beaux esprits de Paris [1]. La tête du jeune homme fut bientôt renversée; il acquit l'art de parler sans s'entendre, et se perfectionna dans l'habitude de n'être propre à rien. Il dépensa beaucoup, pendant que ses parents s'épuisaient encore davantage à vivre en grands seigneurs.

« Une jeune veuve de qualité, leur voisine, qui n'avait qu'une fortune médiocre, voulut bien se résoudre à mettre en sûreté les grands biens de monsieur et de madame de La Jeannotière, en se les appropriant, et en épousant le jeune marquis. Elle l'attira chez elle, et lui fit entrevoir l'espérance d'une union prochaine. Le mariage fut proposé par un ami commun : les parents, éblouis de la splendeur de cette alliance, acceptèrent avec joie la proposition.

« Le marquis était un jour auprès de sa future épouse, lorsqu'un valet de chambre de madame la mère arrive tout effaré. « Voici bien d'autres nou-

---

[1] Le mot *bel esprit*, qui, au siècle de Louis XIV, désignait un homme d'un esprit aimable et cultivé, commençait à se prendre en mauvaise part à l'époque où Voltaire écrivait.

« velles ! dit-il ; des huissiers déménagent la maison
« de monsieur et de madame ! tout est saisi par les
« créanciers ; on parle de prise de corps, et je vais
« faire mes diligences pour être payé de mes gages.
« — Voyons un peu, dit le marquis, ce que c'est que
« cette aventure-là. — Oui, dit la veuve, allez punir
« ces coquins-là, allez vite. » Il y court, il arrive à la
maison ; son père était déjà emprisonné : tous les domestiques avaient fui chacun de leur côté, en empor-
tant tout ce qu'ils avaient pu. Sa mère était seule, sans
secours, sans consolation, noyée dans les larmes ; il
ne lui restait rien que le souvenir de sa fortune, de
ses fautes et de ses folles dépenses.

« Après que le fils eut longtemps pleuré avec la
mère ; il lui dit enfin : « Ne nous désespérons pas ; cette
« jeune veuve m'aime éperdument ; elle est plus géné-
« reuse encore que riche : je réponds d'elle, et je vais
« vous l'amener. » Il retourne donc chez elle. « Quoi !
« c'est vous, M. de La Jeannotière ! que venez-vous
« faire ici ? abandonne-t-on ainsi sa mère ? Allez chez
« cette pauvre femme, et dites-lui que je lui veux tou-
« jours du bien : j'ai besoin d'une femme de chambre,
« et, si elle n'a pas d'autre ressource, je lui donne-
« rai la préférence. »

« Le marquis stupéfait, la rage dans le cœur, alla
chercher son ancien gouverneur, déposa ses douleurs
dans son sein, et lui demanda des conseils. Celui-ci
lui proposa de se faire, comme lui, gouverneur d'enfants. « Hélas ! je ne sais rien, vous ne m'avez rien
« appris, et vous êtes la première cause de mon mal-
« heur ; » et il sanglotait en lui parlant ainsi. « Faites
« des romans, lui dit un bel esprit qui était là, c'est
« une excellente ressource à Paris. »

« Le pauvre jeune homme fut traité à peu près de même par tous les amis de sa fortune, et il apprit mieux à connaître le monde dans une demi-journée que dans tout le reste de sa vie.

« Comme il était plongé dans l'accablement du désespoir, il vit avancer une chaise roulante, à l'antique, espèce de tombereau couvert, accompagné de rideaux de cuir, suivi de quatre charrettes énormes, toutes chargées. Il y avait dans la chaise un jeune homme grossièrement vêtu; c'était un visage rond et frais, qui respirait la douceur et la gaieté; sa petite femme brune était cahotée à côté de lui. La voiture n'allait pas comme le char d'un petit-maître : le voyageur eut tout le temps de contempler le marquis immobile, abîmé dans sa douleur. « Eh! mon Dieu! « s'écria-t-il, je crois que c'est là Jeannot! » A ce nom, le marquis lève les yeux, la voiture s'arrête : « C'est « Jeannot lui-même, c'est Jeannot! » Le petit homme rebondi ne fait qu'un saut, et court embrasser son ancien camarade. Jeannot reconnut Colin; la honte et les pleurs couvrirent son visage. « Tu m'as aban- « donné, dit Colin; mais tu as beau être grand sei- « gneur, je t'aimerai toujours. » Jeannot, confus et attendri, lui conta, en sanglotant, une partie de son histoire. « Viens dans l'hôtellerie où je loge me conter « le reste, lui dit Colin; embrasse ma petite femme,et « allons dîner ensemble. »

« Ils vont tous trois à pied, suivis du bagage. « Qu'est-ce donc que tout cet attirail? vous appartient- « il?— Oui, tout est à moi et à ma femme. Nous arri- « vons du pays; je suis à la tête d'une bonne manu- « facture de fer étamé et de cuivre. J'ai épousé la fille « d'un riche négociant en ustensiles nécessaires aux

« grands et aux petits ; nous travaillons beaucoup ;
« Dieu nous bénit ; nous n'avons point changé d'état,
« nous sommes heureux ; nous aiderons notre ami
« Jeannot. Ne sois plus marquis, toutes les grandeurs
« de ce monde ne valent pas un bon ami. Tu revien-
« dras avec moi au pays ; je t'apprendrai le métier,
« il n'est pas bien difficile ; je te mettrai de part, et
« nous vivrons gaiement dans le coin de terre où nous
« sommes nés. »

« Jeannot éperdu se sentait partagé entre la douleur et la joie, la tendresse et la honte ; et il se disait
tout bas : « Tous mes amis du bel air m'ont trahi, et
« Colin, que j'ai méprisé, vient seul à mon secours !
« Quelle instruction ! » La bonté d'âme de Colin développa dans le cœur de Jeannot le germe du bon naturel, que le monde n'avait pas encore étouffé. Il sentit
qu'il ne pouvait abandonner son père et sa mère.
« Nous aurons soin de ta mère, dit Colin ; et quant à
« ton bonhomme de père, qui est en prison, j'entends
« un peu les affaires ; ses créanciers, voyant qu'il n'a
« plus rien, s'accommoderont pour peu de chose ; je me
« charge de tout. » Colin fit tant qu'il tira le père de
prison. Jeannot retourna dans sa patrie avec ses parents, qui reprirent leur première profession. Il épousa
une sœur de Colin ; laquelle, étant de même humeur
que le frère, le rendit très-heureux. Et Jeannot le père,
et Jeannotte la mère, et Jeannot le fils, virent que le
bonheur n'est pas dans la vanité. » (Voltaire, *Contes
philosophiques.*)

II.

L'exercice de la narration est très-propre à former l'imagination des jeunes gens, en leur apprenant à peindre les hommes et les choses. Mais il ne suffit pas de raconter : il faut savoir raisonner, et communiquer aux autres ses raisonnements. Ici nous entrons dans un mode d'exercice plus grave, mais aussi important que celui de la narration.

C'est un service à rendre aux élèves, que de les habituer à développer eux-mêmes des idées justes, des principes solides dont ils puissent un jour se servir, et de joindre aux narrations quelques dissertations sur les principales vérités philosophiques et morales. Qu'on leur donne, par exemple, à exposer les phénomènes physiques qui démontrent l'existence d'une cause créatrice et intelligente, la nécessité pour l'homme d'aimer et de révérer l'auteur de son être, la conscience et tous les devoirs qu'elle nous impose, la satisfaction intérieure qui récompense les bonnes actions, et le remords qui punit les mauvaises. Pour distraire les jeunes gens de ces graves sujets, et en même temps pour les habituer à traiter tous les genres, on pourrait leur faire faire aussi quelques développements sur les sciences, les arts, ou la littérature. On leur donnerait à décrire et à expliquer certains phénomènes de la nature; ou bien on leur ferait examiner si les lettres sont utiles aux mœurs et à la prospérité des empires, quels sont les temps les plus favorables aux arts, quels sont le génie et les moyens particuliers de la poésie, de l'éloquence, de la peinture, etc.

La mémoire et la réflexion leur fourniraient des matériaux pour résoudre ces questions; d'ailleurs, le maître qui les guide de son expérience, ne leur prescrirait jamais un sujet sans y ajouter les éclaircissements nécessaires. Ainsi, sans fatiguer leur intelligence par de trop hautes spéculations, on les familiariserait de bonne heure avec une foule d'idées utiles, et leur esprit s'habituerait à raisonner avec justesse, sans rien perdre de la vivacité et de la grâce naturelles à leur âge.

Une bonne dissertation doit être :

1° *Claire.* Nous n'insistons pas sur cette qualité : nous en avons déjà parlé plusieurs fois.

2° *Rigoureuse.* Il ne faut pas considérer une pensée religieuse ou morale, ou même une discussion littéraire, comme un texte que l'on puisse étendre à son gré. On doit, quand on discute, mettre un frein à son imagination, et, comme nous l'avons établi à l'article du *raisonnement* (Ire part., chap. II), déduire rigoureusement les conséquences des principes que l'on a posés.

3° *Complète.* Si une bonne discussion ne doit contenir aucun développement superflu, elle doit renfermer tout ce qui est essentiel au sujet. Pour être complet, il faut, avant d'écrire, avoir bien médité la question, l'avoir analysée avec soin, en avoir étudié chaque partie, et, après avoir exposé en bon ordre ses arguments, prévoir et réfuter d'avance les objections qu'on pourrait y faire. Mais ici, comme dans la narration, le bon sens nous avertit d'être complets sans être diffus.

4° *Animée.* Nous ne demandons pas une dissertation purement philosophique ; les arguments doivent être revêtus de formes oratoires qui les rendent non pas plus justes, mais plus entraînants, plus séduisants. « Donnez du corps aux pensées trop subtiles ; adoucissez par le sentiment la rudesse de la vérité ; abaissez tout cela jusqu'à nos sens. Nous voulons que les objets viennent se mettre sous nos yeux ; nous voulons un vrai qui nous saisisse d'abord, et qui remplisse notre âme de lumière et de chaleur. Il faut que la philosophie, quand elle veut nous plaire dans un ouvrage de goût, emprunte le coloris de l'imagination, la voix de l'harmonie, la vivacité de la passion. » (Guénard, *Discours couronné par l'Académie française en 1755.*)

Nous allons, comme pour la narration, confirmer par des exemples les principes que nous avons établis. Nous choisirons quatre dissertations, la première sur la religion, la seconde sur la morale, la troisième sur un sujet scientifique, la quatrième sur la littérature ; et nous les ferons aussi précéder d'arguments, pour montrer aux élèves comment et jusqu'à quel point on doit développer ces sortes de sujets.

I. DISSERTATION RELIGIEUSE.

LE SENTIMENT DE LA DIVINITÉ.

Argument.

Le sentiment de la Divinité peut seul donner aux peuples la force et la grandeur ; l'histoire vient à l'appui de cette assertion. Il peut seul assurer aux individus le repos et le bonheur.

Dans les sciences, dans la littérature et dans les arts, c'est la source des plus hautes idées et des inspirations les plus sublimes.

Il console le pauvre, l'exilé, et ajoute un charme inexprimable à toutes les affections de notre âme.

L'homme religieux retrouve partout le sentiment de son Dieu, dans les objets de la nature, dans les ruines des empires, mais surtout dans une action vertueuse et dans un trait de dévouement.

Dissertation.

« Avec le sentiment de la Divinité, tout est grand, noble, invincible dans la vie la plus étroite; sans lui tout est faible, déplaisant et amer au sein même des grandeurs. Ce fut lui qui donna l'empire à Sparte et à Rome, en montrant à leurs habitants vertueux et pauvres les dieux pour protecteurs et pour concitoyens. Ce fut sa destruction qui les livra riches et vicieux à l'esclavage, lorsqu'ils ne virent plus d'autres dieux dans l'univers que l'or et les voluptés. L'homme a beau s'environner des biens de la fortune : dès que ce sentiment disparaît de son cœur, l'ennui s'en empare. Si son absence se prolonge, il tombe dans la tristesse, ensuite dans une noire mélancolie, et enfin dans le désespoir. La vie humaine, avec ses pompes et ses délices, cesse de lui paraître une vie, quand elle cesse de lui paraître immortelle et divine.

« Quel que soit le désordre de nos sociétés, cet instinct céleste se plaît toujours avec les enfants des hommes. Il inspire les hommes de génie, en se montrant à eux sous les attributs éternels. Il présente au géomètre les progressions ineffables de l'infini, au musicien des harmonies ravissantes, à l'historien les ombres immortelles des hommes vertueux. Il élève un Parnasse au poëte, et un Olympe au héros. Il luit sur les jours infortunés du peuple. Il donne une patrie à des malheureux, et des regrets à ceux qui n'ont rien perdu. Il couvre nos berceaux des charmes de l'innocence, et les tombeaux de nos pères des espérances de l'immortalité. Il repose au milieu des villes tumultueuses, sur les palais des grands rois et sur les temples augustes de la religion.

« Souvent il se fixe dans des déserts, et attire sur des rochers les respects de l'univers. C'est ainsi qu'il vous a couvertes de majesté, ruines de la Grèce et de Rome, et vous aussi, mystérieuses pyramides de l'Égypte! C'est lui que nous cherchons sans cesse au milieu de nos occupations inquiètes; mais, dès qu'il se montre à nous dans quelque acte inopiné de vertu, ou dans quelqu'un de ces événements qu'on nomme des coups du ciel, ou dans quelques-unes de ces émotions sublimes, indéfinissables, qu'on appelle par excellence des traits de sentiment, son premier effet est de produire en nous un mouvement de joie très-vif, et le second de nous faire verser des larmes. Notre âme, frappée de cette lueur divine, se réjouit à la fois d'entrevoir la céleste patrie, et s'afflige d'en être exilée. » (Bernardin de Saint-Pierre, *Études de la Nature*.)

II. DISSERTATION MORALE.

L'AMOUR DE LA PATRIE.

Argument.

La Providence a inspiré à chaque homme l'amour du sol où il est né. Les habitants des pays les plus ingrats et les plus tristes semblent même plus attachés à leur patrie que ceux des contrées privilégiées. Nul homme n'est plus heureux que l'Esquimau dans son pays. On pourrait citer quelques autres exemples.

C'est surtout lorsque nous sommes éloignés de notre pays, que nous sentons le plus l'amour qui nous y attache. Plusieurs exemples confirment encore cette vérité. Ainsi Andromaque, telle que nous l'a représentée Virgile, se console en Épire, en donnant des noms troyens aux lieux de son exil.

En remontant à la source de cet instinct, on trouverait peut-être des souvenirs qui semblent de peu d'importance, des circonstances indifférentes au premier abord ; mais ces petits moyens deviennent, par la volonté de la Providence, la source des plus douces émotions et quelquefois des actions les plus héroïques.

Dissertation.

« Le plus beau, le plus moral des instincts affectés à l'homme, c'est l'amour de la patrie. Si cette loi n'était soutenue par un miracle toujours subsistant, et auquel, comme à tant d'autres, nous ne faisons aucune attention, les hommes se précipiteraient dans les zones tempérées, en laissant le reste du globe désert. On peut se figurer quelles calamités résulteraient de cette réunion du genre humain sur un seul point de la terre. Afin d'éviter ces malheurs, la Providence a, pour ainsi dire, attaché les pieds de chaque homme à son sol natal par un aimant invincible : les glaces de l'Islande et les sables embrasés de l'Afrique ne manquent point d'habitants.

« Il est même digne de remarque que, plus le sol d'un pays est ingrat, plus le climat en est rude, ou,

ce qui revient au même, plus on a souffert de persé-
cutions dans ce pays, plus il a de charmes pour nous.
Chose étrange et sublime, qu'on s'attache par le malheur, et que l'homme qui n'a perdu qu'une chaumière,
soit celui-là même qui regrette davantage le toit paternel ! La raison de ce phénomène, c'est que la pro-
digalité d'une terre trop fertile détruit, en nous enri-
chissant, la simplicité des liens naturels qui se forment
de nos besoins.

« Tout confirme la vérité de cette remarque. Un
sauvage tient plus à sa hutte qu'un prince à son palais ; et le montagnard trouve plus de charme à sa
montagne que l'habitant de la plaine à son sillon. Demandez à un berger écossais s'il voudrait changer son
sort contre le premier potentat de la terre : loin de sa
tribu chérie, il en garde le souvenir ; partout il rede-
mande ses troupeaux, ses torrents, ses nuages. Il
n'aspire qu'à manger le pain d'orge, à boire le lait de
la chèvre, à chanter dans la vallée ces ballades que
chantaient aussi ses aïeux. Il dépérit, s'il ne retourne
au lieu natal. C'est une plante de la montagne : il
faut que sa racine soit dans le rocher ; elle ne peut
prospérer, si elle n'est battue des vents et des pluies :
la terre, les abris et le soleil de la plaine la font
mourir.

« Qu'y a-t-il de plus heureux que l'Esquimau dans
son épouvantable patrie ? que lui font les fleurs de
nos climats auprès des neiges du Labrador, nos palais
auprès de son trou enfumé ? Il s'embarque au printemps avec son épouse sur quelque glace flottante,
et, entraîné par les courants, il s'avance, en pleine
mer, sur ce trône du Dieu des tempêtes....

« Ainsi, en nous attachant à la patrie, la Providence

justifie toujours ses voies, et nous avons pour notre pays mille raisons d'amour. L'Arabe n'oublie point le puits du chameau, la gazelle, et surtout le cheval, compagnon de ses courses; le Nègre se rappelle toujours sa case, son bananier, et le sentier du zèbre et de l'éléphant.

« On raconte qu'un mousse anglais avait conçu un tel attachement pour un vaisseau à bord duquel il était né, qu'il ne pouvait souffrir d'en être séparé un moment. Quand on voulait le punir, on le menaçait de l'envoyer à terre; il courait alors se cacher à fond de cale, en poussant des cris. Qu'est-ce qui avait donné à ce matelot cette tendresse pour une planche battue des vents? Certes, ce n'étaient pas des convenances purement locales et physiques. Étaient-ce quelques conformités morales entre les destinées de l'homme et celles du vaisseau? ou plutôt trouvait-il un charme à concentrer ses joies et ses peines, pour ainsi dire, dans son berceau? Le cœur aime naturellement à se resserrer; moins il se montre au dehors, moins il offre de surface aux blessures : c'est pourquoi les hommes très-sensibles, comme le sont en général les infortunés, se complaisent à habiter de petites retraites. Ce que le sentiment gagne en force, il le perd en étendue : quand la république romaine finissait au mont Aventin, ses enfants mouraient avec joie pour elle; ils cessèrent de l'aimer, lorsque ses limites atteignirent les Alpes et le Taurus.

« C'est lorsque nous sommes éloignés de notre pays, que nous sentons surtout l'instinct qui nous y attache. A défaut de réalité, on cherche à se repaître de songes; le cœur est expert en tromperies; quiconque a été nourri au sein de la femme a bu à la coupe des illusions. Tantôt c'est une cabane qu'on aura disposée comme le toit paternel; tantôt c'est un bois, un vallon, un coteau, à qui l'on fera porter quelques-unes de ces douces appellations de la patrie. Andromaque donne le nom de Simoïs à un ruisseau. Et quelle touchante vérité dans ce petit ruisseau qui retrace un grand fleuve de la terre natale! Loin des bords qui nous ont vus naître, la nature est comme diminuée, et ne nous paraît plus que l'ombre de celle que nous avons perdue.

« Si l'on nous demandait quelles sont donc ces fortes attaches par qui nous sommes enchaînés au lieu natal, nous aurions de la peine à répondre. C'est peut-être le sourire d'une mère, d'un père, d'une sœur; c'est peut-être le souvenir du vieux précepteur qui nous éleva, des jeunes compagnons de notre enfance; c'est peut-être les soins que nous avons reçus d'une nourrice, d'un domestique âgé, partie si essentielle de la maison; enfin ce sont les circonstances les plus simples, si l'on veut même les plus triviales : un chien qui aboyait la nuit dans la campagne, un rossignol qui revenait tous les ans dans le verger, le nid de l'hirondelle à la fenêtre, le clocher de l'église qu'on voyait au-dessus des arbres, l'if du cimetière, le tombeau gothique : voilà tout; mais ces petits moyens démontrent d'autant mieux la réalité d'une Providence, qu'ils ne pourraient être la source de l'amour de la patrie et des grandes vertus que cet amour fait naître, si une volonté suprême ne l'avait ordonné ainsi. » (Châteaubriand, *Génie du Christianisme.*)

III. DISSERTATION SCIENTIFIQUE.

LES ALLUVIONS.

Argument.

Les fleuves et les rivières tirent leur origine des eaux qui tombent sur le sommet des montagnes, des vapeurs qui s'y condensent, ou des neiges qui s'y liquéfient.

A la fonte des neiges, ou au moment des orages, les eaux des montagnes se précipitent avec une vitesse extraordinaire, et entraînent avec elles les débris qui couvrent les flancs des hautes vallées.

Ces débris sont d'abord émoussés et polis par le frottement; puis les plus gros sont déposés sur la plage, quand le cours du fleuve se ralentit, quand son bassin devient plus large; les plus petits sont déposés plus bas. Enfin les parcelles de limon que le cours du fleuve a entraînées jusqu'à son embouchure, s'y arrêtent, se déposent sur les côtes, et, en se joignant aux sables de la mer, forment des terrains nouveaux, que la culture rend bientôt riches et fertiles. C'est ce que les naturalistes ont appelé *alluvions*.

Dissertation.

« Les eaux qui tombent sur les crêtes et les sommets des montagnes, ou les vapeurs qui s'y condensent, ou les neiges qui s'y liquéfient, descendent par une infinité de filets le long de leurs pentes; elles en enlèvent quelques parcelles, et y tracent par leur passage des sillons légers. Bientôt ces filets se réunissent dans les creux plus marqués dont la surface des montagnes est labourée; ils s'écoulent par les vallées profondes qui en entament le pied, et vont former ainsi les rivières et les fleuves qui reportent à la mer les eaux que la mer avait données à l'atmosphère.

« A la fonte des neiges, ou lorsqu'il survient un orage, le volume de ces eaux des montagnes, subitement augmenté, se précipite avec une vitesse proportionnée aux pentes : elles vont heurter avec violence le pied de ces croupes de débris qui couvrent les flancs de toutes les hautes vallées; elles entraînent avec elles les fragments déjà arrondis qui les composent, elles les émoussent, les polissent encore par le frottement ; mais, à mesure qu'elles arrivent à des bassins plus larges où il leur est permis de s'épandre, elles jettent sur la plage les plus grosses de ces pierres qu'elles roulaient; les débris plus petits sont déposés plus bas ; et il n'arrive guère au grand canal de la rivière que les parcelles les plus menues ou le limon le plus imperceptible. Souvent même le cours de ces eaux, avant de former le grand fleuve inférieur, est obligé de traverser un lac vaste et profond, où leur limon se dépose, et d'où elles ressortent limpides. Mais les fleuves inférieurs, et tous les ruisseaux qui naissent des montagnes plus basses ou des collines, produisent aussi dans les terrains qu'ils parcourent des effets plus ou moins analogues à ceux des torrents des hautes montagnes. Lorsqu'ils sont gonflés par de grandes pluies, ils attaquent le pied des collines terreuses ou sableuses qu'ils rencontrent dans leurs cours, et en portent les débris sur les terrains bas qu'ils inondent, et que chaque inondation élève d'une quantité quelconque. Enfin, lorsque les fleuves arrivent aux grands lacs ou à la mer, et que cette rapidité qui entraînait les parcelles de limon vient à cesser tout à fait, ces parcelles se déposent aux côtés de l'embouchure; elles finissent par y former des terrains qui prolongent la côte; et, si cette côte est telle que la mer y jette de son côté du sable, et contribue à son accroissement, il se crée ainsi des provinces, des royaumes entiers, ordinairement les plus fertiles, et bientôt les plus riches du monde, si les gouvernements laissent l'industrie s'y exercer en paix. » (Cuvier, *Discours sur les révolutions de la surface du globe.*)

IV. DISSERTATION LITTÉRAIRE.

DE L'IMITATION LITTÉRAIRE AU DIX-SEPTIÈME SIÈCLE.

Argument.

L'homme naît avec l'instinct de l'imitation : tous les hommes, tous les siècles, sont disposés à imiter ceux qui les ont précédés. Les littératures modernes doivent donc porter plus ou moins le cachet de l'imitation; mais l'imitation des chefs-d'œuvre a cet avantage, qu'elle se confond avec l'image éternelle du beau et du vrai, tandis qu'il ne peut y avoir que mensonge dans l'imitation de la barbarie.

Les grands écrivains du siècle de Louis XIV étudièrent l'antiquité avec enthousiasme, mais sans idolâtrie; et, en employant les couleurs d'une autre époque et d'un autre pays, ils restèrent modernes et Français par la pensée.

Racine, Fénelon, Bossuet, Massillon, Fléchier, La Bruyère, madame de Sévigné elle-même, choisissaient parmi les Grecs ou les Romains, ceux qui avaient le plus d'analogie avec leur génie, et ils savaient être imitateurs sans cesser d'être originaux.

Dissertation.

« Nous sommes venus tard dans l'univers. Nous ne pouvons secouer le souvenir des âges qui nous ont précédés; mais parmi ces âges, les uns furent brillants d'imagination et d'enthousiasme; les autres, incultes et grossiers. Croyez-vous qu'aujourd'hui cette littérature, qui cherche des inspirations dans les ruines et les hasards de la barbarie, soit plus naïve et plus vraie que celle qui s'animait à la lumière des chefs-d'œuvre antiques? On n'échappe pas à la loi de l'imitation, en changeant l'objet imité. La barbarie elle-même est un modèle. Que l'artiste contemple l'Apollon du Belvédère ou les dieux informes de l'Inde, il reçoit une impression qui lui est étrangère; il modifie sa pensée par ses regards; il devient imitateur. Mais l'imitation des chefs-d'œuvre a cet avantage, d'élever notre esprit vers ce type idéal de grâce et de beauté, qui est la vérité dans les arts. L'imitation, ou plutôt l'émulation des chefs-d'œuvre, est un libre travail de la pensée; elle se confond avec l'image éternelle du grand et du beau; elle n'est vraie qu'en devenant une création nouvelle; et l'on peut dire, en ce sens, qu'elle disparaît et s'efface dans sa perfection même. Mais imiter la barbarie n'est qu'une œuvre matérielle qui manque de vérité sitôt qu'elle commence, et où la réflexion est un mensonge.

« Les grands écrivains du siècle de Louis XIV avaient reçu du siècle précédent l'exemple d'étudier l'antiquité; mais l'enthousiasme du goût remplaça pour eux l'idolâtrie de l'érudition. Élevés au milieu d'une civilisation qui s'épurait et s'ennoblissait chaque jour, ils ne se réfugiaient plus tout entiers dans les souvenirs et dans l'histoire des Romains, comme avaient fait autrefois quelques hommes supérieurs, lassés de la barbarie de leurs contemporains : ils étaient, au contraire, tout modernes par la pensée, tout animés des opinions, des idées de leur temps : seulement, leur imagination s'était enrichie des couleurs d'une autre époque, d'une civilisation, d'un culte, d'une vie différente des temps modernes. Ils rapportaient de ce commerce avec les Hébreux, les Grecs, les Romains, quelque chose d'étranger, une grâce libre et fière qui se mêlait à l'originalité native de l'esprit français. Les diverses couleurs des différents âges de l'antiquité dominaient en eux, suivant l'inclination particulière du génie de chacun. Racine et Fénélon ne respiraient que l'élégante pureté, la douce mélodie des plus beaux temps d'Athènes ; ils choisissaient même parmi les Grecs ; ils avaient le goût et l'âme de Virgile. Bossuet, d'un génie plus vaste et plus hardi, confondait la mâle simplicité d'Homère, la sublime ardeur des prophètes hébreux, et l'imagination véhémente de ces orateurs chrétiens du quatrième siècle, dont la voix avait retenti au milieu de la chute des empires et dans le tumulte des sociétés mourantes. Massillon était inspiré par l'élégance et la majesté de la diction romaine dans le siècle d'Auguste. Fléchier imitait l'art savant des rhéteurs antiques. La Bruyère empruntait quelque chose à l'esprit de Sénèque. Madame de Sévigné étudiait Tacite ; et cette main délicate et légère, qui savait décrire avec des expressions si vives et si durables les scandales passagers de la cour, saisissait les crayons de l'éloquence et de l'histoire pour honorer la vertu de Turenne. Quelquefois une idée perdue dans l'antiquité devenait le fondement d'un monument immortel. Bossuet avait entrevu dans saint Augustin et dans Paul Orose le plan, la suite, la vaste ordonnance de son Histoire Universelle; et, maître d'une grande idée indiquée par un siècle barbare, il la déployait à tous les yeux, avec la majesté d'une éloquence pure et sublime. Mêlant ainsi les lueurs hardies d'une civilisation irrégulière et la pompe d'une société polie, il était à la fois Démosthènes, Chrysostome, Tertullien, ou plutôt il était lui-même; et des sources fécondes où puisait son génie, rassemblant les eaux du ciel et les torrents de la montagne, il faisait jaillir un fleuve qui ne portait que son nom. » (M. Villemain, *Discours prononcé à l'ouverture du cours d'éloquence française en* 1824.)

III.

DU DISCOURS.

Le discours est le plus difficile et le plus important des exercices de rhétorique. La narration développe surtout l'imagination ; la dissertation forme le raisonnement. Le discours exerce à la fois ces deux facultés; il exige en outre le talent d'émouvoir les passions. Il présente donc, plus que tout autre exercice, l'occasion d'appliquer toutes les règles de l'art de bien dire.

Les sujets de discours qu'on donne à traiter aux jeunes gens sont ordinairement tirés de l'histoire; et en effet c'est surtout à cette source qu'on doit les puiser. Mais, pour que nos jeunes orateurs ne tombent pas dans la déclamation, il faut que l'argument soit toujours conforme à la vérité historique. Si l'on fait parler Philippe Auguste avant la bataille de Bouvines, on ne mettra pas dans sa bouche ces pompeuses paroles que plusieurs historiens modernes lui ont prêtées si mal à propos[1]. Si l'on introduit Charlemagne, on ne lui fera pas faire un discours à l'université de Paris ou aux douze pairs de France, parce que sous le règne du grand empereur l'université n'existait pas plus que la cour des pairs. Il faut conserver fidèlement aux événements et aux personnages le caractère qui leur est propre, et l'exercice du discours, loin d'habituer les élèves aux phrases vides et sonores, leur apprendra à donner une forme éloquente aux connaissances historiques qu'ils ont acquises.

Le but de l'orateur est de persuader; et pour persuader, il faut prouver, plaire et toucher. De là trois qualités indispensables à toute espèce de discours.

1° Un bon discours doit prouver quelque chose. La preuve, dit Aristote, c'est la substance même du discours : tout le reste n'est qu'accessoire. Il est certain que les phrases les plus harmonieuses et les mouvements les plus pathétiques ne peuvent suppléer aux arguments. Ce sont de riches parures qui n'ont de prix qu'autant qu'elles couvrent un corps nerveux et plein de vie. « L'orateur, dit d'Aguesseau, a rempli le premier et le plus noble de ses devoirs quand il a su éclairer, instruire, convaincre l'esprit, et présenter aux yeux de ses auditeurs une lumière si vive et si éclatante, qu'ils ne puissent s'empêcher de reconnaître à ce caractère auguste la présence de la vérité. » (D'Aguesseau, *Discours sur l'union de la philosophie et de l'éloquence.*)

---

[1] Velly et Anquetil. Voyez la première lettre de M. Augustin Thierry sur l'Histoire de France.

2° Le discours doit plaire. Il faut qu'il y ait dans les paroles de l'orateur quelque chose qui lui gagne les auditeurs et qui les dispose à la persuasion. Or, ce charme invincible, sans lequel il n'y a pas d'éloquence, vient de l'esprit même, du caractère de celui qui parle, des qualités morales qu'il possède ou qu'il paraît posséder, en un mot, de ce que les rhéteurs ont appelé les *mœurs*. Ces qualités, qui répandent sur tout le discours comme un parfum de bienséance, sont la probité, la modestie, la bienveillance, la prudence, l'amour de la liberté, de la justice, de la patrie et de l'humanité. Quand les jeunes gens ont à faire parler les grands hommes de l'antiquité ou des temps modernes, ils doivent s'attacher à faire revivre dans les paroles qu'ils leur prêtent ces hautes qualités du cœur ou de l'esprit qui ont fait jadis leur puissance, et dont l'histoire a conservé le souvenir.

Les convenances varient suivant le lieu, le temps et surtout le caractère de l'orateur. Socrate aurait peut-être sauvé sa vie, s'il eût cherché à se concilier ses juges et à réfuter ses accusateurs. Mais une telle défense eût-elle pu convenir à un tel homme? Quand Lysias, le plus célèbre orateur du temps, vint lui présenter un plaidoyer écrit d'avance, où il avait démontré l'innocence du philosophe et où il s'était efforcé de fléchir le tribunal, Socrate ne voulut point s'en servir. Ce discours lui paraissait bien fait, mais indigne de lui. Quintilien en conclut que l'éloquence n'est pas toujours l'art de persuader, puisque Socrate fut éloquent dans son apologie, et qu'il dédaigna de persuader ses juges. Mais on peut répondre à Quintilien que ce n'était point à quelques Athéniens égarés que Socrate s'adressait; peu lui importait le jugement qu'on allait rendre. Il avait fait le sacrifice de sa vie ; il ne songeait qu'à la vérité, dont il avait été l'apôtre et dont il allait être le martyr. Dans son désintéressement sublime, il planait au-dessus d'Athènes, au-dessus de la Grèce ; c'était à tous les siècles, à l'humanité entière qu'il parlait. C'étaient là les juges qu'il voulait persuader, et il les a persuadés en effet, car ils ont cassé l'arrêt des héliastes, ils ont proclamé que le maître de Platon avait bien mérité du genre humain, et ils ont attaché à son nom une gloire immortelle.

3° Le discours doit être pathétique. C'est mutiler l'éloquence que de la réduire à l'argumentation. Sans doute la raison est ce qu'il y a de plus noble dans la nature humaine ; mais la sensibilité est aussi une partie de nous-mêmes, et il faut que l'orateur s'adresse à l'homme tout entier. « Pour convaincre, dit d'Aguesseau, il suffit de parler à l'esprit ; pour persuader, il faut aller jusqu'au cœur. La conviction agit sur l'entendement, et la persuasion sur la volonté : l'une fait connaître le bien, l'autre le fait aimer : la première n'emploie que la force du raisonnement ; la dernière y ajoute la douceur du sentiment : et si l'une règne sur les pensées, l'autre étend son empire sur les actions mêmes. » Ce n'est qu'à l'aide des passions que l'éloquence peut obtenir ses plus grands triomphes, subjuguer les peuples ou diriger les grandes assemblées ; car, comme dit encore l'auteur que nous venons de citer, tous les cœurs sont capables d'aimer, tous les esprits ne le sont pas de raisonner et de connaître.

Ces principes posés, nous offrirons à nos lecteurs trois modèles de discours pris dans les trois genres que nous avons définis au commencement de cet ouvrage : dans le genre *délibératif*, dans le genre *judiciaire* et dans le genre *démonstratif*.

I. DISCOURS DANS LE GENRE DÉLIBÉRATIF.

MIRABEAU A L'ASSEMBLÉE CONSTITUANTE.

(*Séance du 26 septembre 1789.*)

Argument.

En 1789, les états généraux avaient été convoqués pour remédier aux maux du pays et surtout au désordre des finances. Le ministre Necker proposa à l'assemblée de décréter un impôt extraordinaire du quart des revenus de chaque citoyen. Un grand nombre de députés voulaient qu'on examinât le plan du ministre dans le plus grand détail. Mirabeau monte à la tribune, et le fait adopter d'urgence.

L'orateur commence par établir que l'état des finances exige le plus prompt remède, et qu'aucun député n'est en mesure de substituer un nouveau plan à celui du ministre.

Il prouve que si l'on rejette l'impôt proposé, il n'y a plus d'autre ressource que la banqueroute publique, et il montre tout ce qu'il y a de honte et de péril dans un tel expédient.

Il invoque 1° l'honneur national : les engagements de l'État sont sacrés ; 2° le patriotisme : chacun doit être prêt à sacrifier une partie de son bien aux besoins de l'État ; 3° l'intérêt particulier : la banqueroute entraînera toutes les fortunes privées dans la ruine du crédit public.

L'orateur adjure l'assemblée de ne point hésiter en présence des nécessités de la patrie.

DISCOURS DE MIRABEAU.

« Au milieu de tant de débats tumultueux, ne pourrai-je donc vous ramener à la délibération du jour par un petit nombre de questions bien simples? Daignez, messieurs, daignez me répondre. Le ministre des finances ne vous a-t-il pas offert le tableau le plus effrayant de notre situation actuelle? Ne vous a-t-il pas dit que tout délai aggravait le péril; qu'un jour, une heure, un instant pouvait le rendre mortel? Avons-nous un plan à substituer à celui qu'il propose? (*Oui,* s'écria quelqu'un.) Je conjure celui qui répond *oui* de considérer que son plan n'est pas connu; qu'il faut du temps pour le développer, l'examiner, le démontrer; que, fût-il immédiatement soumis à notre délibération, son auteur peut se tromper; que, fût-il exempt de toute erreur, on peut croire qu'il ne l'est pas; que, quand tout le monde a tort, tout le monde a raison; qu'il se pourrait donc que l'auteur de cet autre projet, même ayant raison, eût tort contre tout le monde, puisque, sans l'assentiment de l'opinion publique, le plus grand talent ne saurait triompher des circonstances. Et moi aussi, je ne crois pas les moyens de M. Necker les meilleurs possibles; mais le ciel me préserve, dans une situation très-critique, d'opposer les miens aux siens! Vainement je les tiendrais pour préférables : on ne rivalise point en un instant avec une popularité prodigieuse, conquise par des services éclatants, une longue expérience, la réputation du premier talent de financier connu, et, s'il faut tout dire, une destinée telle qu'elle n'échut en partage à aucun mortel.

« Il faut donc en revenir au plan de M. Necker. Mais avons-nous le temps de l'examiner, d'en sonder les bases, d'en vérifier les calculs? Non, non, mille fois non. D'insignifiantes questions, des conjectures hasardées, des tâtonnements infidèles : voilà tout ce qui, dans ce moment, est en notre pouvoir. Qu'allons-nous donc faire par le renvoi de la délibération? manquer le moment décisif, acharner notre amour-propre à changer quelque chose à un plan que nous n'avons pas même conçu, et diminuer, par notre intervention indiscrète, l'influence d'un ministre dont le crédit financier est et doit être plus grand que le nôtre. Messieurs, il n'y a là ni sagesse, ni prévoyance; mais du moins y a-t-il de la bonne foi?...

« Oh! si les déclarations les plus solennelles ne garantissaient pas notre respect pour la foi publique, notre horreur pour l'infâme mot de *banqueroute*, j'oserais scruter les motifs secrets, et peut-être, hélas! ignorés de nous-mêmes, qui nous font si imprudemment reculer au moment de proclamer l'acte du plus grand dévouement. Je dirais à ceux qui se familiarisent peut-être avec l'idée de manquer aux engagements publics, par la crainte de l'excès des sacrifices, par la terreur de l'impôt, je leur dirais : Qu'est-ce donc que la banqueroute, si ce n'est le plus cruel, le plus inique, le plus inégal, le plus désastreux des impôts?... Mes amis, écoutez un mot, un seul mot.

« Deux siècles de déprédations et de brigandages ont creusé le gouffre où le royaume est près de s'engloutir : il faut le combler, ce gouffre effroyable. Eh bien! voici la liste des propriétaires français : choisissez parmi les plus riches, afin de sacrifier moins de citoyens; mais choisissez : car ne faut-il pas qu'un petit nombre périsse pour sauver la masse du peuple? Allons, ces deux mille notables possèdent de quoi combler le *déficit* : ramenez l'ordre dans vos finances, la paix et la prospérité dans le royaume; frappez, immolez sans pitié ces tristes victimes; précipitez-les dans l'abîme, il va se refermer... Vous reculez d'horreur !... Hommes inconséquents ! hommes pusillanimes ! Eh ! ne voyez-vous donc pas qu'en décrétant la banqueroute, ou, ce qui est plus odieux encore, en la rendant inévitable sans la décréter, vous vous souillez d'un acte mille fois plus criminel, et, chose inconcevable, gratuitement criminel? Car enfin, cet horrible sacrifice ferait disparaître le *déficit*. Mais croyez-vous, parce que vous n'aurez pas payé, que vous ne devrez plus rien? Croyez-vous que les milliers, les millions d'hommes qui perdront en un instant, par l'explosion terrible ou par ses contre-coups, tout ce qui faisait la consolation de leur vie et peut-être l'unique moyen de la sustenter, vous laisseront paisiblement jouir de votre crime? Contemplateurs stoïques des maux incalculables que cette catastrophe vomira sur la France, impassibles égoïstes, qui pensez que ces convulsions du désespoir et de la misère passeront comme tant d'autres, et d'autant plus rapidement qu'elles seront plus violentes, êtes-vous bien sûrs que tant d'hommes sans pain vous laisseront tranquillement savourer ces mets dont vous n'aurez voulu diminuer ni le nombre, ni la délicatesse? Non, vous périrez; et, dans la conflagration universelle que vous ne frémissez point d'allumer, la perte de votre honneur ne sauvera pas une seule de vos détestables jouissances. Voilà où nous marchons!... J'entends parler de patriotisme, d'invocation du patriotisme, d'élans du patriotisme : ah! ne prostituez pas ces mots de *patrie* et de *patriotisme*. Il est donc bien magnanime l'effort de donner une portion de son revenu pour sauver tout ce qu'on possède! Eh! messieurs, ce n'est là que de la simple arithmétique; et celui qui hésitera ne peut désarmer l'indignation que par le mépris qu'inspirera sa stupidité. Oui, messieurs, c'est la prudence la plus ordinaire, la sagesse la plus triviale, c'est l'intérêt le plus grossier que j'invoque. Je ne vous dis plus comme autrefois : Donnerez-vous les premiers aux nations le spectacle d'un peuple assemblé pour manquer à la foi publique? Je ne vous dis plus : Eh! quels titres avez-vous à la liberté? quels moyens vous resteront pour la maintenir, si, dès votre premier pas, vous surpassez les turpitudes des gouvernements les plus corrompus? Je vous dis : Vous serez tous entraînés dans la ruine universelle; et les premiers intéressés au sacrifice que le gouvernement vous demande, c'est vous-mêmes.

« Votez donc ce subside extraordinaire, et puisse-t-il être suffisant! Votez-le, parce que, si vous avez des doutes sur les moyens, doutes vagues et non éclaircis, vous n'en avez pas sur sa nécessité et sur notre impuissance à le remplacer; votez-le, parce que les circonstances publiques ne souffrent aucun retard, et que vous seriez comptables de tout délai. Gardez-vous de demander du temps : le malheur n'en accorde pas. Eh! messieurs, à propos d'une ridicule motion du Palais-Royal, d'une risible insurrection qui n'eut jamais d'importance que dans les imaginations faibles, ou dans les desseins pervers de quelques hommes de mauvaise foi , vous avez entendu naguère ces mots forcenés : « Catilina est aux portes, et l'on dé- « libère ! » Et certainement il n'y avait autour de nous ni Catilina , ni périls , ni factions , ni Rome. Mais aujourd'hui la banqueroute , la hideuse banqueroute est là ; elle menace de consumer vous , vos propriétés, votre honneur, et vous délibérez ! »

La victoire de l'orateur fut complète ; elle était due à cette accumulation si habilement graduée de moyens, de preuves et d'effets, et à cet admirable mélange de passions, d'images et de raisonnements qui constitue la véritable éloquence.

II. DISCOURS DANS LE GENRE JUDICIAIRE.

DÉFENSE DE FOUCQUET PAR PELLISSON.

Argument.

Après la mort du cardinal Mazarin, quand Louis XIV commença à gouverner par lui-même (1661), le surintendant des finances, Foucquet, fut accusé de concussion et de crime d'État. Le roi ne voulut point qu'il fût jugé par le parlement, et il le traduisit devant une chambre de justice récemment établie pour examiner la conduite de tous les financiers. Pellisson, qui avait été premier commis du ministre, entreprit de le défendre auprès de Louis XIV.

Il commence par expliquer les motifs qui l'ont décidé à s'adresser directement au roi, d'une part, l'admiration qu'il éprouve pour un si grand prince, et, de l'autre, la pitié qu'il ressent pour l'infortuné surintendant. Il proteste qu'il parlera avec franchise, mais en même temps avec respect.

Il fait ressortir toute l'irrégularité de la procédure

commencée contre Foucquet. Il rappelle le principe fondamental posé par les anciennes lois françaises, que nul ne peut être distrait de ses juges naturels. Le peuple est d'accord avec les docteurs pour condamner ces commissions extraordinaires, qui ne donnent aucune garantie aux accusés, et qui font rejaillir tout l'odieux de leurs arrêts sur le prince qui les a nommées.

Ne pouvant tout à fait justifier Foucquet, le défenseur s'efforce d'excuser ses torts, en les imputant à la faiblesse humaine et à la licence des temps où il a vécu.

Il rend hommage aux grands desseins de Louis XIV, qui veut réformer l'administration du royaume ; mais il le supplie d'user d'indulgence à l'égard du passé, et il implore la clémence royale en faveur du surintendant.

DISCOURS DE PELLISSON A LOUIS XIV[1].

« Sire,

« Deux choses bien différentes, mais qui ne sont nullement contraires, m'ont fait prendre la résolution d'adresser directement ce discours à Votre Majesté : l'admiration véritable que j'ai pour un roi, le plus grand, le plus magnanime, le plus triomphant et le plus heureux qui soit au monde, et la juste compassion dont je suis touché pour le plus infortuné de ses sujets. Ce n'est pas la coutume, ni le défaut du siècle, que la disgrâce trouve trop de défenseurs, et Votre

---

[1] Nous n'avons pu reproduire ici toute cette belle défense de Foucquet ; nous n'en avons cité que les passages les plus éloquents. Nous avons laissé de côté la plus grande partie de la discussion, qui roule sur des faits aujourd'hui sans intérêt.

Majesté n'est sans doute guère importunée de ceux qui lui parlent aujourd'hui pour M. Foucquet, naguère procureur général, surintendant des finances, ministre d'État, l'objet de l'admiration et de l'envie, maintenant à peine estimé digne de pitié. Tout se tait, tout tremble, tout révère la colère de Votre Majesté. Je la révérerais plus que personne, et, quelque obligé que je fusse de parler, je me tairais comme tous les autres, si je n'avais à dire à Votre Majesté des choses essentielles qu'autre que moi ne lui dira point, et qui regardent le bien de son service. Veuille le Maître des cœurs et le Roi des rois, que pour en reconnaître la vérité et l'importance, Votre Majesté les lise sans dégoût jusqu'à la fin, et que donnant tant de temps aux moindres supplications de ses sujets, elle ne refuse pas un peu de véritable attention à une affaire qui regarde sa gloire, et qui n'est pas de si petite considération qu'elle n'attire aujourd'hui les yeux de toute l'Europe!

« Je parlerai, sire, avec toute la liberté d'un homme qui n'a rien à craindre, ni à espérer, mais avec tout le respect et la soumission d'un sujet fidèle; et si par malheur, ce que je ne saurais croire, il m'échappait le moindre mot, qui semblât s'éloigner tant soit peu de cette parfaite soumission et de ce profond respect que je lui garderai toute ma vie, je le désavoue dès cette heure, je l'efface avant de l'avoir écrit, et je supplie très-humblement Votre Majesté de croire que je puis faillir de la plume et de la main, mais jamais du cœur et de la pensée.....

« Sire, par l'ordonnance de Blois, par beaucoup d'autres ordonnances plus anciennes, renouvelées d'âge en âge, les rois vos prédécesseurs ont promis solennellement à vos sujets de n'établir nulle commission extraordinaire, et de les laisser juger par leurs juges naturels. Ce sont ces ordonnances, sire, dont Votre Majesté a juré l'exécution le jour de son sacre; ordonnances fondées sur l'esprit de la monarchie, sur la forme générale d'administrer la justice en France, qui réclame manifestement contre ces sortes de commissions. Si l'on consulte ces sages et pieux docteurs qui ont examiné avec tant de soin ce qui regarde les consciences, ils diront à Votre Majesté qu'en laissant juger les juges ordinaires, un roi se décharge de l'événement; qu'en donnant des juges extraordinaires, quelque bonne que soit son intention, s'il arrive qu'on juge mal, on peut douter pour le moins s'il n'est point tenu de répondre à Dieu de leur injustice. Et si l'on écoute la voix du peuple, cette voix, sire, qui est si souvent celle de Dieu, cette voix qui fait, à vrai dire, la gloire des rois, qui parle si magnifiquement aujourd'hui par toute la terre des vertus de Votre Majesté, elle dira que tout ce qui n'est point naturel et ordinaire lui est suspect; qu'un innocent même condamné par votre parlement passe toujours pour coupable; qu'un coupable même condamné par des commissaires laisse toujours au public et à la postérité quelque soupçon d'innocence; qu'enfin le général du monde regarde ces deux sortes de juges comme deux choses tout à fait différentes; témoin la réponse de ce bon religieux, que l'histoire n'a pas trouvée indigne d'être rapportée, quand le roi François Ier regardant à Marcoussy le tombeau d'un surintendant immolé sous un des rois précédents aux jalousies de la cour et à la passion d'un duc de Bourgogne, et ce grand prince disant que c'était dommage qu'on eût fait mourir un tel homme par justice : *Ce n'est point par justice, sire*, répondit ingénument le religieux, *c'est par commissaires.*

« Mais, sire, quelque résolution qu'il plaise à Dieu de vous inspirer sur ce sujet, ce que je ne puis m'empêcher d'espérer, c'est que si Votre Majesté ne renvoie point M. Foucquet à ses juges naturels, si elle n'accorde point ce que la sage et vertueuse mère, ce que la famille désolée de cet infortuné lui ont déjà demandé avec tant de larmes, s'il faut que le plus malheureux des surintendants subisse effectivement le jugement d'une chambre de justice comme un simple et misérable homme d'affaires, au moins Votre Majesté lui réservera-t-elle en sa personne une justice supérieure à la chambre de justice, une justice où elle n'appellera pas seulement sa sévérité, mais aussi sa bonté, sa clémence, et son cœur vraiment royal, pour y venir donner leur suffrage....

« Sire, c'est sans doute un dessein digne de votre grandeur, mais ce n'est pas un petit dessein que de réformer la France. Il a été moins long et moins difficile à Votre Majesté de vaincre l'Espagne. Qu'elle regarde de tous côtés : tout a besoin de sa main ; mais d'une main douce, tendre, salutaire, qui ne tue point pour guérir, qui secoure, qui corrige et répare la nature sans la détruire. Nous sommes tous hommes, sire, nous avons tous failli : que votre royale bonté s'accommode, s'il lui plaît, à la faiblesse, à l'infirmité de ses enfants ; nous n'étions pas nés dans la république de Platon, ni même sous les premières lois d'Athènes écrites de sang, ni sous celles de Lacédémone où l'argent et la politesse étaient un crime, mais dans la corruption des temps, dans le luxe inséparable de la prospérité des États, dans l'indulgence française, dans la plus douce des monarchies, non-seulement pleine de liberté, mais de licence.... Et quant au particulier dont j'ai entrepris la défense, la colère de Votre Majesté *s'emporterait-elle contre une feuille sèche que le vent emporte?* car à qui appliquerait-on plus à propos ces paroles que disait autrefois à Dieu même l'exemple de la patience et de la misère, qu'à celui qui, par le courroux du ciel et de Votre Majesté, s'est vu enlever en un seul jour, et comme d'un coup de foudre, biens, honneurs, réputation, serviteurs, famille, amis et santé, sans consolation et sans commerce qu'avec ceux qui viennent pour l'interroger et pour l'accuser?

« J'ignore ce que veulent et ce que demandent ceux qui ne sont pas satisfaits encore d'un si grand et si déplorable malheur; mais je ne puis ignorer, sire, ce que souhaitent ceux qui ne regardent que Votre Majesté, et qui n'ont pour intérêt et pour passion que sa seule gloire. Il n'est pas jusqu'aux lois, sire, qui, tout insensibles, tout inexorables qu'elles soient de leur nature, ne se réjouissent lorsque, ne pouvant se fléchir elles-mêmes, elles se sentent fléchir d'une main toute puissante, telle que celle de Votre Majesté. Le plus sage, le plus juste des rois crie encore à Votre Majesté comme à tous les rois de la terre : *ne soyez point si justes....* que Votre Majesté rappelle pour un moment en sa mémoire ce grand et beau jour que la France vit avec tant de joie, que ses ennemis virent avec tant de douleur et d'étonnement, ce jour qui acheva de nous donner un grand roi en répandant sur la tête de Votre Majesté l'huile sainte et descendue du ciel. En ce jour, sire, avant que

Votre Majesté reçût cette onction divine, avant qu'elle eût revêtu le manteau royal ; avant qu'elle eût pris de l'autel, c'est-à-dire de la propre main de Dieu, cette couronne, ce sceptre, cette main de justice, cet anneau qui faisait l'indissoluble mariage de Votre Majesté et de son royaume, cette épée nue et flamboyante, toute victorieuse sur les ennemis, toute-puissante sur les sujets : nous vîmes, nous entendimes Votre Majesté, environnée des pairs et des premières dignités de l'État, au milieu des prières, entre les bénédictions et les cantiques, à la face des autels, devant le ciel et la terre, les hommes et les anges, proférer de sa bouche sacrée ces belles et magnifiques paroles, dignes d'être gravées sur le bronze, mais plus encore dans le cœur d'un si grand roi :

« *Je jure et promets de garder et faire garder l'équité et la miséricorde en tous jugements, afin que Dieu clément et miséricordieux répande sur vous et sur moi sa miséricorde.*

« Si quelqu'un, sire, nous ne le pouvons penser, s'opposait à cette miséricorde, à cette équité royale, nous ne souhaitons pas même qu'il soit traité sans miséricorde et sans équité. Mais nous qui l'implorons pour M. Foucquet, qui ne l'implore pas seulement, mais qui y espère, mais qui s'y fonde ; quel malheur en détournerait les effets, quelle autre puissance si grande et si redoutable dans les États de Votre Majesté l'empêcherait de suivre et ce serment solennel, et sa gloire, et ses inclinations, toutes grandes, toutes royales, puisque, sans leur faire violence et sans faire tort à ses sujets, elle peut exercer toutes ces vertus ensemble? L'avenir, sire, peut être prévu et réglé par de bonnes lois. Qui oserait encore manquer à son

devoir, quand le prince fait si dignement le sien?
Que personne ne soit excusé; personne n'ignore maintenant qu'il est éclairé des propres yeux de son
maître. C'est là que Votre Majesté fera voir avec raison
jusqu'à sa sévérité même, si ce n'est assez de sa justice. Mais pour le passé, sire, il est passé, il ne revient
plus, il ne se corrige plus. Votre Majesté nous avait
confiés à d'autres mains que les siennes; persuadés
qu'elle pensait moins à nous, nous pensions bien
moins à elle; nous ignorions presque nos propres
offenses, dont elle ne semblait pas s'offenser. C'est
là, sire, le digne sujet, la propre et véritable matière, le beau champ de sa clémence et de sa bonté. »

Ces éloquentes prières ne purent sauver Foucquet.
Il ne fut pas convaincu de crime d'État; mais il était
réellement coupable de malversations. Après plus de
trois ans de procédure, la chambre de justice le condamna au bannissement; le roi changea cette peine
en une détention perpétuelle, et l'ancien surintendant
fut enfermé au château de Pignerol, où il mourut
en 1680.

III. DISCOURS DANS LE GENRE DÉMONSTRATIF.

DISCOURS DE BUFFON A L'ACADÉMIE FRANÇAISE , LE JOUR DE SA
RÉCEPTION.

(25 *août* 1750.)

Argument.

Buffon commence par remercier l'Académie de
l'honneur qu'elle lui a fait en l'appelant dans son sein.
Il se propose de traiter, dans son discours, des principales règles de l'art d'écrire.

L'orateur distingue avec soin l'éloquence naturelle

qui entraîne la multitude, de cet art d'écrire et de parler qui fait le charme des esprits délicats.

Le premier travail imposé à l'orateur ou à l'écrivain, c'est de bien méditer sur le sujet qu'il va traiter, et d'en coordonner les différentes parties.

Le plan une fois tracé, les idées se succéderont aisément; l'expression se présentera sans peine, et le style prendra naturellement la couleur du sujet.

Buffon indique les principaux défauts dont l'écrivain doit savoir se garder, l'abus de l'esprit, le goût des expressions recherchées, la manie de mettre partout des traits saillants.

Il analyse ensuite les différentes qualités que doit avoir le style pour arriver à la perfection, et il prouve que les ouvrages bien écrits sont les seuls qui doivent passer à la postérité.

Chaque genre de littérature a son style qui lui est propre. Buffon explique, en peu de mots, quelles sont les qualités particulières qui conviennent au style de la poésie, à celui de l'histoire et à celui de la philosophie.

DISCOURS DE BUFFON.

« Messieurs, vous m'avez comblé d'honneur en m'appelant à vous; mais la gloire n'est un bien qu'autant qu'on en est digne; et je ne me persuade pas que quelques essais écrits sans art et sans autre ornement que celui de la nature, soient des titres suffisants pour oser prendre place parmi les maîtres de l'art, parmi les hommes éminents qui représentent ici la splendeur littéraire de la France, et dont les noms, célébrés aujourd'hui par la voix des nations, retentiront encore avec éclat dans la bouche de nos derniers neveux.

Vous avez eu, messieurs, d'autres motifs en jetant les yeux sur moi ; vous avez voulu donner à l'illustre compagnie à laquelle j'ai l'honneur d'appartenir depuis longtemps une nouvelle marque de considération[1] : ma reconnaissance, quoique partagée, n'en sera pas moins vive. Mais comment satisfaire au devoir qu'elle m'impose en ce jour? Je n'ai, messieurs, à vous offrir que votre propre bien : ce sont quelques idées sur le style que j'ai puisées dans vos ouvrages; c'est en vous lisant, c'est en vous admirant, qu'elles ont été conçues; c'est en les soumettant à vos lumières qu'elles se produiront avec quelque succès.

« Il s'est trouvé dans tous les temps des hommes qui ont su commander aux autres par la puissance de la parole. Ce n'est néanmoins que dans les siècles éclairés que l'on a bien écrit et bien parlé. La véritable éloquence suppose l'exercice du génie et la culture de l'esprit. Elle est bien différente de cette facilité naturelle de parler, qui n'est qu'un talent, une qualité accordée à tous ceux dont les passions sont fortes, les organes souples et l'imagination prompte. Ces hommes sentent vivement, s'affectent de même, le marquent fortement au dehors; et, par une impression purement mécanique, ils transmettent aux autres leur enthousiasme et leurs affections. C'est le corps qui parle au corps ; tous les mouvements, tous les signes concourent et servent également. Que faut-il pour émouvoir la multitude et l'entraîner? Que faut-il pour ébranler la plupart même des autres hommes et les persuader? Un ton véhément et pathétique, des gestes expressifs et fréquents, des paroles rapides et son-

---

[1] Buffon était membre de l'Académie des Sciences depuis 1733.

nantes. Mais pour le petit nombre de ceux dont la tête est ferme, le goût délicat, et le sens exquis, et qui, comme vous, messieurs, comptent pour peu le ton, les gestes, et le vain son des mots, il faut des choses, des pensées, des raisons ; il faut savoir les présenter, les nuancer, les ordonner : il ne suffit pas de frapper l'oreille et d'occuper les yeux ; il faut agir sur l'âme, et toucher le cœur en parlant à l'esprit.

« Le style n'est que l'ordre et le mouvement qu'on met dans ses pensées. Si on les enchaîne étroitement, si on les serre, le style devient ferme, nerveux et concis ; si on les laisse se succéder lentement, et ne se joindre qu'à la faveur des mots, quelque élégants qu'ils soient, le style sera diffus, lâche et traînant.

« Mais avant de chercher l'ordre dans lequel on présentera ses pensées, il faut s'en être fait un autre plus général et plus fixe, où ne doivent entrer que les premières vues et les principales idées : c'est en marquant leur place sur ce premier plan qu'un sujet sera circonscrit, et que l'on en connaîtra l'étendue ; c'est en se rappelant sans cesse ces premiers linéaments, qu'on déterminera les justes intervalles qui séparent les idées principales, et qu'il naîtra des idées accessoires et moyennes qui serviront à les remplir. Par la force du génie, on se représentera toutes les idées générales et particulières sous leur véritable point de vue ; par une grande finesse de discernement, on distinguera les pensées stériles des idées fécondes ; par la sagacité que donne la grande habitude d'écrire, on sentira d'avance quel sera le produit de toutes ces opérations de l'esprit. Pour peu que le sujet soit vaste ou compliqué, il est bien rare qu'on puisse l'embrasser d'un coup d'œil, ou le pénétrer en entier

d'un seul et premier effort de génie; et il est rare
encore qu'après bien des réflexions on en saisisse
tous les rapports. On ne peut donc trop s'en occuper;
c'est même le seul moyen d'affermir, d'étendre et
d'élever ses pensées : plus on leur donnera de substance et de force par la méditation, plus il sera
facile ensuite de les réaliser par l'expression.

« Ce plan n'est pas encore le style, mais il en est la
base; il le soutient, il le dirige, il règle son mouvement, et le soumet à des lois; sans cela, le meilleur écrivain s'égare; sa plume marche sans guide,
et jette à l'aventure des traits irréguliers et des figures
discordantes. Quelque brillantes que soient les couleurs
qu'il emploie, quelques beautés qu'il sème dans les
détails, comme l'ensemble choquera, ou ne se fera
pas assez sentir, l'ouvrage ne sera point construit; et,
en admirant l'esprit de l'auteur, on pourra soupçonner
qu'il manque de génie. C'est par cette raison que ceux
qui écrivent comme ils parlent, quoiqu'ils parlent
très-bien, écrivent mal; que ceux qui s'abandonnent
au premier feu de leur imagination prennent un ton
qu'ils ne peuvent soutenir; que ceux qui craignent de
perdre des pensées isolées, fugitives, et qui écrivent
en différents temps des morceaux détachés, ne les
réunissent jamais sans transitions forcées; qu'en un
mot il y a tant d'ouvrages faits de pièces de rapport,
et si peu qui soient fondus d'un seul jet.

« Cependant tout sujet est un; et quelque vaste
qu'il soit, il peut être renfermé dans un seul discours.
Pourquoi les ouvrages de la nature sont-ils si parfaits ?
c'est que chaque ouvrage est un tout, et qu'elle travaille sur un plan éternel dont elle ne s'écarte jamais;
elle prépare en silence les germes de ses productions;

elle ébauche, par un acte unique, la forme primitive de tout être vivant ; elle la développe, elle la perfectionne par un mouvement continu et dans un temps prescrit. L'ouvrage étonne ; mais c'est l'empreinte dont il porte les traits qui doit nous frapper. L'esprit humain ne peut rien créer ; il ne produira qu'après avoir été fécondé par l'expérience et la méditation ; ses connaissances sont les germes de ses productions : mais s'il imite la nature dans sa marche et dans son travail ; s'il s'élève par la contemplation aux vérités les plus sublimes ; s'il les réunit, s'il les enchaîne, s'il en forme un tout, un système par la réflexion, il établira sur des fondements inébranlables des monuments immortels.

« C'est faute de plan, c'est pour n'avoir pas assez réfléchi sur son sujet, qu'un homme d'esprit se trouve embarrassé, et ne sait par où commencer à écrire. Il aperçoit à la fois un grand nombre d'idées ; et comme il ne les a ni comparées, ni subordonnées, rien ne le détermine à préférer les unes aux autres ; il demeure donc dans la perplexité : mais lorsqu'il se sera fait un plan, lorsqu'une fois il aura rassemblé et mis en ordre toutes les pensées essentielles à son sujet, il s'apercevra aisément de l'instant auquel il doit prendre la plume ; il sentira le point de maturité de la production de l'esprit, il sera pressé de la faire éclore, il n'aura même que du plaisir à écrire : les idées se succéderont aisément, et le style sera naturel et facile ; la chaleur naîtra de ce plaisir, se répandra partout et donnera de la vie à chaque expression ; tout s'animera de plus en plus, le ton s'élèvera, les objets prendront de la couleur ; et le sentiment, se joignant à la lumière, l'augmentera, la portera plus loin, la fera passer de ce que l'on dit à ce que l'on va dire, et le style deviendra intéressant et lumineux.

« Rien ne s'oppose plus à la chaleur que le désir de mettre partout des traits saillants ; rien n'est plus contraire à la lumière, qui doit faire un corps et se répandre uniformément dans un écrit, que ces étincelles qu'on ne tire que par force en choquant les mots les uns contre les autres, et qui ne nous éblouissent pendant quelques instants que pour nous laisser ensuite dans les ténèbres. Ce sont des pensées qui ne brillent que par l'opposition ; l'on ne présente qu'un côté de l'objet ; on met dans l'ombre toutes les autres faces ; et ordinairement ce côté qu'on choisit est une pointe, un angle sur lequel on fait jouer l'esprit avec d'autant plus de facilité, qu'on l'éloigne davantage des grandes faces sous lesquelles le bon sens a coutume de considérer les choses.

« Rien n'est encore plus opposé à la véritable éloquence que l'emploi de ces pensées fines, et la recherche de ces idées légères, déliées, sans consistance, et qui, comme la feuille du métal battu, ne prennent de l'éclat qu'en perdant de la solidité. Aussi plus on mettra de cet esprit mince et brillant dans un écrit, moins il aura de nerf, de lumière, de chaleur et de style, à moins que cet esprit ne soit lui-même le fond du sujet, et que l'écrivain n'ait pas eu d'autre objet que la plaisanterie : alors l'art de dire de petites choses devient peut-être plus difficile que l'art d'en dire de grandes.

« Rien n'est plus opposé au beau naturel que la peine qu'on se donne pour exprimer des choses ordinaires ou communes d'une manière singulière ou pompeuse ; rien ne dégrade plus l'écrivain. Loin de l'admirer, on

le plaint d'avoir passé tant de temps à faire de nouvelles combinaisons de syllabes pour ne dire que ce
que tout le monde dit. Ce défaut est celui des esprits
cultivés, mais stériles : ils ont des mots en abondance,
point d'idées ; ils travaillent donc sur les mots, et s'i-
maginent avoir combiné des idées parce qu'ils ont
arrangé des phrases, et avoir épuré le langage quand
ils l'ont corrompu en détournant les acceptions. Ces
écrivains n'ont point de style ; ou, si l'on veut, ils
n'en ont que l'ombre. Le style doit graver des pensées ;
ils ne savent que tracer des paroles.

« Pour bien écrire, il faut donc posséder pleinement
son sujet ; il faut y réfléchir assez pour voir clairement l'ordre de ses pensées, et en former une suite,
une chaîne continue, dont chaque point représente
une idée ; et lorsqu'on aura pris la plume, il faudra
la conduire successivement sur ce premier trait, sans
lui permettre de s'en écarter, sans l'appuyer trop iné-
galement, sans lui donner d'autre mouvement que
celui qui sera déterminé par l'espace qu'elle doit parcourir. C'est en cela que consiste la sévérité du style ;
c'est aussi ce qui en fera l'unité et ce qui en réglera
la rapidité, et cela seul aussi suffira pour le rendre
précis et simple, égal et clair, vif et suivi. A cette
première règle dictée par le génie, si l'on joint de la
délicatesse et du goût, du scrupule sur le choix des
expressions, de l'attention à ne nommer les choses
que par les termes les plus généraux, le style aura de
la noblesse. Si l'on y joint encore de la défiance pour
son premier mouvement, du mépris pour tout ce qui
n'est que brillant, et une répugnance constante pour
l'équivoque et la plaisanterie, le style aura de la gravité, il aura même de la majesté. Enfin si l'on écrit

comme l'on pense, si l'on est convaincu de ce que
l'on veut persuader, cette bonne foi avec soi-même,
qui fait la bienséance pour les autres et la vérité du
style, lui fera produire tout son effet....

« Les ouvrages bien écrits seront les seuls qui passeront à la postérité. La quantité des connaissances, la
singularité des faits, la nouveauté même des découvertes, ne sont pas de sûrs garants de l'immortalité :
si les ouvrages qui les contiennent ne roulent que sur
de petits objets, s'ils sont écrits sans goût, sans noblesse et sans génie, ils périront, parce que les connaissances, les faits et les découvertes s'enlèvent
aisément, se transportent, et gagnent même à être
mis en œuvre par des mains plus habiles. Ces choses
sont hors de l'homme ; le style est l'homme même. Le
style ne peut donc ni s'enlever, ni se transporter, ni
s'altérer : s'il est élevé, noble, sublime, l'auteur sera
également admiré dans tous les temps ; car il n'y a que
la vérité qui soit durable, et même éternelle. Or un
beau style n'est tel en effet que par le nombre infini des
vérités qu'il présente. Toutes les beautés intellectuelles
qui s'y trouvent, tous les rapports dont il est composé,
sont autant de vérités aussi utiles et peut-être plus pré-
cieuses pour l'esprit humain que celles qui peuvent
faire le fond du sujet.

« Le sublime ne peut se trouver que dans les grands
sujets. La poésie, l'histoire et la philosophie ont
toutes le même objet, et un très-grand objet, l'homme
et la nature. La philosophie décrit et dépeint la nature ; la poésie la peint et l'embellit ; elle peint aussi
les hommes, elle les agrandit, elle les exagère ; elle
crée les héros et les dieux : l'histoire ne peint que
l'homme, et le peint tel qu'il est ; ainsi le ton de

l'historien ne deviendra sublime que quand il fera le portrait des plus grands hommes, quand il exposera les plus grandes actions, les plus grands mouvements, les plus grandes révolutions ; et partout ailleurs il suffira qu'il soit majestueux et grave. Le ton du philosophe pourra devenir sublime toutes les fois qu'il parlera des lois de la nature, des êtres en général, de l'espace, de la matière, du mouvement et du temps, de l'âme, de l'esprit humain, des sentiments, des passions : dans le reste, il suffira qu'il soit noble et élevé. Mais le ton de l'orateur et du poëte, dès que le sujet est grand, doit toujours être sublime, parce qu'ils sont les maîtres de joindre à la grandeur de leur sujet autant de couleur, autant de mouvement, autant d'illusion qu'il leur plaît, et que, devant toujours peindre et toujours agrandir les objets, ils doivent aussi partout employer toute la force et déployer toute l'étendue de leur génie. »

Nos jeunes lecteurs ne sauraient trop méditer chaque mot de ce discours, qui résume si bien les règles fondamentales de l'art d'écrire, et où les préceptes sont en même temps des modèles.

TROISIÈME PARTIE.

UTILITÉ PRATIQUE DE LA RHÉTORIQUE.

CHAPITRE PREMIER.

QUELS SONT LES DIFFÉRENTS USAGES AUXQUELS ON PEUT APPLIQUER LA RHÉTORIQUE.

On n'est que trop disposé à regarder ce qu'on apprend dans la jeunesse comme inutile au reste de la vie. On s'imagine que les premières années sont un temps à passer, qu'il faut respecter dans les études une institution consacrée par l'usage, mais qu'une fois sorti du collége ou affranchi de la tutelle d'un gouverneur, tout est dit avec la science, et qu'il ne reste plus qu'à brûler ses livres, pour entrer dans une carrière tout à fait nouvelle. Ce préjugé est complétement opposé au but des études du premier âge. Tout ce que l'enseignement nous transmet, doit avoir un rapport direct avec les occupations qui nous attendent au sortir de la jeunesse, et ce qui n'est point applicable à la vie réelle doit être retranché de l'éducation. Agésilas l'a dit, dans son temps, aux Lacédémoniens : *On doit enseigner aux enfants et aux jeunes gens ce qu'ils auront besoin de savoir et de pratiquer étant hommes.*

Dans cet ouvrage, j'ai tâché de poser les premiers principes de l'art de bien dire : j'ai montré comment on pouvait trouver des idées, dans quel ordre il fallait les classer, et de quelle manière on devait les exprimer. Après cette triple étude, j'ai proposé plusieurs genres d'exercices, destinés à fournir aux élèves l'occasion d'appliquer eux-mêmes les règles de la Rhétorique. Des maîtres habiles auront heureusement commenté mon ouvrage; ils auront développé ce que je n'ai fait qu'indiquer, et suppléé à ce qui manque dans ce livre. Je puis donc supposer que les élèves qui m'ont suivi jusqu'ici, ne sont étrangers à l'art de parler, ni pour la théorie, ni pour la pratique. Ils savent distinguer une phrase bien écrite, c'est-à-dire une phrase claire, animée et harmonieuse, d'une phrase obscure, traînante et désagréable à l'oreille. Mais à quoi cette connaissance les conduira-t-elle? Quel en doit être le résultat, dans la carrière qui les attend, et à toutes les époques de leur vie ? C'est une question qu'ils peuvent se faire, et à laquelle je vais répondre dans cette troisième partie.

Je ne parle point ici des avantages de la Rhétorique pour les hommes qui se destinent à la noble profession d'éclairer leurs semblables par leurs paroles ou par leurs écrits : ils ne peuvent être dans la société que de brillantes exceptions. Je ne parle pas non plus des classes inférieures, auxquelles suffit l'instruction élémentaire, et qui peuvent par conséquent se passer de la Rhétorique. C'est à la classe intermédiaire que je m'adresse, c'est-à-dire à cette foule d'individus qui, au sortir de nos écoles, doivent se partager les diverses professions de la vie civile. Les uns se livrent aux sciences exactes, et, appliquant ensuite de savantes théories aux différentes branches d'industrie ou de service public, prennent place parmi nos ingénieurs et nos mécaniciens; les autres s'occupent de l'étude du droit, pour s'en servir, non comme avocats, mais la plupart comme juges, comme notaires ou avoués; plusieurs se destinent à la profession de médecin; l'état militaire en réclame un petit nombre; le commerce doit en occuper beaucoup; enfin il en est qui sont appelés par la nature à renouveler parmi nous la gloire des beaux-arts, et que nous verrons un jour peintres, sculpteurs, architectes ou musiciens. Tous, comme membres de la cité, participent aux affaires publiques. La Rhétorique peut donc leur rendre quelques services, soit dans leurs relations privées, soit dans l'accomplissement de leurs devoirs politiques. Les femmes elles-mêmes ont intérêt à cultiver l'art de bien dire, car elles exercent une grande influence sur la société; et toute personne appelée à des communications fréquentes avec ses semblables, doit savoir, jusqu'à un certain point, disposer ses pensées avec méthode, les développer avec art, et les exprimer avec élégance.

Nous diviserons en trois espèces les principales applications possibles de la Rhétorique : 1° le discours public; 2° le style épistolaire; 3° la conversation.

CHAPITRE II.

DU DISCOURS PUBLIC.

Il n'est pas nécessaire d'être membre d'une assemblée politique, avocat ou prédicateur, pour avoir occasion de parler en public. Il y a telle combinaison d'événements qui peut forcer l'homme le plus obscur, le citoyen le plus paisible, à prendre la parole en présence d'un auditoire plus ou moins nombreux. Que vous soyez élu membre du conseil général de votre département, ou seulement du conseil de votre commune : si vous ne savez pas lier ensemble quelques idées, et leur donner par l'expression la force et la clarté, vous voilà incapable d'influer jamais sur les décisions du conseil, et de rendre par vous-même service à vos concitoyens. Réduit à écouter vos collègues et à voter silencieusement, vous regretterez plus d'une fois de n'avoir pu parler à votre tour, et peut-être votre amour-propre humilié vous fera-t-il renoncer à des fonctions honorables que vous n'aurez su remplir qu'à demi. N'arrive-t-il pas aux hommes de tous les états de faire quelquefois partie du jury dans nos cours d'assises? Si vous n'avez pas acquis l'habitude de rendre vos idées avec justesse et précision, la timidité pourra encore vous empêcher de parler, et d'adresser à l'accusé quelques-unes de ces questions qui jettent sur la cause une lumière inattendue. Ne voyons-nous pas tous les jours des femmes même appelées en témoignage devant la justice, et forcées de donner sur une affaire quelconque des éclaircissements étendus?

Eh bien ! s'il échappe à leur ignorance quelque tournure inusitée ou quelque expression commune, leurs paroles font sourire la gravité du tribunal, excitent l'hilarité de l'auditoire, et le lendemain les journaux les transmettent textuellement à la malice de leurs lecteurs.

Dans ces occasions, et dans beaucoup d'autres que nous ne pouvons prévoir, il n'est pas nécessaire d'avoir un grand talent oratoire; mais encore faut-il savoir unir ensemble quelques idées, les disposer dans l'ordre le plus naturel et le plus clair, et éviter, en les exprimant, les répétitions, les termes communs et les constructions embarrassées : sur tous ces points, la Rhétorique donne plusieurs conseils qui ne sont point à dédaigner.

Quand un homme qui ne fait point de l'art oratoire son étude accoutumée se trouve obligé de prendre la parole dans un conseil, dans un tribunal, ou devant toute autre assemblée publique, la première loi qu'il doive s'imposer, c'est de dire exactement ce que lui inspire sa conscience. On ne saurait croire combien une conviction profonde donne d'autorité à nos paroles, et supplée au talent même. On écoute toujours avec intérêt, et même avec plaisir, un homme qui parle comme il pense, et qui a, pour ainsi dire, son âme sur ses lèvres. Les orateurs de profession prennent quelquefois la honteuse habitude de dire le contraire de leur opinion, et s'en tirent avec une apparence de succès; mais l'homme peu exercé dans l'art de parler doit être vrai avant tout, sous peine de tomber dans la froideur, et de n'inspirer à personne la conviction qui lui manque. Il doit aussi se renfermer rigoureusement dans les limites de son sujet : comme il n'est point initié à toutes les finesses de l'art oratoire, il ne saura point rentrer adroitement dans sa matière après l'avoir quittée, et, s'il s'en écarte, il est perdu ; une digression en amènera une autre, et, de digression en digression, il se trouvera trop éloigné de son but pour pouvoir l'atteindre. Enfin, dans une pareille circonstance, le style doit être d'une extrême simplicité ; il faut laisser à l'orateur les riches développements, les périodes harmonieuses, et toutes les figures brillantes ou passionnées que la rhétorique met à sa disposition. L'homme qui ne parle en public qu'une fois par hasard, serait exposé à dépasser la mesure, et à prendre l'emphase pour la noblesse, ou l'exagération pour l'énergie ; d'ailleurs, les sujets qu'il traite sont presque toujours fort simples, et son style est excellent pourvu qu'il reproduise la pensée avec netteté.

Les orateurs eux-mêmes doivent se garder de dire des choses simples avec emphase. « Il n'est pas besoin, dit Voltaire, d'avoir lu Aristote, Cicéron et Quintilien, pour sentir qu'un avocat qui débute par un exorde pompeux au sujet d'un mur mitoyen, est ridicule : ce fut pourtant le vice du barreau jusqu'au milieu du XVIIe siècle. On se rappelle le mot d'un avocat, homme d'esprit, qui, voyant que son adversaire parlait de la guerre de Troie et du Scamandre, l'interrompit en disant : « La cour observera que ma partie ne s'appelle pas *Scamandre*, mais *Michaut*. »

Il existe dans notre histoire plus d'un exemple de ce genre d'éloquence qui peut appartenir, dans l'occasion, à tout homme bien élevé. Henri IV n'avait point passé sa vie à méditer les ouvrages des rhéteurs ; depuis le temps où il préludait aux travaux guerriers dans les montagnes du Béarn, jusqu'à l'époque où, sans argent et presque sans autre ressource que son épée et un petit nombre d'amis, il eut à vaincre plusieurs ennemis ligués contre lui, et tout son royaume à conquérir, Henri IV fut moins habitué à la parole qu'à l'action. Cependant l'éducation qui avait formé son corps au métier de la guerre n'avait pas laissé son esprit sans culture : il connaissait la langue de son peuple et la parlait avec pureté; de plus, il était spirituel, plein de naturel, de franchise et de sagacité. Il a plus d'une fois trouvé, sur le champ de bataille, de ces discours inspirés qui font sur l'âme du soldat une impression semblable à celle de la musique guerrière; mais le plus beau monument qui nous reste de son éloquence, c'est son discours à l'assemblée des Notables. Cet homme qui, à la tête d'une poignée de gentilshommes, a conquis le royaume de ses pères, qui a réconcilié, ou du moins qui a fait taire tous les partis, en les forçant à l'ordre, au bonheur et au repos; ce prince qui méditait des projets de civilisation et de perfectionnement bien au-dessus du siècle où il vivait, se présente avec modestie devant ses sujets; et, au lieu de leur donner des ordres, il leur demande des conseils, avec une bonté qui n'ôte rien à sa dignité, avec une simplicité de langage qui commande à la fois l'amour et l'admiration. Ce discours, prononcé à Rouen en 1596, peut encore être cité comme un modèle, malgré quelques tournures et quelques expressions qui ont vieilli.

« Si je voulois acquérir le titre d'orateur, j'aurois appris quelque belle harangue, et je la prononcerois avec assez de gravité; mais, messieurs, mon désir tend à des titres bien plus glorieux, qui sont de m'appeler libérateur et restaurateur de cet État : pour à quoi parvenir je vous ai assemblés. Vous sçavez à vos dépens, comme moi aux miens, que, lorsque Dieu m'a appelé à cette couronne, j'ai trouvé la France, non-seulement quasi-ruinée, mais presque perdue pour les François. Par grâce divine, par les prières, par les bons conseils de mes serviteurs qui ne font profession des armes, par l'épée de ma brave et généreuse noblesse, par mes peines et labeurs je l'ai sauvée de perte : sauvons-la à cette heure de ruine. Participez, mes sujets, à cette seconde gloire avec moi, comme vous avez fait à la première. Je ne vous ai point appelés, comme faisoient mes prédécesseurs, pour vous faire approuver mes volontés : je vous ai fait assembler pour recevoir vos conseils, pour les croire, pour les suivre ; bref, pour me mettre en tutelle entre vos mains : envie qui ne prend guères aux roys, aux barbes grises et aux victorieux. Mais la violente amour que j'apporte à mes sujets, l'extrême désir que j'ai d'ajouter deux beaux titres à celui de roy, me fait trouver tout aisé et honorable. Mon chancelier vous fera entendre plus amplement ma volonté. »

Quel enthousiasme a dû exciter une pareille harangue ! et, s'il y avait dans l'assemblée quelques vieux ligueurs endurcis, n'a-t-elle pas dû les désarmer, et les ramener aux pieds de ce roi qui venait noblement partager son pouvoir avec son peuple ! A cette expression si énergique, si loyale des sentiments les plus purs et du zèle le plus éclairé, ne semble-t-il pas qu'on voie revivre Henri IV, avec ses yeux vifs et bons, son air imposant et doux, le costume du temps, sa fraise et sa barbe pendante ? On l'aperçoit entouré de ses vieux amis qui combattaient à Ivry ; on voit à ses côtés M. de Sully, qui ne le perd pas de vue un seul instant, et qui semble, en écoutant ces immortelles paroles, reconnaître avec fierté son maître et son ami ; les notables sont transportés d'attendrissement et de respect ; ils sont prêts à se jeter aux genoux de Henri IV, à le supplier d'ouvrir son âme, pour qu'ils puissent exécuter ses projets, et adorer ses royales volontés. Une solennité politique devient une fête de famille : c'est le triomphe d'une éloquence facile, naturelle, et fondée sur la conscience.

CHAPITRE III.

DU STYLE ÉPISTOLAIRE.

La plus simple correspondance offre l'occasion de mettre en pratique les règles générales de l'art d'écrire. Mais il serait difficile de donner les principes particuliers du style épistolaire; car la qualité essentielle de toute espèce de lettre est d'être naturelle, et de représenter, avec une sorte d'abandon, la succession de nos pensées. Ouvrez madame de Sévigné, voyez-la se jouant en quelque sorte de toutes les règles et de tous les préceptes, passant d'un sujet à un autre avec une heureuse rapidité, vous communiquant la folle gaieté qui l'anime, ou arrachant des larmes de vos yeux; tantôt fixée sur une idée, et s'y attachant pour ne la point quitter; tantôt glissant sur des sujets graves et nouveaux, et les effleurant à peine, pour revenir à ce qu'elle a dit cent fois. Vous la suivez; vous vous livrez à toutes les émotions qu'elle veut vous donner; vous vous soumettez à tous les caprices de son esprit; ses tours si vifs et si naïfs, ses expressions si simples et si bien rencontrées vous amusent, vous touchent, vous entraînent. Comment analyser un pareil talent? Comment en faire un modèle qui doive servir à tous? Ne serait-ce pas dire à chacun : Ayez l'esprit de madame de Sévigné? Et peut-on se donner l'esprit d'un autre? Dans une lettre surtout, ne doit-on pas être soi, et laisser parler son âme sans imiter personne?

Le premier principe, en fait de style épistolaire, se

réduit donc à ces mots : Soyez naturel, soyez vrai. Dites simplement ce que vous pensez, sans courir après les développements inutiles et les ornements déplacés. Une dame, voulant féliciter un de ses amis, à qui le roi venait d'accorder une grâce, au lieu de se livrer naïvement aux mouvements de son cœur, avait sué sang et eau pour remplir quatre grandes pages de phrases déclamatoires et de compliments hyperboliques. Un homme de goût, qu'elle consulta sur sa lettre, lui demanda ce qu'elle voulait faire savoir à son ami par ce long discours : « Je veux, répondit-elle, lui marquer que personne n'est plus sensible que moi à la justice que Sa Majesté vient de lui rendre; que sa nouvelle charge, en l'éloignant d'ici, ne doit point lui faire oublier ses amis; et que je mérite qu'il se souvienne de moi, par l'intérêt que j'ai toujours pris à sa fortune. — Eh! madame, reprit le conseiller, mandez-lui cela tout uniment; votre lettre vaudra infiniment mieux que tout ce que je viens de lire. »

On l'a dit avec raison : une lettre est une conversation par écrit. La correspondance n'exige donc pas beaucoup plus d'apprêts que la conversation ordinaire des personnes qui parlent bien. Point de ces longues périodes qui font merveille dans une assemblée nombreuse, mais qui fatiguent un interlocuteur isolé; point de ces épithètes oiseuses qui surchargent le discours sans éclaircir la pensée. Les expressions figurées peuvent trouver place dans une lettre, mais à condition qu'elle conviennent parfaitement au sujet, et qu'elles semblent être venues comme d'elles-mêmes se placer sous votre plume.

Le ton d'une lettre varie nécessairement selon les choses dont on parle et la personne à qui l'on s'adresse. Si nous écrivons à quelqu'un qui est placé au-dessus de nous par son rang, par son âge, par ses talents ou par ses vertus, notre style doit être modeste et mesuré, et il doit y avoir une sorte de réserve dans nos expressions; nous devons surtout être brefs, et renfermer le plus de pensées possible dans un petit nombre de mots : car nous n'avons pas le droit d'abuser des moments de la personne à qui nous écrivons. M. de Montausier veut féliciter le Dauphin, fils de Louis XIV, sur la prise de Philipsbourg; il ne se perd point en fades compliments, et n'écrit que quelques lignes, qui sont empreintes de la noblesse de son âme et de son attachement profond pour le jeune prince dont il a été le gouverneur :

« Monseigneur,

« Je ne vous fais pas de compliment sur la prise de Philipsbourg : vous aviez une bonne armée, une excellente artillerie, et Vauban. Je ne vous en fais pas non plus sur les preuves que vous avez données de bravoure et d'intrépidité : ce sont des vertus héréditaires dans votre maison; mais je me réjouis avec vous de ce que vous êtes libéral, généreux, humain, faisant valoir les services d'autrui et oubliant les vôtres : c'est de quoi je vous fais mon compliment. »

Si Montausier savait parler aux princes avec une respectueuse franchise, Henri IV possédait un talent qui n'est pas moins rare : il excellait à écrire à ses inférieurs avec une noble familiarité, qui faisait aimer l'homme sans rien coûter à la dignité du roi. Témoin ce petit billet écrit, la veille d'une bataille, au baron de Batz, un de ses plus fidèles serviteurs :

« Mon faucheur[1], mets des ailes à ta meilleure beste; j'ai dit à Montespan de crever la sienne. Pourquoi? Tu le sauras demain à Nérac. Haste, cours, viens, vole; c'est l'ordre de ton maître et la prière de ton amy. »

A quelque temps de là, M. de Batz ayant été blessé à Coutras, le roi lui écrivait pour le consoler : « Je suis bien marry (fâché) que vous ne soyez encore restabli de vostre blessure de Coutras, laquelle me fait véritablement plaie au cœur. »

Dans une lettre d'affaires, soyez laconique et serré; allez droit au fait, sans préambule et sans développements inutiles; soyez méthodique et clair; mais surtout gardez-vous de faire de l'esprit : en affaires, l'esprit proprement dit est un luxe dont il faut savoir se passer : le bon sens suffit.

Mais il y a des lettres où l'on peut se livrer à toutes ses pensées, et laisser parler son âme tout entière : ce sont celles que l'on écrit à des amis ou à des parents tendrement aimés. Là, tous les sujets, tous les tons vous sont permis; ceux qui doivent vous lire se prêteront à tout; sitôt qu'ils auront reconnu sur l'adresse la main qui l'a tracée, ils seront disposés d'avance à tout applaudir. Ne craignez pas d'être long : les lettres de ceux qu'on aime paraissent toujours trop courtes. Vous auriez tort cependant de trop compter sur l'indulgence de vos lecteurs, et d'abuser de leur amitié. Ils s'acquittent de leur devoir en renonçant à la critique; mais vous, le vôtre est de songer à leur plaisir; et plus ils sont indulgents à votre égard, plus vous devez être sévère pour

[1] Le roi de Navarre donnait ce surnom à M. de Batz, parce que ce seigneur s'était vaillamment conduit à ses côtés dans une certaine bataille.

vous-même. N'écrivez point indistinctement tout ce qui vous vient à l'esprit : choisissez dans vos idées, disposez-les dans un bon ordre pour les faire mieux valoir, et n'employez pas au hasard tous les mots et toutes les tournures qui se présentent. Comme le naturel et l'abandon sont de rigueur dans une lettre, il semble à certains esprits que l'on est perdu si l'on cherche une minute ce que l'on va dire : notre paresse naturelle s'arrange assez de ce principe, et un grand nombre de gens le mettent en pratique. Mais qu'arrive-t-il ? C'est qu'à l'exception de quelques personnes à qui la nature a départi une merveilleuse facilité et un tact aussi prompt qu'infaillible, la plupart écrivent des lettres décousues, fastidieuses, et qui ne valent pas souvent la modique rétribution qu'il faut payer pour les recevoir.

Les lettres écrites dans l'intimité roulent ordinairement sur trois espèces de sujets : ou l'on raconte des faits, ou l'on discute une opinion, ou l'on exprime les sentiments de son âme. Quand on raconte, au lieu d'accumuler un grand nombre de faits sans ordre et sans intérêt, il faut choisir les plus propres à piquer la curiosité, et les présenter de manière à la satisfaire : c'est ce que madame de Sévigné fait avec un art ou plutôt avec un instinct admirable. Nous avons vu ailleurs sa lettre si éloquente sur la mort de Turenne. Écoutons-la maintenant raconter avec une gaieté charmante une aventure de voyage arrivée à un archevêque :

« L'archevêque de..... revenant hier fort vite de Saint-Germain, voici ce qui lui arriva. Il allait à son ordinaire comme un tourbillon ; il passait au travers de Nanterre, *trà, trà, trà* ; il rencontre un homme à cheval : *gare! gare!* ce pauvre homme se veut ranger, son cheval ne le veut pas; enfin le carrosse et les six chevaux renversent le pauvre homme et le cheval, et passent par-dessus et si bien par-dessus, que le carrosse en fut versé et renversé. En même temps l'homme et le cheval, au lieu de s'amuser à être roués, se relèvent miraculeusement, et remontent l'un sur l'autre, et s'enfuient, et courent encore, pendant que les laquais et le cocher de l'archevêque, et l'archevêque lui-même se mettent à crier : *arrête, arrête ce coquin! qu'on lui donne cent coups de bâton!* et l'archevêque, en racontant ceci, disait : *Si j'avais tenu ce maraud-là, je lui aurais rompu les bras et coupé les oreilles!* »

Quel feu! quelle rapidité! on n'a pas le temps de respirer : ce style vous étourdit; il va comme un tourbillon, ou comme la voiture de l'archevêque. Mais, quand on aura bien ri de cette aventure, quand on sera remis de la gaieté qu'elle inspire, j'appellerai l'attention sur une narration d'un genre opposé, sur un récit aussi triste, aussi touchant que celui-ci était amusant. Madame de Sévigné avait à peindre la plus grande douleur que l'âme humaine puisse concevoir, celle d'une mère à la nouvelle de la mort de son fils :

« Madame de Longueville fait fendre le cœur, à ce qu'on dit : je ne l'ai point vue, mais voici ce que je sais. Mademoiselle de Vertus était retournée depuis deux jours à Port-Royal, où elle est presque toujours. On est allé la quérir avec M. Arnauld pour dire cette terrible nouvelle. Mademoiselle de Vertus n'avait qu'à se montrer : ce retour si précipité marquait bien quelque chose de funeste. En effet, dès qu'elle parut : « Ah! mademoiselle, comment se porte monsieur mon

« frère? » Sa pensée n'osa aller plus loin. « Madame,
« il se porte bien de sa blessure. — Et mon fils? » On
ne lui répondit rien. « Ah! mademoiselle, mon fils,
« mon cher enfant, répondez-moi, est-il mort sur-le-
« champ? N'a-t-il pas eu un seul moment? Ah! mon
« Dieu! quel sacrifice! » et là-dessus elle tombe sur son
lit. Tout ce que la plus vive douleur peut faire, et par
des convulsions, et par des évanouissements, et par
un silence mortel, et par des cris étouffés, et par des
larmes amères, et par des élans vers le ciel, et par des
plaintes tendres et pitoyables, elle a tout éprouvé. »

Assurément, quoique le sujet de ces deux morceaux soit bien différent, il est facile d'y reconnaître
le même auteur : c'est toujours cette imagination si
vive qui s'attache aux moindres détails, et qui trouve
pour les rendre les expressions les plus heureuses et
les plus justes; c'est le même abandon, le même
mouvement dans le style. Nous ne lisons plus une
lettre : ce sont des faits qui se passent sous nos yeux,
et nous sommes témoins de la douleur de madame
de Longueville, comme nous l'étions tout à l'heure
de la mésaventure de l'archevêque.

Les voyages offrent une ample matière de correspondance, mais il y a là plus d'un écueil à éviter.
Les voyageurs ne sont que trop disposés à regarder
comme des événements les moindres choses qui leur
arrivent. Tout ce qu'ils voient, tout ce qu'ils entendent est fidèlement déposé dans leur journal, et amplement développé dans leur correspondance. Dans
leur manie de tout dire, ils ne font pas grâce d'un
cheval boiteux, d'un postillon ivre, ou d'un mauvais
dîner. Encore est-on fort heureux, s'ils ne puisent
pas dans leur imagination la moitié de ce qu'ils ra-

content, et s'ils ne mêlent pas aux détails les plus insipides des anecdotes de leur invention. Ne tombez
pas dans ce double défaut ; soyez précis , et surtout
soyez vrai : c'est le seul moyen d'être amusant. Si
vous décrivez des lieux , travaillez votre tableau avec
le plus grand soin. Il n'est pas facile de donner par
écrit une juste idée d'un point de vue, et le plus méchant crayon fera toujours mieux voir la nature, que
la plume la plus exercée. Ne vous découragez pas
toutefois, et, à force de patience, vous parviendrez à
dessiner, avec des mots, le paysage qui a excité votre
enthousiasme. Attachez-vous à décrire, avec les objets, l'impression qu'ils ont faite sur vous : dites les
sensations que vous avez éprouvées, quand, parvenu
au sommet d'une haute montagne , vous avez aperçu
au loin des villes, des villages, des rivières, des lacs
et d'autres montagnes qui s'inclinaient devant la
vôtre, et que, dans votre extase d'admiration , vous
vous sentiez comme le maître de la vaste campagne
qui s'étendait à vos pieds. Racontez les émotions plus
douces dont vous avez été pénétré, quand vous avez
découvert un point de vue plus borné, mais plus
gracieux, et que vous vous êtes trouvé avec plaisir
renfermé dans un paisible vallon, comme, au sortir
d'un monde bruyant, on jouit avec délices d'une
société intime.

Si vous entamez une discussion, je n'ai pas besoin
de vous recommander la bonne foi ; mais évitez la
sécheresse, et tâchez d'amuser en persuadant. Ornez votre opinion, mais avec sobriété ; et vous serez
sûr de plaire à ceux même qui ne vous croiront
point. Surtout gardez-vous d'un air dogmatique et
tranchant ; songez que vous écrivez une lettre : si

celui qui doit vous lire ne partage pas votre opinion, un ton d'autorité pourrait humilier son amour-propre; il vous répondrait avec aigreur, et bientôt la discussion, dégénérant en dispute, altérerait peut-être l'amitié qui vous unit. Voltaire, en défendant son *Histoire du siècle de Louis XIV* contre les objections de milord Harvey, nous donne un excellent exemple de discussion polie et de bon goût.

Écrivez-vous sous la dictée d'un sentiment qui vous maîtrise? que ce soit un mouvement de mauvaise humeur ou d'amitié, d'indignation ou d'enthousiasme, soyez toujours en garde contre la passion : c'est une lumière qui n'éclaire pas, mais qui brûle. Il faut se défier d'une lettre écrite dans le premier moment, et ne pas se hâter de la faire partir. Laissez passer une nuit sur le mouvement passionné qui vous a mis la plume à la main ; et le lendemain, quand vous relirez ce que vous avez écrit avec ce calme et ce sang-froid que donnent le sommeil et le repos de toutes nos facultés, vous serez étonné du désordre et de l'exagération qui régnaient dans votre lettre, et, en la condamnant au feu, vous vous épargnerez des regrets peut-être irréparables. Les paroles glissent sur l'âme, et ne laissent qu'une impression légère et confuse; mais une lettre, une fois lancée, devient un monument éternel qu'on peut vous opposer : vous n'y pouvez plus rien changer ; votre pensée est devenue la propriété d'autrui. Réfléchissez donc avant d'écrire, et même après avoir écrit ; et gardez-vous de donner aux autres des armes qu'ils pourraient tourner contre vous.

Il semble que madame de Maintenon ait toujours eu ces maximes devant les yeux. Dans toute sa correspondance, il n'y a peut-être pas deux lignes qu'elle eût voulu effacer. Moins brillante et moins aimable que madame de Sévigné, elle excelle à faire parler la raison, à donner un tour heureux à un reproche ou à un conseil. Citons, par exemple, cette lettre à sa nièce qui s'en faisait beaucoup accroire, et qu'elle s'efforce de ramener à des manières plus simples et plus modestes.

« Je vous aime trop, ma chère nièce, pour ne pas vous dire vos vérités; je les dis bien aux demoiselles de Saint-Cyr; et comment vous négligerais-je, vous que je regarde comme ma propre fille? je ne sais si c'est vous qui leur inspirez la fierté qu'elles ont, ou si ce sont elles qui vous donnent celle qu'on admire en vous. Quoi qu'il en soit, vous serez insupportable si vous ne devenez humble. Le ton d'autorité que vous prenez ne convient point.

« Vous croyez-vous un personnage important, parce que vous êtes nourrie dans une maison où le roi va tous les jours? Le lendemain de sa mort, ni son successeur, ni tout ce qui vous caresse, ne vous regardera, ni vous, ni Saint-Cyr. Si le roi meurt avant que vous soyez mariée, vous épouserez un gentilhomme de province avec peu de bien et beaucoup d'orgueil. Si, pendant ma vie, vous épousez un seigneur, il ne vous estimera, quand je ne serai plus, qu'autant que vous lui plairez; et vous ne lui plairez que par la douceur, et vous n'en avez point. Je ne suis pas prévenue contre vous; mais je vois en vous un orgueil effroyable. Vous savez l'Évangile par cœur; et qu'importe, si vous ne vous conduisez point par ses maximes !

« Songez que c'est uniquement la fortune de votre

tante qui a fait celle de votre père, et qui fera la vôtre, et moquez-vous des respects qu'on vous rend.
Vous voudriez vous élever même au-dessus de moi :
ne vous flattez point; je puis très-peu de chose, et
vous n'êtes rien.

« Je vous parle comme à une grande fille, parce
que vous en avez l'esprit. Je consentirais de bon cœur
que vous en eussiez moins, pourvu que vous perdis-
siez cette présomption ridicule devant les hommes et
criminelle devant Dieu. Que je vous retrouve, à mon
retour, modeste, douce, timide, docile, je vous en
aimerai davantage. Vous savez quelle peine j'ai à vous
gronder, et quel plaisir j'ai à vous en faire. »

Voltaire, qui écrivait en prose avec tant de naturel
et de simplicité, peut être cité comme un des meilleurs modèles de style épistolaire. De sa volumineuse
correspondance nous extrairons cette lettre, écrite à
une jeune personne qui l'avait consulté sur les livres
qu'elle devait lire :

« Je ne suis, mademoiselle, qu'un vieux malade,
et il faut que mon état soit bien douloureux, puisque
je n'ai pas répondu plus tôt à la lettre dont vous
m'honorez, et que je ne vous envoie que de la prose
pour vos jolis vers. Vous me demandez des conseils;
il ne vous en faut point d'autre que votre goût. L'étude
que vous avez faite de la langue italienne doit encore
fortifier ce goût avec lequel vous êtes née, et que personne ne peut donner. Le Tasse et l'Arioste vous
rendront plus de services que moi, et la lecture de nos
meilleurs poëtes vaut mieux que toutes les leçons.
Mais, puisque vous daignez me consulter, je vous
invite à ne lire que les ouvrages qui sont depuis
longtemps en possession des suffrages du public, et

dont la réputation n'est point équivoque : il y en a peu, mais on profite bien davantage en les lisant qu'avec tous les mauvais petits livres dont nous sommes inondés. Les bons auteurs n'ont de l'esprit qu'autant qu'il en faut, ne le recherchent jamais, pensent avec bon sens et s'expriment avec clarté. Il semble qu'on n'écrive plus qu'en énigmes : rien n'est simple ; tout est affecté ; on s'éloigne en tout de la nature ; on a le malheur de vouloir mieux faire que nos maîtres.

« Tenez-vous-en, mademoiselle, à tout ce qui plaît en eux. La moindre affectation est un vice. Les Italiens n'ont dégénéré, après le Tasse et l'Arioste, que parce qu'ils ont voulu avoir trop d'esprit ; et les Français sont dans le même cas. Voyez avec quel naturel madame de Sévigné et d'autres dames écrivent ; comparez ce style avec les phrases entortillées de nos petits romans ; je vous cite les héroïnes de votre sexe, parce que vous me paraissez faite pour leur ressembler. Il y a des pièces de madame Deshoulières qu'aucun auteur de nos jours ne pourrait égaler. Si vous voulez que je vous cite des hommes, voyez avec quelle clarté, quelle simplicité notre Racine s'exprime toujours. Chacun croit, en le lisant, qu'il dirait en prose tout ce que Racine a dit en vers ; croyez que tout ce qui ne sera pas aussi clair, aussi simple, aussi élégant, ne vaudra rien du tout.

« Vos réflexions, mademoiselle, vous en apprendront cent fois plus que je ne pourrais vous en dire. Vous verrez que nos bons écrivains, Fénelon, Bossuet, Racine, Despréaux, employaient toujours le mot propre. On s'accoutume à bien parler en lisant souvent ceux qui ont bien écrit ; on se fait une habitude d'exprimer simplement et noblement sa pensée. Ce n'est point une étude : il n'en coûte aucune peine de lire ce qui est bon, et de ne lire que cela. On n'a de maître que son plaisir et son goût.

« Pardonnez, mademoiselle, à ces longues réflexions ; ne les attribuez qu'à mon obéissance à vos ordres. »

Cette lettre, écrite en 1756, ne semble-t-elle pas datée d'hier ? Nous ne saurions trop engager nos jeunes lecteurs à méditer de tels conseils, et à les mettre en pratique.

Quel plaisir plus pur et plus digne de la jeunesse, et en même temps quel exercice plus utile qu'une correspondance amicale, où l'on parle à cœur ouvert, sans tomber dans la négligence, et dans laquelle un art innocent et caché ne gêne point la libre expression de nos pensées ? C'est un travail agréable, qui occupe sans fatiguer. Combien d'idées étaient confuses dans votre esprit et qui se trouvent éclaircies, quand vous les avez développées en écrivant à un ami ! En voyage, tout ce que vous ne voudrez point oublier, mettez-le dans vos lettres : un paysage, un monument que vous aurez décrit avec soin, ne sortira plus de votre mémoire.

Une lettre permet des développements que ne tolère point la conversation : en causant, même dans l'intimité, vous êtes assailli d'une foule d'idées dont vous ne savez que faire, et quelquefois vous restez muet, faute d'avoir le temps de vous reconnaître. Vous n'avez pas toujours sous la main l'expression claire et précise, celle qui correspond seule à votre pensée, et vous n'êtes pas libre de la chercher. Souvent d'ailleurs cette expression effaroucherait, par son audace, la simplicité d'une conversation familière. Une lettre est plus commode qu'un interlocuteur : elle attend, sans vous presser, que vous ayez rencontré le mot propre ; et que ce mot soit élégant ou naïf, simple ou élevé, elle l'admet, pourvu qu'il soit naturel. De plus, en écrivant on n'a point à craindre d'être arrêté à chaque instant par les réponses de la personne à qui l'on parle. Ces brusques interruptions dérangent le fil de vos pensées, vous jettent à cent pas de l'endroit où vous étiez, et vous amènent quelquefois à dire presque le contraire de ce que vous vouliez dire d'abord. Dans une lettre, on est maître de son sujet ; on le dispose, on le développe, on le resserre, on le quitte à son gré.

Aussi la correspondance a-t-elle un grand charme pour certaines personnes qui aiment à exprimer complétement leurs sentiments et leurs pensées. La conversation, essentiellement superficielle, fatigue à la longue sans éclairer beaucoup ; le style épistolaire offre à l'esprit un aliment plus substantiel. Madame de Staël raconte qu'étant exilée à quarante lieues de Paris, et vivant avec quelques personnes d'un esprit agréable et cultivé, elle trouvait dans un genre de correspondance tout à fait neuf une grande ressource contre l'ennui. « Après dîner, dit-elle, nous avions imaginé de nous placer tous autour d'une table verte, et de nous écrire au lieu de causer ensemble. Ces lettres multipliées nous amusaient tellement, que nous étions impatients de sortir de table, où nous nous parlions, pour venir nous écrire. Quand il arrivait par hasard des étrangers, nous ne pouvions supporter d'interrompre nos habitudes ; et notre petite poste (c'est ainsi que nous l'appelions) allait tou-

jours son train. Les habitants de la ville voisine s'é-
tonnaient un peu de ces manières nouvelles, et les
prenaient pour de la pédanterie, tandis qu'il n'y avait
dans ce jeu qu'une ressource contre la monotonie de
la solitude. Un jour, un gentilhomme des environs,
qui n'avait pensé de sa vie qu'à la chasse, vint pour
emmener mes fils dans ses bois ; il resta quelque
temps assis à notre table active et silencieuse ; madame *** écrivit, de sa jolie main, un petit billet à
ce gros chasseur, pour qu'il ne fût pas trop étranger au cercle dans lequel il se trouvait. Il s'excusa
de le recevoir, en assurant qu'à la lumière il ne
pouvait pas lire l'écriture ; nous rîmes un peu du
revers qu'éprouvait l'innocente coquetterie de notre
belle amie. »

CHAPITRE IV.

DE LA CONVERSATION.

Il y aurait de la pédanterie à vouloir tracer, d'une manière complète, les règles de la conversation : le bon sens et la réflexion nous les enseignent à notre insu. Cependant, comme bien dire est toujours bien dire, et que, pour parler même dans la société la moins nombreuse, il faut des idées, et des mots pour les exprimer, la Rhétorique ne peut rester entièrement étrangère à cet objet, et elle doit aux élèves qui entrent dans le monde, sinon des préceptes positifs, au moins quelques conseils sur l'art de converser.

Le premier conseil qu'on puisse donner aux jeunes gens en fait de conversation, c'est de savoir se taire. On leur tient en général moins de compte de ce qu'ils disent, que de ce qu'ils ne disent pas ; et s'ils pouvaient comprendre tout ce qu'ils gagnent à parler peu, ils deviendraient la plupart réservés et silencieux, ne fût-ce que par amour-propre. Il faut laisser la parole à ceux qui ont traversé une partie de la vie, qui ont éprouvé la bonne et la mauvaise fortune, et qui ont beaucoup à dire, parce qu'ils ont beaucoup vu. La liberté de parler est le privilége et comme le dédommagement d'un âge avancé.

Si le premier principe est de se taire, le second est d'écouter, et il faut avouer que fort peu de gens savent le mettre en pratique. Ceux mêmes qui se résignent à se taire, ne consentent pas toujours à écouter. Souvent la personne à qui vous parlez, montre, par son air distrait, par sa contenance embarrassée, que son attention est loin de ce que vous lui dites ; ou bien elle cache mal, en écoutant, le désir qu'elle a de répondre, médite ce qu'elle se propose de dire, et sourit d'avance à l'esprit qu'elle va montrer. On ne saurait trop conseiller aux jeunes gens de ne pas tomber dans un pareil travers. S'ils savaient combien on se fait aimer quand on écoute en conscience la conversation des autres, ils n'hésiteraient pas à s'imposer cette légère contrainte. Mes lecteurs ont peut-être entendu raconter l'anecdote de cette dame, à qui l'on avait recommandé un certain homme comme fort spirituel et fort aimable. Cette dame se piquait de n'être pas sotte, et n'était pas avare de paroles dans la conversation : elle consentit à recevoir la personne qu'on lui avait vantée ; la visite dura deux heures ; et, quand elle revit ceux qui lui avaient fait faire cette nouvelle connaissance : « Vous aviez bien raison, leur dit-elle, c'est un homme charmant ; il a de l'esprit comme un ange. » Cet homme charmant se trouvait être un muet ; mais il n'était pas sourd apparemment : il avait su écouter, et il avait paru plus aimable que l'homme le plus spirituel. il serait pourtant pénible, quand on a reçu de la nature l'organe de la parole, de contrefaire le muet, pour être bienvenu en société ; ce moyen d'ailleurs ne serait pas toujours infaillible, et il y a beaucoup d'occasions où il est juste et convenable de prendre la parole. Un silence approbateur finirait par compromettre la réputation de votre esprit, et votre modestie pourrait passer pour de la prudence.

Quand vous parlez, que ce soit sur une matière que vous connaissiez bien ; n'imitez pas ces gens qui choisissent de préférence les sujets auxquels ils sont le plus étrangers. J'ai vu des hommes qui auraient pu dire d'excellentes choses sur les sciences ou sur les arts, et qui parlaient exclusivement de chasse et de chevaux. D'autres, qui avaient passé presque toute leur vie à cheval ou dans les bois, se hasardaient dans les spéculations les plus abstraites, ou voulaient trancher de l'érudit. On veut être universel : c'est le moyen d'ennuyer, et de tomber dans des erreurs grossières ; car on ne marche point d'un pas ferme sur un terrain qu'on ne connaît pas. Pourquoi donc, quand nous nous trouvons réunis, ne parlerions-nous pas de ce que nous savons bien, de ce qui nous occupe nous-mêmes tous les jours ? Pourquoi le savant, dans un langage simple et méthodique, ne mettrait-il pas la société où il se trouve au courant des découvertes nouvelles, et de la marche de ces sciences qui travaillent à l'instruction et au bonheur de l'espèce humaine ? Pourquoi l'artiste, l'avocat, le médecin, ne choisiraient-ils pas dans leurs observations personnelles ce qui peut exciter la curiosité générale ? Je ne dis pas qu'on ne puisse, de temps en temps, se permettre quelques excursions sur les terres de ses voisins ; mais j'aimerais qu'en général on parlât de ce que l'on sait, et de ce que l'on a vu, sans cependant tomber dans un défaut qu'on ne pardonne jamais, celui de trop occuper les autres de soi.

Outre les idées que chacun peut puiser dans son état et dans son genre de vie particulier, il y a de vastes sujets qui appartiennent à tous. Telles sont les grandes idées de justice, d'ordre, de morale, sur lesquelles la société repose, et qui doivent revenir dans l'entretien habituel des citoyens ; les découvertes de l'industrie, qui pourvoit aux besoins et aux agréments de l'existence journalière ; enfin les beaux-arts et la littérature, ce luxe de la vie sociale, ce lien commun qui rapproche les hommes de toutes les classes, en donnant à leur intelligence des jouissances pures et paisibles. Les affaires publiques viendraient naturelle-ment se placer parmi les objets d'un intérêt général, si l'on consultait en parlant, non ses passions et ses intérêts, mais sa conscience et sa raison.

On se tromperait gravement si l'on croyait que des sujets frivoles fussent seuls capables de soutenir une conversation ; c'est au contraire ce qui la fait tomber : il n'y a que les idées sérieuses qui puissent lui donner une vie durable. Faute de cet aliment, elle se traîne quelque temps, comme par artifice ; mais bientôt elle tombe et s'éteint, parce qu'elle porte dans sa frivolité même un germe de mort.

Il y a un genre de frivolité qui consiste à dire du mal des absents. C'est un sujet qui paraît plus fécond ; car certaines personnes ne se lassent jamais de médire. C'est la pire de toutes les conversations : elle aigrit l'humeur, dessèche le cœur, et ne laisse après elle aucun souvenir qui ne soit un remords ou un regret. La jeunesse doit dédaigner une pareille ressource, in-ventée par l'oisiveté, par l'envie, et par un besoin effréné de parler : elle doit se persuader que les mé-disants sont haïs et craints par ceux mêmes qu'ils amu-sent ; qu'un reproche, quel qu'il soit, doit toujours être fait en face, et qu'un coup porté dans l'ombre à un individu qui ne peut se défendre, n'est jamais qu'une lâcheté. Je parle ici des petits propos et des médisances de salon, et non pas de ces réclamations légitimes et vigoureuses, qui s'élèvent naturellement, au milieu des hommes réunis, contre la trahison, l'injustice, le mensonge, et toutes les grandes infractions aux lois de la morale.

Dans les entretiens particuliers, on n'a pas toujours un champ aussi vaste à parcourir. Quelquefois aussi, dans une conversation avec une personne à qui nous devons du respect et des égards, nous sommes forcés de nous renfermer dans des limites plus étroites. Alors, ce qu'il y a de mieux à faire, c'est de ne pas parler de nous-mêmes, mais de ce qui intéresse personnellement celui qui cause avec nous. C'est ce que Racine conseillait à son fils aîné : « Ne croyez pas, lui disait-il, que ce soient mes vers qui m'attirent toutes les caresses de la cour. Corneille fait des vers cent fois plus beaux que les miens, et cependant personne ne le regarde ; on ne l'aime que dans la bouche de ses acteurs ; au lieu que, sans fatiguer les gens du récit de mes ouvrages, dont je ne leur parle jamais, je me contente de leur tenir des propos amusants, et de les entretenir de choses amusantes. Mon talent avec eux n'est pas de leur faire sentir que j'ai de l'esprit, mais de leur apprendre qu'ils en ont. Ainsi, quand vous voyez monsieur le duc passer souvent des heures entières avec moi, vous seriez étonné, si vous étiez présent, de voir que souvent il en sort sans que j'aie dit quatre paroles ; mais peu à peu je le mets en humeur de causer, et il me quitte encore plus satisfait de lui que de moi. »

Après avoir indiqué les sujets qu'il faut choisir, et ceux qu'il faut éviter, il me reste à parler de la forme qu'on doit donner à son langage, et de ce qu'on pourrait appeler le *style de la conversation.*

Il faut d'abord être vrai, et ne prononcer aucune parole qui ne soit inspirée par une conviction réelle. La société n'est point un théâtre, où chacun puisse prendre le rôle qui lui convient. Il faut aussi être d'accord avec soi-même, et ne pas décréditer ses discours par des contradictions perpétuelles. Tel homme ne manque pas d'esprit, qui n'attache aucune importance aux paroles qu'il prononce; il soutient successivement le pour et le contre, et se donne à lui-même vingt démentis par jour : c'est une preuve de faiblesse. Il faut montrer du caractère, même dans la conversation. Souvent on juge un homme sur une parole qui lui échappe.

Craignez de vous contredire, mais n'allez pas tomber dans la monotonie. L'uniformité est mortelle en conversation. On rencontre dans la société des hommes qui sont atteints d'une tristesse éternelle : si cette tristesse est dans leur âme, on doit les plaindre et les consoler; mais souvent c'est une habitude qu'ils ont prise, c'est une tournure qu'ils ont donnée volontairement à leurs idées, et, dans ce cas, c'est un travers à éviter. Un défaut bien différent et beaucoup plus commun, c'est de plaisanter sans motif, de rire à tout propos, de tourner tout en raillerie et en persiflage. Cet enjouement obstiné cache souvent, ou du moins fait soupçonner l'absence d'idées sérieuses et la sécheresse du cœur. Quelquefois en effet ces gens à bons mots, qui ne peuvent vivre qu'au milieu des ricanements qu'ils excitent, sont, dans l'intérieur de leur vie privée, d'une humeur insupportable, et font payer à leur femme et à leurs enfants l'intérêt de cette gaieté passagère qui amuse le monde. Évitez ces deux excès. La vie est un mélange de peines et de plaisirs, de bons et de mauvais jours : soyez varié, comme elle, dans votre conversation ; montrez-vous tour à tour triste ou gai, sérieux ou enjoué, selon le sujet et selon la circonstance.

Que vos paroles soient simples et ne sentent point la recherche. Fuyez les grands mots et les grandes phrases : on n'écoute pas en société ceux qui ont le malheur de parler *comme un livre,* et qui, comme dit La Bruyère, *parlent proprement et ennuyeusement.* En visant à la correction, prenez garde de tomber dans ce qu'on appelle le *purisme.* « Cette sévérité vétilleuse, qui se défend certaines irrégularités que le langage familier a introduites même dans le style soutenu, est un défaut dans l'éloquence et un ridicule dans la conversation. C'est un travers où tombent quelques provinciaux, qui, voulant faire voir qu'ils parlent bien, montrent seulement qu'ils ne connaissent pas cette aisance et ce naturel d'expressions, l'un des caractères particuliers de la bonne compagnie de la capitale, et qui est, à proprement parler, l'urbanité du langage, comme elle était autrefois l'atticisme dans Athènes. Quintilien rapporte, à ce propos, que Théophraste fut reconnu pour étranger par une marchande d'herbes de cette ville ; et comme on demandait à cette femme à quoi elle s'en était aperçue : « C'est, dit-elle, qu'il parle trop bien. » (La Harpe, *Cours de littérature.*)

Ne cherchez pas non plus à avoir plus d'esprit que la nature ne vous en a donné. Rien n'inspire le dégoût et la pitié comme ces hommes qui se travaillent pour trouver à tout propos ce qu'ils appellent un bon mot. Ils ne peuvent dire la chose la plus indifférente sans lui donner une tournure particulière, et il faut absolument qu'ils *clouent de l'esprit à leurs moindres propos*. On voit, dans la malice de leurs regards, et dans la finesse permanente de leur sourire, tout le mal qu'ils se donnent pour n'être pas sots, et tout l'état qu'ils font de leur personne. Malheureusement ces pauvres gens ne sont pas récompensés de leurs efforts; car l'esprit ne vient point quand on l'appelle; il échappe à ceux qui courent après lui, et ce qui le remplace est quelque chose de pis que la sottise toute pure.

« Pour réussir en parlant, dit une femme qui était elle-même accoutumée à ces sortes de succès, il faut observer avec perspicacité l'impression qu'on produit à chaque instant sur ceux qui nous entourent, celle qu'ils veulent nous cacher, celle qu'ils cherchent à nous exagérer, la satisfaction contenue des uns, le sourire forcé des autres. On voit passer sur le front de ceux qui nous écoutent des blâmes à demi formés, qu'on peut éviter en se hâtant de les dissiper avant que l'amour-propre y soit engagé. L'on y voit naître aussi l'approbation qu'il faut fortifier, sans cependant exiger d'elle plus qu'elle ne veut donner. Il n'est point d'arène où la vanité se montre sous des formes plus variées que dans la conversation. J'ai connu un homme que les louanges agitaient au point que, quand on lui en donnait, il exagérait ce qu'il venait de dire, et s'efforçait tellement d'ajouter à son succès, qu'il finissait toujours par le perdre. Je n'osais pas l'applaudir, de peur de le porter à l'affectation, et qu'il ne se rendît ridicule par le bon cœur de son amour-propre. Un autre craignait tellement d'avoir l'air de désirer de faire effet, qu'il laissait tomber ses paroles négligemment et dédaigneusement. Sa feinte indolence trahissait seulement une prétention de plus, celle de n'en point avoir.

Quand la vanité se montre, elle est bienveillante; quand elle se cache, la crainte d'être découverte la rend amère, et elle affecte l'indifférence, la satiété, enfin tout ce qui peut persuader aux autres qu'elle n'a pas besoin d'eux. Ces différentes combinaisons sont amusantes pour l'observateur, et l'on s'étonne toujours que l'amour-propre ne prenne pas la route si simple d'avouer naturellement le désir de plaire, et d'employer, autant qu'il est possible, la grâce et la vérité pour y parvenir. » (Madame de Staël, *de l'Allemagne.*)

Il ne suffit pas d'être vrai, naturel et simple dans son langage; il faut encore ne parler qu'à son tour. Cicéron défend de s'emparer de la conversation, et de l'exploiter comme son bien propre : « On ne doit pas, dit-il, en exclure les autres, mais on doit souffrir que dans les entretiens familiers, comme dans tout le reste, chacun ait son tour; ainsi le veut la justice. » En effet, on vient en société pour échanger ses idées, et non pour entendre un orateur. D'ailleurs, outre qu'il n'est pas juste de réduire la conversation à un monologue, il y a quelque danger à parler seul et longtemps : les auditeurs, à qui vous ne laissez rien autre chose à faire, vous jugent quelquefois avec trop de sévérité; de plus, l'esprit s'épuise, s'affaiblit par l'exercice trop fréquent de la parole, et il devient incapable d'un travail plus sérieux. On a remarqué que les hommes d'esprit qui se livraient trop au plaisir de la conversation, en contractaient l'habitude d'écrire avec négligence.

Parler beaucoup et souvent, nuit; c'est dissiper ses fonds sans motif et sans résultat. Après une conversation à laquelle on a pris une large part, on se sent la

tête vide et fatiguée ; tandis que le silence et la réserve
fortifient la raison et multiplient les idées. Molière était
souvent silencieux au milieu des hommes les plus spi-
rituels de son temps , et J. J. Rousseau ne savait que
dire à côté du chevalier de Boufflers. Quelquefois les
meilleurs esprits trouvent une réponse heureuse, une
réplique invincible , précisément quand il n'est plus
temps de la faire. Nicole , écrivain distingué du siècle
de Louis XIV, avait de la peine à s'exprimer dans la
conversation ; il disait en parlant d'un homme qui
brillait dans la société : « Il me bat dans la chambre,
mais il n'est pas plutôt au bas de l'escalier, que je
l'ai confondu. »

Que j'aime à me figurer un tableau qui se réalise
quelquefois dans le monde, celui d'une conversation
libre, intéressante, animée, où chacun parle avec
franchise et sincérité, sans autre prétention que celle
de s'instruire en échangeant quelques idées utiles! Tous
ces hommes réunis appartiennent à des professions
différentes : les uns se sont fait un nom dans les arts
ou dans les sciences ; ceux-là honorent la carrière ad-
ministrative ou judiciaire par un esprit éclairé et par
une conscience pure ; d'autres ont porté dans le commerce et dans l'industrie une probité loyale et une activité infatigable. Ceux-ci, ayant terminé leur tâche,
n'assistent plus à la vie que comme spectateurs, et,
voyant l'estime publique couronner leur vieillesse,
portent gaiement le poids des années ; ceux-là, jeunes
encore, s'élancent dans la lice pleins d'ardeur et d'espérance. Là point de confusion, point de rivalité : la
parole est à qui veut la prendre ; mais jamais la conversation ne languit, parce qu'elle a pour base des
idées solides et positives. Chacun, en évitant le défaut

de trop parler de soi, trouve dans ses souvenirs et
dans ses connaissances quelque chose qui intéresse
tout le monde. On passe en revue les découvertes nouvelles, les progrès des sciences, les productions des
arts, les ouvrages littéraires, les affaires publiques,
les coutumes des différents peuples. Tous les sujets
sont traités à leur tour, sinon avec profondeur, du
moins avec justesse et bonne foi. On ne va pas toujours droit au but; mille incidents arrêtent et détour-
nent l'entretien, parce que, comme a dit Bacon, *la
conversation n'est pas un chemin qui conduise à la
maison, mais un sentier où l'on se promène au hasard
et avec plaisir.* Une saillie succède à un mot sérieux,
un mot sérieux à une saillie. L'un s'exprime dans un
langage précis et serré; l'autre, avec moins de logique, a plus de grâce et d'abandon. Celui-ci saisit le
côté sérieux des choses, celui-là le côté plaisant.
Tous contribuent, pour leur part, au plaisir général;
et, à chaque instant, il jaillit de la discussion des étincelles qui brillent en éclairant. Les dames mêmes ne
restent pas étrangères à ces débats, soit qu'elles se
bornent au rôle de juges, et que, dans ces nouveaux
tournois, elles décernent au vainqueur le prix de l'éloquence et de la raison; soit qu'elles se mêlent aux
combattants, et qu'elles montrent, en donnant leur
avis, cette logique vive et claire, ce style facile et pur
qui sont les fruits d'une raison naturelle et d'une éducation soignée. Ainsi l'instruction naît pour tous du
sein du plaisir même; la conversation n'est plus seulement, comme dit madame de Staël, l'occasion de
parler aussitôt qu'on pense, d'être applaudi sans travail, de manifester son esprit dans toutes les nuances,
par l'accent, le geste, le regard; c'est encore un

exercice profitable pour la raison ; et chacun, en se retirant, emporte avec soi plus qu'un souvenir d'amour-propre, la satisfaction d'avoir dit ou écouté quelque chose d'utile.

Puissent les élèves qui liront cet ouvrage se rendre dignes un jour d'occuper une place dans une pareille société! Puissent-ils montrer toujours, dans leurs paroles comme dans leurs écrits, qu'ils savent mettre en pratique les théories de l'art de penser et de l'art de bien dire! Qu'ils confondent ces deux arts, qu'ils en fassent non un exercice de jeunesse, mais une connaissance utile à tous les âges, et qu'ils n'oublient jamais ces paroles de Fénélon, qui dominent, en les résumant, toutes les règles de la Rhétorique : *L'homme digne d'être écouté, c'est celui qui ne se sert de la parole que pour la pensée, et de la pensée que pour la vérité et la vertu.*

FIN.

Imprimerie de Ch. Lahure (ancienne maison Crapelet) -
rue de Vaugirard, 9, près de l'Odéon.

TABLE DES MATIÈRES.